≡III Moderna PLUS

CARO ALUNO,

Acesse o portal **MODERNA PLUS** e descubra os conteúdos exclusivos que preparamos para você. Para se cadastrar, basta ter um endereço de e-mail válido e um código de acesso. É simples e rápido.

❶ PRIMEIRO ACESSO

- Acesse o site http://www.modernaplus.com.br
- Clique em **Primeiro acesso** no menu superior.
- Digite seu código de acesso no local indicado e clique em **Avançar**.

Seu código de acesso é:

A 28729 LITERATURA U 68827

❷ INFORMAÇÕES PESSOAIS

Preencha os campos com seus dados pessoais e clique em **Avançar**.
Atenção: seu endereço de e-mail e seu CPF são essenciais para a validação do cadastro. Informe-os corretamente.

❸ INFORMAÇÕES ESCOLARES

Preencha os campos com seus dados escolares e clique em **Avançar**.

❹ INFORMAÇÕES DE ACESSO

Seu endereço de e-mail será o login de acesso ao portal Moderna Plus. Agora, crie uma senha de 6 a 10 caracteres. Em seguida, confirme sua senha. Depois, leia os termos de uso do portal e clique em **Concluir**. Você receberá por e-mail a confirmação do cadastro com seus dados de acesso.

Pronto! A partir de agora, você terá acesso a todos os conteúdos exclusivos do portal **Moderna Plus**.

Tira-dúvidas

Acesse o endereço **http://www.modernaplus.com.br/faq** a qualquer momento. Nele você encontrará respostas para as dúvidas mais frequentes.

Requisitos desejáveis para acesso ao portal

- Sistema operacional: Windows 98 ou superior
- Processador Pentium II 233 MHz ou superior
- Mínimo de 128 Mb de memória RAM
- Resolução de vídeo: 1024 x 768
- Acesso à internet por linha discada (conexão mínima de 56 Kb) ou banda larga
- Caixas de áudio ou fone de ouvido
- Aplicativos: Flash Player e Acrobat Reader 5 ou superior
- Navegadores: Internet Explorer versão 6.0 ou superior; Mozilla firefox 2.0 ou superior (sem bloqueador de pop-up)

Atenção

Após cadastrar-se no site Moderna Plus, seu acesso terá validade de 1 ano. Para renová-lo, entre em contato com 0800 17 2002 ou 0800 770 1968.

www.modernaplus.com.br

LITERATURA
TEMPOS, LEITORES E LEITURAS

Maria Luiza M. Abaurre
Graduada em Letras pela Universidade Estadual de Campinas (Unicamp).
Mestre em Teoria Literária pela Unicamp.
Membro da banca elaboradora das provas de redação, língua portuguesa e literatura de língua portuguesa do vestibular da Unicamp
(1992, 1993, 1995, 1996).
Consultora (língua portuguesa) do Enem/Inep/MEC (2000-2002).

Marcela Pontara
Licenciada em Letras (Português – Latim) pela Universidade Estadual Paulista Júlio de Mesquita Filho (Unesp).
Membro da banca de correção das provas de redação, língua portuguesa e literatura de língua portuguesa dos vestibulares da Unicamp e da Unesp (seis anos). Professora da rede particular de ensino por 20 anos.

2ª edição
Moderna Plus

© Maria Luiza Marques Abaurre,
Marcela Regina Nogueira Pontara, 2010

Moderna PLUS

Coordenação editorial: Áurea Regina Kanashiro
Edição de texto: Rogério de Araújo Ramos, Mônica Franco Jacintho, Regiane de Cássia Thahira
Assessoria didático-pedagógica: Davi Fazzolari, Juliana Sylvestre da Silva Cesila, Juanito Avelar, Klara Schenkel
Assistência editorial: Solange Scattolini, Moira Versolato
Preparação de texto: Solange Scattolini
Coordenação de *design* e projetos visuais: Sandra Botelho de Carvalho Homma
Projeto gráfico e capa: Everson de Paula, Marta Cerqueira Leite, Mariza Porto
Ilustração da capa: Nelson Provazi
Coordenação de produção gráfica: André Monteiro, Maria de Lourdes Rodrigues
Coordenação de arte: Wilson Gazzoni Agostinho
Edição de arte: Rodolpho de Souza
Edição de infografia: William H. Taciro, Marcos Zibordi, Alexandre de Paula, Fernanda Fencz, Ana Claudia Fernandes
Ilustrações: Adriana Alves, Cris Eich, Eloar Guazzelli, Maria Alice Camargo
Editoração eletrônica: Apis Design Integrado
Coordenação de revisão: Elaine Cristina del Nero
Revisão: Nancy H. Dias, Sandra Cortes
Coordenação de pesquisa iconográfica: Ana Lucia Soares
Pesquisa iconográfica: Érika Freitas, Mônica de Sousa
As imagens identificadas com a sigla CID foram fornecidas pelo Centro de Informação e Documentação da Editora Moderna.
Coordenação de *bureau*: Américo Jesus
Tratamento de imagens: Arleth Rodrigues, Bureau São Paulo, Fabio N. Precendo, Pix Art, Rubens M. Rodrigues
Pré-impressão: Alexandre Petreca, Everton L. de Oliveira Silva, Helio P. de Souza Filho, Marcio H. Kamoto
Coordenação de produção industrial: Wilson Aparecido Troque
Impressão e acabamento: Prol Gráfica

Dados Internacionais de Catalogação na Publicação (CIP)
(Câmara Brasileira do Livro, SP, Brasil)

Abaurre, Maria Luiza M.
    Literatura : tempos, leitores e leituras, volume único / Maria Luiza M. Abaurre, Marcela Pontara. – 2. ed. – São Paulo : Moderna, 2010.

    1. Literatura (Ensino médio) I. Pontara, Marcela. II. Título.

10-07229   CDD-807

Índice para catálogo sistemático:
1. Literatura : Ensino médio   807

ISBN 978-85-16-06828-8 (LA)
ISBN 978-85-16-06829-5 (LP)

Reprodução proibida. Art. 184 do Código Penal e Lei 9.610 de 19 de fevereiro de 1998.
Todos os direitos reservados
EDITORA MODERNA LTDA.
Rua Padre Adelino, 758 - Belenzinho
São Paulo - SP - Brasil - CEP 03303-904
Vendas e Atendimento: Tel. (0_ _11) 2602-5510
Fax (0_ _11) 2790-1501
www.moderna.com.br
2010
Impresso no Brasil

1 3 5 7 9 10 8 6 4 2

Apresentação

Nosso maior desejo ao escrever esta obra foi mostrar que o estudo da literatura é muito apaixonante. Queremos compartilhar a nossa paixão pelos livros com você. Os livros não são objetos "mortos". Eles nos permitem conhecer a sociedade e as pessoas que também ajudaram a fazer do mundo o que ele é hoje. As palavras em um livro, mesmo escritas há séculos, continuam vivas, nos emocionando e divertindo.

Acreditamos que ler faz muita diferença. Desperta sentimentos, nos faz viver outras vidas, pode nos levar a grandes aventuras ou provocar nossa reflexão.

Acreditamos também que a leitura do texto literário é uma experiência muito particular, capaz de abrir caminhos, influenciar para sempre nossa vida, nossos gostos, nosso jeito de pensar. Essa convicção inspirou muito deste livro.

Sabemos, pela nossa experiência como professoras, que será um desafio convencê-lo do poder que têm os livros. Pensamos muito no seu perfil enquanto escrevíamos, porque nosso objetivo é conquistar você, aluno do Ensino Médio, que vive no início do terceiro milênio em uma sociedade dominada pela imagem, pela informação, pelas comunicações instantâneas, pelo mundo virtual da internet.

Todo texto é dirigido a alguém que tem interesses, que já passou por várias experiências, que tem um determinado repertório cultural, ou seja, é dirigido a pessoas reais. Para "falar" com essas pessoas, o autor de um texto precisa saber quem são elas.

Na verdade, o público do texto se junta a um conjunto de fatores que participam do processo de criação: o momento em que vive o autor, as influências culturais que ele recebeu, o(s) modo(s) como o texto irá circular (é diferente escrever um texto para publicar em um jornal ou uma carta para o(a) namorado(a), não é mesmo?). Da relação entre esses diferentes agentes (autor, público, contexto), nascem todos os textos, inclusive os didáticos e os literários.

Neste livro, vamos tratar da literatura mostrando a você a importância desses agentes na construção de um patrimônio que traduz nossa cultura, nossa história, nossa identidade, nosso jeito de ser e estar no mundo. Sua participação será essencial para discutir as intenções das diferentes estéticas e as possibilidades de releitura de tudo que se criou.

Esperamos que este livro possa inspirar em você o gosto pela leitura e a necessidade de explorar os infinitos universos que compõem a literatura.

As autoras

ORGANIZAÇÃO DESTE LIVRO

Na obra *Moderna Plus – Literatura: tempos, leitores e leituras*, o conteúdo do curso é apresentado em três partes separadas. Assim, você pode levar para a sala de aula apenas a parte na qual se encontra o conteúdo estudado no momento.

Abertura de unidade
Cada unidade reúne capítulos, subordinados a um tema mais amplo.

Abertura de parte
Cada parte está organizada em unidades, com seus respectivos capítulos.

Uma viagem no tempo: primeiras leituras
Seção que propicia um primeiro contato com textos representativos da estética literária a ser estudada no capítulo.

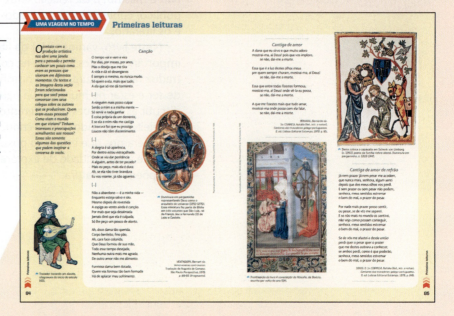

Abertura de capítulo
Cada capítulo é introduzido por uma imagem e traz um boxe de objetivos que identifica as habilidades a serem desenvolvidas ao longo do estudo.

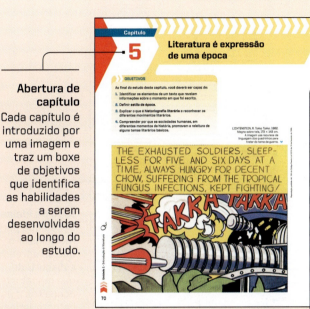

Boxe biográfico
Traz informações sobre o autor nacional ou estrangeiro citado: sua vida, formação, influências culturais e aspectos importantes de sua produção artística.

Leitura da imagem
Conjunto de questões que "direciona" o olhar para os aspectos mais relevantes da produção artística de uma estética específica, ou para elementos pictóricos que podem auxiliar na compreensão dos conceitos em torno dos quais se organiza o capítulo.

Da imagem para o texto
Texto literário acompanhado de questões. Relacionado à imagem de abertura, o texto permite ampliar a discussão sobre a abordagem de temas privilegiados em determinada época por meio de diferentes linguagens artísticas.

De olho em...
Sugestões de filmes, livros, obras de arte e músicas que apresentam uma relação direta com algum aspecto estudado.

Esquema
Apresenta as principais características dos projetos literários das estéticas estudadas.

Projeto literário do período
Revela como as diferentes dimensões do texto literário (contexto de produção e de circulação, perfil do público leitor, características da produção) se articulam para dar forma a um projeto literário específico.

Texto para análise
Leitura e análise de textos literários de diferentes gêneros.

Boxe de informação
Apresentado ao longo do capítulo, traz informações que ampliam o conteúdo estudado.

Jogo de ideias
Seção que permite reorganizar o que se aprendeu e discutir de que maneira os conceitos e as características apresentadas podem se relacionar a manifestações artísticas em diferentes linguagens. Além disso, são criadas oportunidades para o aluno fazer uso de gêneros discursivos da oralidade.

Linha do tempo
Apresenta fatos significativos de natureza diversa (social, política, cultural, etc.). Essa linha ajuda a situar no tempo o contexto histórico no qual se desenvolveu a estética estudada.

Conteúdo digital Moderna PLUS
Indicação de conteúdo digital disponível no portal do *Moderna Plus*, como animações multimídia, trechos de filmes e documentários e músicas.

Tome nota
Destaca conceitos e definições importantes para o conteúdo estudado no capítulo.

A estante de
Boxe que apresenta informações sobre o que liam os principais escritores e poetas. Aqui fica claro que todo autor é também um leitor, sensível à influência de outros autores.

A tradição de...
Seção que destaca a relação da produção literária do momento estudado com a produção anterior e posterior a ela. O objetivo é que se compreenda como a literatura se define por um permanente diálogo entre autores e obras de diferentes tempos e culturas.

Conexões
Sugestões de filmes, livros, músicas e *sites*, com o intuito de despertar a curiosidade e alimentar o desejo de descobrir novas relações entre o conteúdo apresentado e outras manifestações artísticas.

Infografia
Alguns temas foram destacados em infografias, recursos gráfico-visuais em que imagens são integradas a textos curtos, sintetizando informações.

Seção especial sobre literatura africana de língua portuguesa
Apresenta os autores mais representativos da poesia e da prosa produzidas nos cinco países africanos que têm o português como língua oficial: Angola, Cabo Verde, Guiné-Bissau, Moçambique e São Tomé e Príncipe.

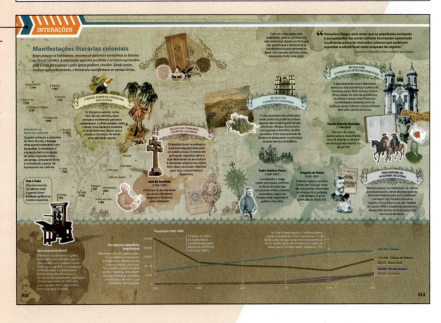

SUMÁRIO GERAL

PARTE I

Unidade 1 — Introdução à literatura

Capítulo 1
Arte, literatura e seus agentes — 16

Arte e representação _____ 19
Alguns sentidos da arte _____ 20
A arte da literatura _____ 24
› Jogo de ideias _____ 30
› Conexões _____ 31

Capítulo 2
Literatura é uma linguagem — 32

A linguagem da literatura _____ 34
› Jogo de ideias _____ 40
› Conexões _____ 41

Capítulo 3
Literatura é gênero I: o épico e o lírico — 42

Os gêneros literários _____ 45
Aspectos estruturais da poesia _____ 55
› Jogo de ideias _____ 58
› Conexões _____ 59

Capítulo 4
Literatura é gênero II: o dramático — 60

O gênero dramático _____ 63
As limitações dos gêneros literários _____ 66
› Jogo de ideias _____ 68
› Conexões _____ 69

Capítulo 5
Literatura é expressão de uma época — 70

Estilo de época _____ 74
Historiografia literária _____ 76
Um mesmo tema:
diferentes olhares, diferentes linguagens _____ 78
› Jogo de ideias _____ 81
› Conexões _____ 82

Unidade 2 — Origens europeias

Uma viagem no tempo: primeiras leituras _____ 84

Capítulo 6
Literatura na Idade Média — 86

Idade Média: entre o mosteiro e a corte _____ 88
O Trovadorismo: poesia e cortesia _____ 89
O projeto literário do Trovadorismo _____ 90
O nascimento da literatura portuguesa _____ 92
As novelas de cavalaria _____ 99
› Jogo de ideias _____ 101
› A tradição da literatura medieval _____ 102
› Conexões _____ 104

Uma viagem no tempo: primeiras leituras _____ 106

Capítulo 7
Humanismo — 108

Um mundo em mudança _____ 110
O Humanismo: um novo olhar para o mundo _____ 111
O projeto literário do Humanismo _____ 111
A produção do Humanismo em Portugal _____ 113
› Jogo de ideias _____ 119
› A tradição da literatura humanista: a sátira de costumes _____ 120
› Conexões _____ 122

Uma viagem no tempo: primeiras leituras _____ 124

Capítulo 8
Classicismo — 126

A Europa do Renascimento _____ 128
O Classicismo: valorização das realizações humanas _____ 129
O projeto literário do Classicismo _____ 129
O Classicismo em Portugal _____ 134
› Jogo de ideias _____ 139
› A tradição do Classicismo _____ 140
› Conexões _____ 142

Unidade 3 — A literatura no período colonial

Uma viagem no tempo: primeiras leituras _____ 146

Capítulo 9
Primeiras visões do Brasil — 148

A revelação do Novo Mundo _____ 150
O projeto colonial português _____ 151
A literatura de viagens _____ 152
À sombra da cruz: a literatura de catequese _____ 155
› Jogo de ideias _____ 159
› A tradição dos relatos de viagem _____ 160
› Conexões _____ 162

Uma viagem no tempo: primeiras leituras _____ 164

Capítulo 10
Barroco — 166

Tensão no mundo da fé _____ 169
Barroco: a harmonia da dissonância _____ 169
O projeto literário do Barroco _____ 170
O Barroco brasileiro _____ 177
Vieira, o engenhoso pregador português _____ 177
Gregório de Matos:
o primeiro grande poeta brasileiro _____ 180
❯ Jogo de ideias _____ 183
❯ A tradição da literatura barroca:
  a sátira política _____ 184
❯ Conexões _____ 186

Uma viagem no tempo: primeiras leituras _____ 188

Capítulo 11
Arcadismo — 190

O Século das Luzes _____ 192
O Arcadismo: ordem e convencionalismo _____ 193
O projeto literário do Arcadismo _____ 194
Portugal: o Marquês de Pombal reeduca o país __ 198
Bocage: poeta das manhãs claras e das noites
tempestuosas _____ 198
O Arcadismo brasileiro: a febre do ouro _____ 200
Cláudio Manuel da Costa: os sonetos amorosos __ 201
Tomás Antônio Gonzaga: o pastor apaixonado __ 202
Outros árcades _____ 203
❯ Jogo de ideias _____ 207
❯ A tradição do Arcadismo _____ 208
❯ Conexões _____ 210
   Interações:
   Manifestações literárias coloniais _____ 212

PARTE II

Unidade 4 — Romantismo

Uma viagem no tempo: primeiras leituras _____ 220

Capítulo 12
A estética romântica: idealização e arrebatamento. Romantismo em Portugal — 222

Dia de glória dos filhos da pátria _____ 224
O Romantismo: a força dos sentimentos _____ 226
O projeto literário do Romantismo _____ 227
Portugal: um país sem rei entra em crise _____ 231
Os primeiros românticos _____ 231
O Ultrarromantismo português _____ 236
Uma mudança de olhar:
o romance aproxima-se da realidade _____ 238
❯ Jogo de ideias _____ 241
❯ A tradição do Romantismo _____ 242
❯ Conexões _____ 244

Uma viagem no tempo: primeiras leituras _____ 246

Capítulo 13
Romantismo no Brasil. Primeira geração: literatura e nacionalidade — 248

Uma corte em fuga _____ 250
O Romantismo no Brasil:
o discurso da nacionalidade _____ 251
A poesia indianista da primeira geração _____ 254
O projeto literário da poesia da primeira geração __ 254
Gonçalves Dias: os índios, a pátria e o amor ____ 256
❯ Jogo de ideias _____ 265
❯ A tradição da primeira geração romântica:
  as canções do exílio _____ 266
❯ Conexões _____ 268

Uma viagem no tempo: primeiras leituras _____ 270

Capítulo 14
Segunda geração: idealização, paixão e morte — 272

A segunda geração romântica:
uma poesia arrebatada _____ 275
O projeto literário dos ultrarromânticos _____ 275
Casimiro de Abreu: versos doces e meigos _____ 281
Álvares de Azevedo: ironia, amor e morte _____ 282
Fagundes Varela: uma poesia de transição _____ 285
❯ Jogo de ideias _____ 287
❯ A tradição da segunda geração romântica:
  o fascínio da morte _____ 288
❯ Conexões _____ 290

Uma viagem no tempo: primeiras leituras _____ 292

Capítulo 15
Terceira geração: a poesia social — 294

Uma nação em busca de ordem _____ 297
O Condoreirismo: a poesia clama por liberdade _ 298
O projeto literário da poesia da terceira geração _ 299
Castro Alves: o último dos poetas românticos ___ 302
Sousândrade: a identidade americana _____ 304
❯ Jogo de ideias _____ 307
❯ A tradição da terceira geração:
  a poesia social _____ 308
❯ Conexões _____ 310

SUMÁRIO GERAL

Uma viagem no tempo: primeiras leituras 312

Capítulo 16
O romance urbano — 314

O romance urbano: retrato da vida na corte 316
O projeto literário do romance urbano 316
O amor segundo Joaquim Manuel de Macedo 322
José de Alencar: um crítico dos costumes 324
Manuel Antônio de Almeida:
a estética da malandragem 328
▸ Jogo de ideias 331
▸ A tradição do romance romântico:
o diálogo com o leitor 332
▸ Conexões 334

Uma viagem no tempo: primeiras leituras 336

Capítulo 17
O romance indianista — 338

Os índios chegam às páginas dos romances 341
O projeto literário do romance indianista 341
A prosa indianista de José de Alencar 346
▸ Jogo de ideias 353
▸ A tradição do Indianismo:
os símbolos da nacionalidade 354
▸ Conexões 357

Uma viagem no tempo: primeiras leituras 358

Capítulo 18
O romance regionalista. O teatro romântico — 360

Regionalismo:
o Brasil literário amplia suas fronteiras 362
O projeto literário do romance regionalista 363
Alencar e os heróis dos sertões brasileiros 367
Visconde de Taunay e o patriarcado do interior 370
Franklin Távora: cantor do Norte 373
Bernardo Guimarães: o folhetim regionalista 373
O teatro romântico 376
Martins Pena e a comédia de costumes 378
▸ Jogo de ideias 381
▸ A tradição do romance regionalista:
uma terra a retratar 382
▸ Conexões 384

Unidade 5 — Realismo e Naturalismo

Uma viagem no tempo: primeiras leituras 386

Capítulo 19
Realismo — 388

A Revolução Industrial muda a face da Europa 390
Realismo: a sociedade no
centro da obra literária 391
O projeto literário do Realismo 392
Portugal: atraso e estagnação 398
Um início movimentado e polêmico... 398
Antero de Quental: a "voz" da revolução 401
Eça de Queirós e a destruição
das ilusões românticas 404
Um Brasil em crise 409
Machado de Assis:
um cético analisa a sociedade 409
▸ Jogo de ideias 415
▸ A tradição do romance realista:
o olhar crítico para a sociedade 416
▸ Conexões 418

Uma viagem no tempo: primeiras leituras 420

Capítulo 20
Naturalismo — 422

Novas perspectivas para a origem humana 425
Naturalismo: a aproximação
entre literatura e ciência 425
O projeto literário do Naturalismo 426
O Naturalismo chega ao Brasil 431
Aluísio Azevedo: o autor das "massas" 431
Um caso particular: Raul Pompeia 433
▸ Jogo de ideias 437
▸ A tradição do Naturalismo:
os trabalhadores como protagonistas 438
▸ Conexões 440

Unidade 6 — As estéticas de fim de século

Uma viagem no tempo: primeiras leituras 444

Capítulo 21
Parnasianismo — 446

O Parnasianismo: a "disciplina do bom gosto" 448
O projeto literário do Parnasianismo 448
Os parnasianos brasileiros 451
Olavo Bilac, o poeta das estrelas 451
Raimundo Correia: as imagens mais sugestivas 452
Outros parnasianos brasileiros 453
▸ Jogo de ideias 455
▸ A tradição do Parnasianismo:
a lapidação da forma 456
▸ Conexões 458

Uma viagem no tempo: primeiras leituras

Capítulo 22
Simbolismo — 462

O fim da era das revoluções 465
O Simbolismo: o desconhecido supera o real 465
O projeto literário do Simbolismo 465
Portugal: um país acuado pelo *Ultimatum* inglês 470

Simbolismo português: entre a forma e a saudade ... 471
Simbolismo brasileiro: além do real e próximo da morte ... 477
Cruz e Sousa: a transfiguração da condição humana ... 477
Alphonsus de Guimaraens: o místico mineiro ... 479
› Jogo de ideias ... 481
› A tradição do Simbolismo: o trabalho com a forma e os sentidos ... 482
› Conexões ... 484
  Interações: O amadurecimento da literatura brasileira ... 486

PARTE III

Unidade 7 | O Modernismo

Uma viagem no tempo: primeiras leituras ... 492

Capítulo 23
Pré-Modernismo — 494

O Brasil republicano: conflitos e contrastes ... 496
O Pré-Modernismo: autores em busca de um país ... 497
O projeto literário do Pré-Modernismo ... 498
Euclides da Cunha: narrador da guerra do fim do mundo ... 501
Lima Barreto: a vida nos subúrbios cariocas ... 505
Monteiro Lobato: a decadência do café ... 508
Augusto dos Anjos: poeta de muitas faces ... 510
› Jogo de ideias ... 513
› A tradição do Pré-Modernismo: um olhar crítico para o Brasil ... 514
› Conexões ... 516

Uma viagem no tempo: primeiras leituras ... 518

Capítulo 24
Vanguardas culturais europeias. Modernismo em Portugal — 520

Um agitado início de século na Europa ... 523
Vanguardas: ventos de inquietação e de mudança ... 523
O projeto artístico das vanguardas europeias ... 524
Cubismo ... 526
Futurismo ... 528
Expressionismo ... 528
Dadaísmo ... 530
Surrealismo ... 531
A herança brasileira das vanguardas ... 533
O século XX chega a Portugal ... 534
Modernismo português: primeiros passos ... 535
Almada Negreiros: a ira contra a estagnação portuguesa ... 536
Mário de Sá-Carneiro e a fragmentação do "eu" ... 537
Fernando Pessoa: o poeta de muitas faces ... 538
Os longos negros anos da ditadura em Portugal ... 548
O "interregno" ... 548
Presencismo: os escritores ensimesmados ... 550
O neorrealismo português ... 550
› Jogo de ideias ... 553
› Conexões ... 554

Uma viagem no tempo: primeiras leituras ... 556

Capítulo 25
Modernismo no Brasil. Primeira geração: ousadia e inovação — 558

A República Velha chega ao fim ... 561
Semana de Arte Moderna: três noites que fizeram história ... 563
O projeto literário da primeira geração modernista ... 564
Oswald de Andrade: irreverência e crítica ... 569
Mário de Andrade: a descoberta do Brasil brasileiro ... 571
Manuel Bandeira: olhar terno para o cotidiano ... 575
Alcântara Machado: os italianos em São Paulo ... 577
› Jogo de ideias ... 579
› A tradição da primeira geração modernista: a poesia do cotidiano ... 580
› Conexões ... 582

Uma viagem no tempo: primeiras leituras ... 584

Capítulo 26
Segunda geração: misticismo e consciência social — 586

Um mundo às avessas: guerra e autoritarismo ... 589
Segunda geração modernista: a consolidação de uma estética ... 590
O projeto literário da poesia da segunda geração modernista ... 590
Carlos Drummond de Andrade: poeta do finito e da matéria ... 594
Cecília Meireles: a vida efêmera e transitória ... 600
Vinicius de Moraes: o cantor do amor maior ... 602
Murilo Mendes: o católico visionário ... 604
Jorge de Lima: o católico engajado ... 604
› Jogo de ideias ... 607
› A tradição da segunda geração modernista: o "eu" e o mundo ... 608
› Conexões ... 610

SUMÁRIO GERAL

Uma viagem no tempo: primeiras leituras _____ 612

Capítulo 27
O romance de 1930 — 614

A retomada de um olhar realista _____ 616
O projeto literário do romance de 1930 _____ 617
Graciliano Ramos: mestre das palavras secas _____ 620
José Lins do Rego:
lembranças de um menino de engenho _____ 625
Rachel de Queiroz: um olhar
feminino para o sertão _____ 627
Jorge Amado: retrato da diversidade
econômica e cultural _____ 628
Erico Verissimo: o intérprete dos gaúchos _____ 630
Dyonelio Machado:
as angústias do homem comum _____ 632
› Jogo de ideias _____ 633
› A tradição da geração de 1930: a consciência
   do subdesenvolvimento brasileiro _____ 634
› Conexões _____ 636

Unidade 8 — O Pós-Modernismo

Uma viagem no tempo: primeiras leituras _____ 640

Capítulo 28
A geração de 1945 e o Concretismo — 642

O mundo após a bomba: indagações e impasses _____ 645
A poesia em busca de um caminho _____ 646
O projeto literário da poesia de 1945 _____ 647
João Cabral: a "máquina" do poema _____ 650
O Concretismo _____ 653
Ferreira Gullar: a poesia engajada _____ 656
› Jogo de ideias _____ 659
› A tradição da geração de 1945:
   a poesia participante _____ 660
› Conexões _____ 662

Uma viagem no tempo: primeiras leituras _____ 664

Capítulo 29
A prosa pós-moderna — 666

A reinvenção da narrativa _____ 669
O projeto literário da prosa pós-moderna _____ 671
Guimarães Rosa:
o descobridor do sertão universal _____ 675
Clarice Lispector:
a busca incansável da identidade _____ 679
› Jogo de ideias _____ 683
› A tradição da prosa pós-moderna:
   vozes intimistas _____ 684
› Conexões _____ 686

Uma viagem no tempo: primeiras leituras _____ 688

Capítulo 30
Tendências contemporâneas. O teatro no século XX — 690

Os extremos do século XX _____ 694
A literatura do mundo contemporâneo:
um espelho fragmentado _____ 695
A ficção contemporânea em Portugal _____ 696
Os rumos da prosa brasileira contemporânea _____ 699
O novo lirismo português _____ 705
Lirismo e experimentação
na poesia brasileira contemporânea _____ 707
Panorama do teatro brasileiro no século XX _____ 710
› Conexões _____ 715
   Interações _____ 718

Seção especial

A poesia africana de língua portuguesa _____ 720
› Conexões _____ 741
A narrativa africana de língua portuguesa _____ 742
› Conexões _____ 759
   Interações _____ 762

Créditos das fotos _____ 764

PARTE I

Unidade 1
Introdução à literatura, *13*

Unidade 2
Origens europeias, *83*

Unidade 3
A literatura no período colonial, *145*

PARTE I

UNIDADE 1

Introdução à literatura

Em todos os tempos, em todos os lugares, em todas as culturas, o ser humano produziu arte. Por quê? O que é arte? O que é literatura? Esta unidade apresenta ferramentas importantes para refletir sobre questões como essas e para ler textos literários.

Conceitos como os de representação, linguagem literária e diferentes gêneros nos introduzem no universo da arte e mostram que o que até hoje se produz tem vínculos fortes com uma tradição que começou a ser construída há muito tempo.

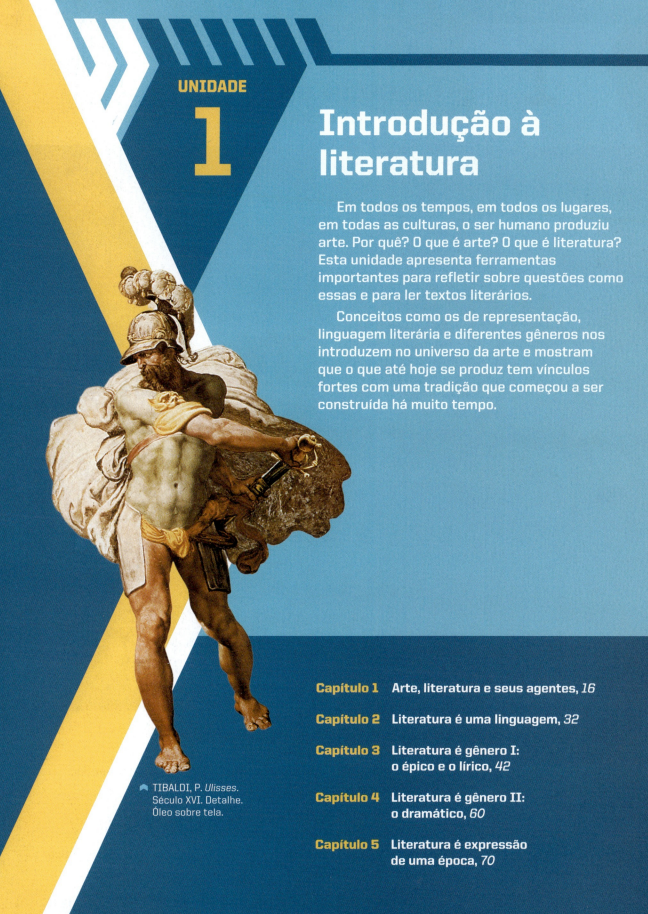

TIBALDI, P. *Ulisses*. Século XVI. Detalhe. Óleo sobre tela.

Capítulo 1	Arte, literatura e seus agentes, *16*
Capítulo 2	Literatura é uma linguagem, *32*
Capítulo 3	Literatura é gênero I: o épico e o lírico, *42*
Capítulo 4	Literatura é gênero II: o dramático, *60*
Capítulo 5	Literatura é expressão de uma época, *70*

Capítulo 1

Arte, literatura e seus agentes

▲ Yuxweluptun, L. P. *Usufruto*. 1995. Acrílico sobre tela.

OBJETIVOS

Ao final do estudo deste capítulo, você deverá ser capaz de:

1. Estabelecer uma relação entre os conceitos de **arte** e **representação**.
2. Reconhecer diferentes sentidos atribuídos à arte.
3. Caracterizar os agentes que participam da produção artística.
4. Compreender a relação entre **arte** e **literatura**.
5. Identificar diferentes funções associadas ao texto literário.
6. Explicar a importância do leitor para o texto literário.

Em todos os tempos, em todos os lugares, homens e mulheres de diferentes culturas, costumes, credos e etnias produziram arte. Por quê? O que é arte? O que explica esse impulso de criação, essa necessidade de expressar simbolicamente a vida? Ao longo deste capítulo você poderá pensar sobre essas questões. Elas introduzem uma reflexão sobre alguns aspectos do conhecimento e do fazer humanos.

Leitura da imagem

> Observe o quadro de Lawrence Yuxweluptun.

1. Como você descreveria a paisagem retratada pelo artista?
   ▶ Que figura(s) você identifica no quadro?

> No seu site, em uma breve apresentação em que comenta os principais temas explorados em seus quadros, Yuxweluptun afirma:

Vocês têm uma *bandeira*. Eu tenho uma *terra natal*. Vocês recebem proteção. Eu fui anexado.

2. Considerando as informações biográficas do autor, faça uma hipótese em relação ao interlocutor a quem ele se dirige quando diz "*Vocês têm uma bandeira*".
   a) O que a bandeira simboliza em relação a um povo?
   b) Por que Yuxweluptun estabelece uma diferença entre a bandeira e a terra natal?
   c) A segunda oposição do autor revela ainda mais o contraste entre ele e seus interlocutores. Por quê?

> Observe as imagens abaixo.

▲ Máscara de corvo dos índios canadenses (tribo Kwakwaka'wakw).

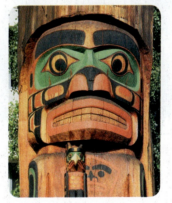
▲ Detalhe do topo de um totem (tribo Kwakwaka'wakw).

3. Compare as imagens acima com o quadro de Yuxweluptun. É possível identificar alguma semelhança? Explique.

> Uma das tradições dos povos indígenas dos Estados Unidos e do Canadá era a criação de totens com representações de animais. Esses animais eram considerados entidades sagradas, das quais as tribos descendiam. Além de símbolos de proteção, os totens também representam o vínculo a uma tribo específica.

4. Considerando essas informações, como podem ser interpretadas as imagens totêmicas presentes no quadro de Lawrence Yuxweluptun? Justifique.

Lawrence Paul Yuxweluptun (1957) nasceu em Kamloops, na Colúmbia Britânica (Canadá). É filho de pai Cowichan Salish e de mãe Okanagan, o que o faz herdeiro da tradição dos Coast Salish, uma das primeiras nações canadenses. As cores vivas e a presença de figuras totêmicas explicitam os vínculos de Yuxweluptun com a cosmologia Salish e com os traços característicos da arte dos povos aborígenes da costa oeste do Canadá. Os temas mais frequentes abordados pelo autor são a questão da posse da terra e os problemas ambientais.

▲ Lawrence Yuxweluptun.

> Leia.

usufruto
- substantivo masculino

1 Rubrica: termo jurídico.

direito conferido a alguém [...] de gozar ou fruir de um bem cuja propriedade pertence a outrem, de retirar-lhe os frutos e as utilidades que produz. [...]

Instituto Antônio Houaiss. *Dicionário eletrônico Houaiss da língua portuguesa.* Rio de Janeiro: Objetiva, 2003. (Fragmento).

5. O título do quadro de Lawrence Yuxweluptun é *Usufruto*. Faça uma hipótese para explicar a relação entre esse título e a intenção do artista ao criar uma obra como essa.

> Analise a foto a seguir.

Protesto contra um muro construído por Israel na aldeia palestina de Al-Zawieh, em foto de Yoav Lemmer, 13 jun. 2004.

6. O que está sendo retratado pelo fotógrafo?
   a) Que elementos da foto você destacaria?
   b) Compare a foto com o quadro de Yuxweluptun: quais são as intenções de cada um? Como realizam essas intenções?

> Leia.

Define-se **texto** como algo que pode ser **lido** e **interpretado**, que propõe um sentido final diferente do sentido de cada uma das partes ou elementos que o constituem, que sugere ou revela uma intenção específica de seu criador.

Quando falamos de **texto**, portanto, identificamos um uso da linguagem (verbal ou não verbal) que tem significado, unidade (é um conjunto em que as partes ligam-se umas às outras) e intenção. O que confere existência ao **texto** é sua possibilidade de leitura e de interpretação.

7. Com base nessas informações, você consideraria o quadro de Lawrence Yuxweluptun um texto? E a foto de Yoav Lemmer? Explique.

Arte e representação

Na foto do protesto das mulheres palestinas, identificamos elementos da realidade que nos são familiares, como as imagens da cidade ao fundo, o muro de pedra, as pessoas protestando. O quadro de Lawrence Yuxweluptun nos remete a uma realidade também familiar, como as montanhas, a água e os peixes. Na pintura, porém, tais elementos aparecem recriados, representados por imagens concebidas pelo artista.

O que distingue realidade e ficção? Esses dois conceitos são muito importantes quando fazemos a leitura de textos verbais ou não verbais.

> **Tome nota**
>
> **Realidade** é tudo aquilo que existe no mundo conhecido, que identificamos como concreto ou que reconhecemos como verdadeiro.
>
> A **ficção**, por sua vez, relaciona-se à criação, à invenção, à fantasia, ao imaginário.
>
> Nesse sentido, a ficção promove a **construção de uma realidade** para atender a um objetivo específico (promover a reflexão, encantar, criticar, divertir, etc.). Os mundos ficcionais podem corresponder à realidade, tal como a conhecemos, ou propor novas realidades, inteiramente imaginadas.

Assim, toda obra de arte é uma **representação da realidade**. Mesmo quando se ocupa de elementos em que podemos reconhecer o real, arte ainda é representação. Observe este quadro de Arcimboldo, pintor italiano do século XVI.

ARCIMBOLDO, G. *Inverno*. s.d. Óleo sobre madeira, 84 cm × 76 cm.

No quadro, reconhecemos elementos do real, como as frutas, as folhas, os galhos e o tronco de árvore. O que se observa, porém, é que todos esses elementos da natureza foram organizados em uma composição concebida para que o conjunto se assemelhe ao rosto de um homem idoso, com a pele e os lábios enrugados. Trata-se de uma representação, porque a organização do quadro revela o olhar singular do artista, que escolheu um modo de representar elementos da natureza para causar determinada impressão no observador. O resultado dessa inusitada composição atrai o olhar e pode provocar uma reação inicial de espanto em quem a vê.

Vênus, de Willendorf, estatueta de calcário do período Paleolítico Superior (cerca de 25000 a 22000 a.C.), encontrada em 1908 nas proximidades da cidade de Willendorf, na Áustria.

Alguns sentidos da arte

A história da humanidade é marcada pela criação de objetos que nos auxiliam a superar nossas limitações físicas. Um telescópio, por exemplo, funciona como uma poderosa extensão do olho humano. Tratores e máquinas permitem que a terra seja trabalhada de modo mais rápido e eficiente.

Por meio da observação e da análise desses objetos, podemos formular algumas hipóteses sobre as diferentes necessidades que sempre desafiaram o ser humano.

As criações, porém, não se limitaram à invenção e à produção de objetos de uso prático. A arte sempre ocupou lugar significativo na vida de todas as sociedades humanas. Os mais antigos objetos artísticos que chegaram até nós são pequenas figuras esculpidas por volta do ano 25000 a.C. Supõe-se que, com o auxílio dessas imagens, nossos antepassados tentavam controlar ou aplacar as forças da natureza. Para eles, símbolos de animais e pessoas tinham uma significação mágica, sobrenatural.

Que impulso levou nossos ancestrais a representarem, de alguma maneira, a vida que levavam e o que sentiam? E por que, desde então, todos os seres humanos, em todas as culturas, em todos os tempos e lugares, produziram arte?

As várias formas da arte

Foto de Lois Greenfield, da série Ballet Tech, 2009.

Quando imprimiu sua arte nas paredes das cavernas, o ser humano começou a se valer de imagens para criar representações do mundo e da própria vida. Desde então, muitas outras manifestações artísticas se somaram a esse modo de representação.

Pintura, escultura, música, arquitetura, fotografia, dança, cinema, literatura oral e escrita são algumas das manifestações da arte que conhecemos hoje e por meio das quais podemos construir mundos ficcionais e expressar nossas interpretações da realidade.

O que é arte, afinal?

As muitas respostas possíveis para a pergunta sobre o que define arte variaram imensamente ao longo da história.

Durante muito tempo, a arte foi entendida como a **representação do belo**.

Mas o que é belo? O que essa palavra significa para nós, ocidentais, hoje, e o que significou para os povos do Oriente ou para os europeus que viveram na Idade Média?

Na Antiguidade, por exemplo, o belo estava condicionado ao conceito de harmonia e proporção entre as formas. Por esse motivo, o ideal de beleza entre os gregos ganha forma na representação dos seres humanos, vistos como modelo de perfeição.

No século XIX, o Romantismo adotará os sentimentos e a imaginação como princípios da criação artística. O belo desvincula-se da harmonia das formas.

Do século XX em diante, diferentes formas de conceber o significado e o modo do fazer artístico impuseram novas reflexões ao campo da arte. Desde então, ela deixa de ser apenas a representação do belo e passa a expressar também o movimento, a luz ou a interpretação geométrica das formas existentes. Pode também recriá-las. Em alguns casos, chega a enfrentar o desafio de representar o inconsciente humano. Por tudo isso, a arte pode ser entendida como a permanente **recriação de uma linguagem**.

Afirma-se também, entre tantas outras possibilidades, como meio de provocar a reflexão no observador sobre o lugar da própria arte na sociedade de consumo ou sobre a relação entre o observador e o objeto observado. Ou seja, a arte pode ser uma **provocação, espaço de reflexão e de interrogação**.

Escultura grega de uma mênade. Na mitologia grega, ninfa que participava das festas de Baco. Século I a.C.

Toda criação pressupõe um **criador** que filtra e recria a realidade e nos permite sua interpretação. A arte, desse ponto de vista, é também o **reflexo do artista**, de seus ideais, de seu modo de ver e de compreender o mundo.

Como todo artista está sempre inserido em um tempo, em uma cultura com sua história e suas tradições, a obra que produz será sempre, em certa medida, a **expressão de sua época, de sua cultura.**

Seria possível acrescentar outras observações sobre os diversos significados que pode assumir a arte a cada obra analisada. No entanto, a reflexão feita até aqui é suficiente para dar a medida dos muitos horizontes que a arte nos abre e das realizações que ela possibilita como forma de representação.

LEITURAS

1. Observe o quadro de Magritte.
   a) Nele, pode-se ler a seguinte afirmação: "Isto não é uma maçã". Considerando a imagem, como você explicaria essa afirmação?
   b) Você consideraria a proposta de Magritte uma obra de arte?

MAGRITTE, R. *Isto não é uma maçã*. 1964. Óleo sobre tela, 152 × 100 cm. A pintura de René Magritte (1898-1967) marcou a arte do século XX. Seus quadros interrogam a própria natureza da pintura e a ação do pintor sobre a imagem.

2. Leia agora este fragmento de *A metamorfose*. Repare como elementos do mundo real contribuem para que, como leitores, aceitemos a criação ficcional proposta pelo narrador.

Quando certa manhã Gregor Samsa acordou de sonhos intranquilos, encontrou-se em sua cama metamorfoseado num inseto monstruoso. Estava deitado sobre suas costas duras como couraça e, ao levantar um pouco a cabeça, viu seu ventre abaulado, marrom, dividido por nervuras arqueadas, no topo do qual a coberta, prestes a deslizar de vez, ainda mal se sustinha. Suas numerosas pernas, lastimavelmente finas em comparação com o volume do resto do corpo, tremulavam desamparadas diante dos seus olhos.

— O que aconteceu comigo? — pensou.

Não era um sonho. Seu quarto, um autêntico quarto humano, só que um pouco pequeno demais, permanecia calmo entre as quatro paredes bem conhecidas. Sobre a mesa, na qual se espalhava, desempacotado, um mostruário de tecidos — Samsa era caixeiro-viajante —, pendia a imagem que ele havia recortado fazia pouco tempo de uma revista ilustrada e colocado numa bela moldura dourada. Representava uma dama de chapéu de pele e boá de pele que, sentada em posição ereta, erguia ao encontro do espectador um pesado regalo também de pele, no qual desaparecia todo o seu antebraço.

O olhar de Gregor dirigiu-se então para a janela e o tempo turvo — ouviam-se gotas de chuva batendo no zinco do parapeito — deixou-o inteiramente melancólico.

KAFKA, Franz. *A metamorfose*. Tradução de Modesto Carone. 14. reimpressão. São Paulo: Companhia das Letras, 1997. p. 7-8. (Fragmento).

Metamorfose em quadrinhos

O artista gráfico norte-americano Peter Kuper fez uma adaptação de *A metamorfose*, de Kafka, para quadrinhos (Conrad Editora do Brasil, São Paulo, 2004). Ele procurou explorar a veia humorística da história depois de descobrir que Kafka tinha acessos de riso ao ler passagens dessa obra, que, para muitos leitores, é assustadora e sombria.

Franz Kafka (1883-1924) foi um dos mais influentes escritores do século XX. Nasceu em Praga, na atual República Tcheca, mas escrevia em alemão. Diversos críticos atribuem a isso seu estilo despojado. Kafka criou uma obra enigmática, preocupada com a aparente falta de saída para o ser humano. Não é à toa que seu nome originou o adjetivo **kafkiano**, que se refere a uma situação angustiante, que evoca uma atmosfera de pesadelo, de absurdo.

▲ Franz Kafka c. 1910.

Boá: espécie de estola estreita e comprida usada ao pescoço.
Regalo: agasalho para as mãos de forma mais ou menos cilíndrica.

Capítulo 1 • Arte, literatura e seus agentes

21

De olho na *arte*

Uma aranha no museu

▲ BOURGEOIS, L. *Aranha*. 1996. Bronze 1/6, 338 × 668 × 633 cm.

Se você visse a escultura acima em um museu, concluiria que ela é considerada uma **obra de arte**. O que ela tem de "artística"? Discuta com seus colegas e veja se eles têm uma opinião semelhante à sua.

---

a) Observe as informações do texto sobre o quarto e a profissão de Samsa. Como você caracterizaria a personagem a partir desses dados?

b) Samsa "encontrou-se em sua cama metamorfoseado num inseto **monstruoso**". A descrição de seu novo corpo justifica o adjetivo destacado? Por quê?

c) Procure descrever como você imagina que a personagem tenha se sentido quando se deu conta dessa transformação.

3. Quais dos elementos e acontecimentos apresentados no texto poderiam existir fora do universo da ficção? Quais não poderiam?

▶ O que faz com que os leitores aceitem como possíveis os elementos ou acontecimentos que não poderiam ocorrer fora desse universo?

4. Você viu que a arte pode provocar, emocionar, retratar uma época, etc. Para você, qual desses sentidos da arte é o mais importante?

▶ Qual a obra (música, filme ou livro) que melhor representa esse sentido? Explique por quê.

Os agentes da produção artística

O contexto de produção de uma determinada obra pode nos dar muitas pistas sobre seu significado e sobre as intenções de quem a produziu.

Se a arte nos revela uma maneira de ver o mundo, cada artista revela seu olhar para a realidade de seu tempo, selecionando elementos que recria em suas obras.

História, cultura, ideologia, religião são alguns dos fatores que fazem parte do contexto do artista e que contribuem para "moldar" seu olhar individual. Nesse sentido, podemos identificar, nas escolhas que realiza, indícios reveladores desse contexto.

No momento da criação, além de expressar um olhar individual, o artista também preserva valores e costumes da época em que vive para as gerações futuras, expressando algo de natureza coletiva, social. Ele estabelece por meio das suas obras um diálogo com os seus contemporâneos e lhes propõe uma reflexão sobre o contexto em que estão inseridos.

Toda obra de arte interage com um **público**. O público passa, portanto, a ser considerado um interlocutor e, por isso, "participa", de alguma maneira, das escolhas que o artista faz. E, ao estabelecer um diálogo com a obra, participa da construção dos sentidos que ela pode exprimir.

Toda obra se manifesta em uma determinada **linguagem**, que se desenvolve em uma **estrutura**. Além disso, circula em determinado **meio**, em determinado suporte utilizado para representá-la. Por exemplo, um filme produzido para cinema é diferente de um filme produzido para TV, que tem duração menor e momentos adequados aos cortes dos intervalos comerciais. É por isso que o meio de circulação pode determinar a maneira de se conceber um filme.

Muito do significado das intenções de quem produziu uma obra de arte pode ser revelado pelo reconhecimento dos vários **agentes** que contribuíram para sua criação: o **artista**, o **contexto** em que viveu, o **público** para o qual a obra foi criada, a **linguagem** e a **estrutura** em que foi produzida e seu **contexto de circulação**.

LEITURAS

1. Observe, no quadro de Leonardo da Vinci, como a Mona Lisa parece estar olhando para nós e pensando em algo, com seu sorriso enigmático.

DA VINCI, L. *Mona Lisa*. 1503-1506. Óleo sobre madeira, 77 × 53 cm.

Jean-Michel Basquiat (1960-1988) nasceu em Nova York (EUA), filho de pai haitiano e mãe porto-riquenha. Em 1977, começou a grafitar textos nas ruas da cidade. Sua carreira ganhou projeção ao trabalhar com o artista Andy Warhol. A obra que produziu reflete as suas influências culturais, o ambiente urbano em que vivia, a sua condição de artista e de negro.

Jean-Michel Basquiat por Andy Warhol, 1982.

a) De que modo os elementos presentes no quadro, principalmente a paisagem, contribuem para que a atenção de quem o observa seja direcionada para a figura da Mona Lisa?

b) Se olharmos com atenção, veremos que a paisagem do lado esquerdo não se "encaixa" com a do lado direito. Que efeito isso provoca quando olhamos para a Mona Lisa?

c) Que elementos da paisagem ajudam a dar "movimento" ao quadro?

2. Observe, agora, a releitura que Jean-Michel Basquiat fez do quadro de Leonardo da Vinci.

BASQUIAT, J. *Mona Lisa*. 1983. Técnica diversa. 120 × 98 cm.

a) Que elementos presentes no quadro de Basquiat estabelecem um "diálogo" com o quadro de Da Vinci?

b) Que elementos revelam que o quadro foi criado em uma época diferente daquela em que foi pintada a *Mona Lisa*?

c) Que interpretações a relação com a imagem original provoca na obra de Basquiat?

d) As informações que você tem a respeito da Mona Lisa de Da Vinci influenciaram o seu olhar para a Mona Lisa de Basquiat? De que maneira?

3. Considerando as características do quadro de Basquiat, que tipo de público, na sua opinião, teria interesse por uma obra como essa?

Basquiat e a nota de um dólar

Alguns elementos da nota de um dólar aparecem no quadro de Basquiat. Com essa relação intertextual, o artista parece questionar o valor da arte tradicional ao atribuir à valiosíssima tela de Leonardo o valor mais baixo das notas americanas.

Nota de um dólar.

> **Literatura: a voz de muitos**
>
> Neste depoimento da escritora brasileira Nélida Piñon, destaca-se o caráter coletivo da literatura.
>
> ....
>
> Costumo dizer que a literatura nada me deve. Eu é que devo tudo a ela. Graças a ela eu conheço as pessoas e transito pelo mundo. Ela me ensina diariamente a viver. Literatura não é um produto que advém apenas do artista. A sociedade, ao longo dos séculos, pediu que sua história fosse narrada, por isso ela tem esse sentido coletivo.
>
> PIÑON, Nélida. In: CAMPOS DE LUCENA, Suênio. *21 escritores brasileiros*. São Paulo: Escrituras, 2001. p. 146.
>
> ....

A arte da literatura

Como acontece com as outras artes, todas as sociedades, todas as culturas, em todos os tempos e lugares, produziram literatura em sua forma oral ou escrita. Por quê? Que atributos específicos teria a literatura para se mostrar tão importante para homens e mulheres desde sempre?

Há muitas respostas possíveis para essa pergunta, mas o fato de ter sido produzida por culturas e em tempos tão diferentes nos permite concluir que a literatura cumpre funções muito importantes nas sociedades humanas.

Funções do texto literário

A palavra "função" aqui se refere ao papel que a literatura desempenha nas sociedades; um papel que se configurou, em grande parte, a partir daquilo que o público leitor reconheceu como valor nessa arte ao longo da história da leitura. Foram os leitores, portanto, que atribuíram um papel à produção literária e são eles que a mantêm viva até hoje.

• A literatura nos faz sonhar

Os textos têm o poder de transportar o leitor, provocar alegria ou tristeza, divertir ou emocionar. Em outras palavras, nos permitem "viver" outras vidas, sentir outras emoções e sensações. Nesse sentido, a **literatura nos oferece um descanso dos problemas cotidianos, quando nos descortina o espaço do sonho e da fantasia**.

• A literatura provoca nossa reflexão

Será que os textos literários têm o poder de transformar a realidade ou existem apenas para nos aliviar o peso da vida cotidiana? Veja o que pensa José Saramago, escritor português, em entrevista concedida ao jornal *O Globo*:

> *O GLOBO O senhor crê que a literatura tem alguma capacidade de provocar mudanças no mundo? [...]*
>
> **SARAMAGO** A resposta está na pergunta. Pretendo tocar os leitores, criar polêmicas, estimular discussões. Mas isto não significa que a literatura tenha poder para mudar o mundo. Já não é pouco que seja capaz de exercer influência sobre algumas pessoas. O mundo é demasiado grande, somos mais de sete bilhões os que habitamos neste planeta, e o poder real está nas mãos das grandes multinacionais que evidentemente não nasceram para ser agentes da nossa felicidade.
>
> *O Globo*, Rio de Janeiro, 20 mar. 2004. Disponível em: <http://oglobo.globo.com/jornal/Suplementos/ProsaeVerso/141256336.asp>. Acesso em: 20 mar. 2004. (Fragmento).

> **José Saramago** (1922-2010) é um dos mais importantes escritores portugueses da atualidade. Ganhador do Prêmio Nobel em 1998, sua obra propõe uma reflexão sobre algumas das questões mais essenciais do mundo contemporâneo, como a discussão sobre a liberdade e sobre o que seria de fato a democracia.
>
>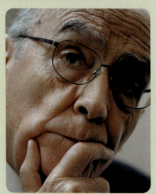
> ▶ José Saramago, 2005

A literatura não tem o poder de modificar a realidade, como reconhece Saramago, mas certamente é capaz de fazer com que as pessoas reavaliem a própria vida e mudem de comportamento. Se esse efeito é alcançado, o texto literário desempenha um importante papel transformador, ainda que de modo indireto.

Pela resposta de Saramago, podemos dizer que a literatura pode **provocar a reflexão e responder, por meio de construções simbólicas,** a perguntas que inquietam os seres humanos.

• A literatura diverte

A experiência apaixonante de passar horas lendo um bom livro é familiar a muitas pessoas em todo o mundo.

Quem já não deu boas risadas sozinho com as trapalhadas cotidianas que tantos cronistas registram, como se dissessem que temos também de aprender a rir de nós mesmos?

Seja viajando no trem que leva os alunos para mais um ano letivo em Hogwarts, nas histórias de Harry Potter, seja vagando pela Terra Média, na narrativa de *O Senhor dos Anéis*, os leitores que embarcam nas aventuras propostas pelos livros sabem que, aconteça o que acontecer, terão sempre consigo a memória das emoções sentidas em cada uma de suas jornadas literárias.

• A literatura nos ajuda a construir nossa identidade

Nos textos literários, de certo modo entramos em contato com a nossa história, o que nos dá a chance de compreender melhor nosso tempo, nossa trajetória como nação. O interessante, porém, é que essa "história" coletiva é recriada por meio das histórias individuais, das inúmeras personagens presentes nos textos que lemos, ou pelos poemas que nos tocam de alguma maneira.

Como leitores, interagimos com o que lemos. Somos tocados pelas experiências de leituras que, muitas vezes, evocam vivências pessoais e nos ajudam a refletir sobre nossa identidade individual e também a construí-la.

• A literatura nos "ensina a viver"

Como toda manifestação artística, a literatura acompanha a trajetória humana e, por meio de palavras, constrói mundos familiares, em que pessoas semelhantes a nós vivem problemas idênticos aos nossos, e mundos fantásticos, povoados por seres imaginários, cuja existência é garantida somente por meio das palavras que lhes dão vida. Também exprime, pela criação poética, reflexões e emoções que parecem ser tão nossas quanto de quem as registrou.

Por meio da convivência com poemas e histórias que traçam tantos e diversos destinos, a literatura acaba por nos oferecer possibilidades de resposta a indagações comuns a todos os seres humanos.

• A literatura denuncia a realidade

Em diferentes momentos da história humana, a literatura teve um papel fundamental: o de **denunciar a realidade**, sobretudo quando setores da sociedade tentam ocultá-la. Foi o que ocorreu, por exemplo, durante o período da ditadura militar no Brasil. Naquele momento, inúmeros escritores arriscaram a própria vida para denunciar, em suas obras, a violência que tornava a existência uma aventura arriscada.

A leitura dessas obras, mesmo que vivamos em uma sociedade democrática e livre, nos ensina a valorizar nossos direitos individuais, nos ajuda a desenvolver uma melhor consciência política e social. Em resumo, permite que olhemos para a nossa história e, conhecendo algumas de suas passagens mais aterradoras, busquemos construir um futuro melhor.

De olho no *poema*

Um poema denúncia

No poema "SOS", Chacal recorre à ironia para tornar mais evidente a denúncia dos muitos males que afligem os brasileiros.

SOS

tem gente morrendo de
 [medo
tem gente morrendo de
 [esquistossomose
tem gente morrendo de
 [hepatite meningite sifilite
tem gente morrendo de
 [fome
tem gente morrendo por
 [muitas causas

nós, que não somos
 [médicos, psiquiatras,
nem ao menos bons
 [cristãos,
nos dedicamos a salvar
 [pessoas
que, como nós,
sofrem de um mal
 [misterioso
o sufoco.

CHACAL. *Belvedere* [1971-2007]. São Paulo/Rio de Janeiro: Cosac Naify/7 Letras, 2007. p. 313.

Um conto de suspense e mistério

"O gato preto" é um dos mais conhecidos contos de Edgar Allan Poe. Nele, acompanhamos a história de um homem que, sem causa aparente, passa a se comportar de modo muito violento, mudando completamente de personalidade. Após matar Pluto, seu gato de estimação, a personagem passa a associar uma série de acontecimentos supostamente inexplicáveis à aparição de um segundo gato, bastante semelhante a Pluto.

O pacto com o leitor

Para que os mundos literários ganhem vida, precisamos habitá-los. Em outras palavras, temos de aceitar o convite feito pelo autor para entrarmos, sem medo, nos bosques criados pela ficção.

Como saber, porém, que caminhos trilhar em um mundo desconhecido?

O próprio texto literário nos oferecerá os sinais e as pistas que, interpretados, indicarão o caminho. Todo texto estabelece um pacto de credibilidade com seus possíveis leitores: caso eles aceitem as condições que regem o mundo ficcional ali apresentado, esse mundo fará sentido.

Veja, por exemplo, o que diz o narrador do conhecido conto "O gato preto", de Edgar Allan Poe:

> Não espero nem peço que se dê crédito à história sumamente extraordinária e, no entanto, bastante doméstica que vou narrar. Louco seria eu se esperasse tal coisa, tratando-se de um caso que os meus próprios sentidos se negam a aceitar. Não obstante, não estou louco e, com toda a certeza, não sonho. Mas amanhã posso morrer e, por isso, gostaria, hoje, de aliviar o meu espírito. Meu propósito imediato é apresentar ao mundo, clara e sucintamente, mas sem comentários, uma série de simples acontecimentos domésticos. Devido a suas consequências, tais acontecimentos me aterrorizaram, torturaram e destruíram. No entanto, não tentarei esclarecê-los. Em mim, quase não produziram outra coisa senão horror — mas, em muitas pessoas, talvez lhes pareçam menos terríveis que grotescos. Talvez, mais tarde, haja alguma inteligência que reduza o meu fantasma a algo comum — uma inteligência mais serena, mais lógica e muito menos excitável do que a minha, que perceba, nas circunstâncias a que me refiro com terror, nada mais do que uma sucessão comum de causas e efeitos muito naturais.
>
> POE, Edgar Allan. O gato preto. *Histórias extraordinárias*. Tradução de Breno Silveira e outros. São Paulo: Abril Cultural, 1981. p. 41. (Fragmento).

Diante do desafio de ler uma história que, embora verdadeira, pareça absurda, a curiosidade do leitor é estimulada. Por que o narrador imagina não ser possível acreditar nela, mesmo tendo certeza de que os fatos ocorridos não são fruto de sua imaginação? A resposta é dada sob a forma de uma hipótese formulada na última frase do texto.

De quem seria a "inteligência mais serena, mais lógica e muito menos excitável" que a do narrador? A do leitor, é claro!

Quando aceita o jogo proposto pelo texto, o leitor reconhece como válidas as condições criadas pelo narrador e pode iniciar sua viagem pelo mundo da ficção.

O pacto entre leitor e texto é produzido para que a literatura tenha liberdade ficcional. Embora se saiba que os acontecimentos narrados não são reais, admite-se que, se o mundo tivesse aquelas características apresentadas no texto, este poderia ser real. Por isso dizemos que o texto é **verossímil**, quer dizer, não é verdadeiro, mas **parece verdadeiro**.

Edgar Allan Poe (1809-1849) nasceu em Boston (EUA). Autor de poemas como "O corvo", "Annabel Lee" e de contos célebres como "A queda da casa de Usher", "O barril de *amontillado*" e "O gato preto", Poe é um escritor lido e admirado até hoje. Teve uma morte misteriosa: após ter realizado palestras em Norfolk, foi encontrado em uma condição deplorável em Baltimore, sem que se saiba como chegou até lá. Levado, inconsciente, para o hospital local, morreu sem recobrar os sentidos.

Edgar Allan Poe, 1848.

TEXTO PARA ANÁLISE

> As questões de 1 a 5 referem-se ao texto 1.

Texto 1

Continuidade dos parques

A história de um homem que lê um romance nos leva a indagar: quais são os limites entre a realidade e a ficção?

Começara a ler o romance dias antes. Abandonou-o por negócios urgentes, voltou à leitura quando regressava de trem à fazenda; deixava-se interessar lentamente pela trama, pelo desenho dos personagens. Nessa tarde, depois de escrever uma carta a seu procurador, discutir com o capataz uma questão de parceria, voltou ao livro na tranquilidade do escritório que dava para o parque dos carvalhos. Recostado em sua poltrona favorita, de costas para a porta que o teria incomodado como uma irritante possibilidade de intromissões, deixou que sua mão esquerda acariciasse, de quando em quando, o veludo verde e se pôs a ler os últimos capítulos. Sua memória retinha sem esforço os nomes e as imagens dos protagonistas; a fantasia novelesca absorveu-o quase em seguida. Gozava do prazer meio perverso de se afastar, linha a linha, daquilo que o rodeava, e sentir ao mesmo tempo que sua cabeça descansava comodamente no veludo do alto respaldo, que os cigarros continuavam ao alcance da mão, que além dos janelões dançava o ar do entardecer sob os carvalhos. Palavra por palavra, absorvido pela trágica desunião dos heróis, deixando-se levar pelas imagens que se formavam e adquiriam cor e movimento, foi testemunha do último encontro na cabana do mato. Primeiro entrava a mulher, receosa; agora chegava o amante, a cara ferida pelo chicotaço de um galho. Ela estancava admiravelmente o sangue com seus beijos, mas ele recusava as carícias, não viera para repetir as cerimônias de uma paixão secreta, protegida por um mundo de folhas secas e caminhos furtivos, o punhal ficava morno junto a seu peito, e debaixo batia a liberdade escondida.

Um diálogo envolvente corria pelas páginas como um riacho de serpentes, e sentia-se que tudo estava decidido desde o começo. Mesmo essas carícias que envolviam o corpo do amante, como que desejando retê-lo e dissuadi-lo, desenhavam desagradavelmente a figura de outro corpo que era necessário destruir. Nada fora esquecido: impedimentos, azares, possíveis erros. A partir dessa hora, cada instante tinha seu emprego minuciosamente atribuído. O reexame cruel mal se interrompia para que a mão de um acariciasse a face do outro. Começava a anoitecer.

Já sem se olhar, ligados firmemente à tarefa que os aguardava, separaram-se na porta da cabana. Ela devia continuar pelo caminho que ia ao Norte. Do caminho oposto, ele se voltou um instante para vê-la correr com o cabelo solto. Correu por sua vez, esquivando-se de árvores e cercas, até distinguir na rósea bruma do crepúsculo a alameda que o levaria à casa. Os cachorros não deviam latir, e não latiram. O capataz não estaria àquela hora, e não estava. Subiu os três degraus do pórtico e entrou. Pelo sangue galopando em seus ouvidos chegavam-lhe as palavras da mulher: primeiro uma sala azul, depois uma varanda, uma escadaria atapetada. No alto, duas portas. Ninguém no primeiro quarto, ninguém no segundo. A porta do salão, e então o punhal na mão, a luz dos janelões, o alto respaldo de uma poltrona de veludo verde, a cabeça do homem na poltrona lendo um romance.

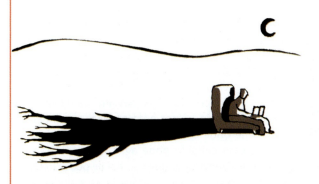

CORTÁZAR, Julio. *Final do jogo*.
Tradução de Remy Gorga, filho.
Rio de Janeiro: Expressão e Cultura, 1971. p. 11-13.

O escritor argentino **Julio Cortázar** ficou conhecido pelo tratamento fantástico dado à realidade em suas obras literárias. Nascido em 1914, Cortázar ganha fama internacional ao publicar, em 1963, *O jogo da amarelinha*, romance que pode ser lido de forma linear ou não linear, construindo diferentes histórias, a depender do trajeto adotado pelo leitor. Morreu em 14 de fevereiro de 1984, vítima de leucemia.

No conto "Continuidade dos parques", o elemento fantástico é construído pelo trabalho com os dois planos em que a história se desenrola: o do leitor que lê um romance e o do romance que é lido por ele.

Julio Cortázar, 15 maio 1973.

1. Todo texto narrativo se constrói a partir da presença de alguns elementos básicos: narrador, personagens, cenário, tempo e enredo. Quem conta a história em "Continuidade dos parques"?
    a) Quais são as personagens envolvidas na história? Como elas são caracterizadas?
    b) O texto apresenta dois cenários. Quais são eles? O que se descobre sobre o primeiro cenário no final da história?
    c) Em que intervalo de tempo a história se passa?
    d) Há, no texto, um acontecimento que desencadeia a ação final. Qual é ele?

2. No conto, há duas histórias narradas: a do fazendeiro-leitor e a dos amantes. Uma reflete a outra, e as duas histórias terminam por se entrelaçar. Explique como o trabalho de construção do cenário, das personagens e do enredo ajuda a promover esse efeito.

3. Após a leitura do conto, podemos afirmar que a primeira pista que Cortázar nos fornece sobre o caráter fantástico de sua narrativa é o título da história. Por quê?

4. Releia a seguinte passagem do conto.

    "[...] a fantasia novelesca absorveu-o quase em seguida. Gozava do prazer meio perverso de se afastar, linha a linha, daquilo que o rodeava [...]."

    ▶ O narrador do conto, ao falar do prazer sentido pelo fazendeiro-leitor, alude a uma das funções geralmente associadas à literatura. Qual é a função?

5. A literatura e as demais formas de arte podem levar o ser humano a refletir sobre as angústias e alegrias da própria existência. A leitura do conto nos ajudaria a compreender melhor a realidade? Por quê?

▶ As questões 6 e 7 referem-se ao texto 2.

Texto 2

Ao relembrar um episódio marcante de sua adolescência, o escritor Erico Verissimo nos ajuda a refletir sobre uma das funções da literatura.

[...] Lembro-me de que certa noite — eu teria uns quatorze anos, quando muito — encarregaram-me de segurar uma lâmpada elétrica à cabeceira da mesa de operações, enquanto um médico fazia os primeiros curativos num pobre-diabo que soldados da Polícia Municipal haviam "carneado".

[...] Apesar do horror e da náusea, continuei firme onde estava, talvez pensando assim: se esse caboclo pode aguentar tudo isso sem gemer, por que não hei de poder ficar segurando esta lâmpada para ajudar o doutor a costurar esses talhos e salvar essa vida? [...]

Desde que, adulto, comecei a escrever romances, tem-me animado até hoje a ideia de que o menos que o escritor pode fazer, numa época de atrocidades e injustiças como a nossa, é acender a sua lâmpada, fazer luz sobre a realidade de seu mundo, evitando que sobre ele caia a escuridão, propícia aos ladrões, aos assassinos e aos tiranos. Sim, segurar a lâmpada, a despeito da náusea e do horror. Se não tivermos uma lâmpada elétrica, acendamos o nosso toco de vela ou, em último caso, risquemos fósforos repetidamente, como um sinal de que não desertamos nosso posto.

VERISSIMO, Erico. *Solo de clarineta*. Porto Alegre: Globo, 1978. v. 1. p. 44-45. (Fragmento).

Bienal do vazio

Ivo Mesquita e Ana Paula Cohen, curadores da 28ª Bienal de São Paulo, quando deram as primeiras entrevistas a respeito desse evento, afirmaram que uma das formas encontradas por eles para questionar o papel das grandes exposições havia sido deixar vazio o segundo dos três pavimentos do Pavilhão do Ibirapuera onde ocorre a Bienal. A ideia era que esse vazio provocasse, segundo eles, "a busca de outros sentidos e de novos conteúdos".

O anúncio dessa novidade provocou grande polêmica e até fez surgir acusações de que a falta de recursos motivara a controversa decisão dos curadores. Talvez por isso, em uma última entrevista antes do início da Bienal, eles passaram a afirmar que haviam mantido o segundo andar vazio para destacar a beleza da obra de Oscar Niemeyer.

6. A lâmpada, no texto, tem um significado simbólico. Que significado pode ser atribuído a ela?

7. A que função literária Erico Verissimo se refere em seu depoimento?

▶ Leia a notícia abaixo para responder à questão 8.

Texto 3

O ESTADO DE S. PAULO

Bienal sofre ataque de 40 pichadores no dia da abertura

No dia da inauguração do evento, prédio sofre ação de vândalos que picharam as paredes do segundo andar

SÃO PAULO — Neste domingo, às 19h35, primeiro dia de visitação aberta ao público da 28ª Bienal de São Paulo, um grupo formado por cerca de 40 pichadores invadiu o pavilhão no Parque do Ibirapuera e pichou parte de seu segundo andar, durante a visitação. Nesta edição da mostra, o segundo piso do prédio foi mantido propositalmente vazio e mesmo antes da inauguração ganhou o apelido de Bienal do Vazio. Os pichadores aproveitaram-se desse fato para no local fazer seu protesto, preenchendo as paredes com frases do tipo: "Isso que é arte." [...].

Dos cerca de 40 pichadores, apenas uma jovem de 23 anos foi detida. [...]. Houve tumulto no prédio. A ação já estava prevista pela Curadoria e organização do evento, que disseram anteriormente terem tomado providências para que a pichação não ocorresse no prédio. "Entramos pela porta. Normal. Conseguimos. [...]", disse a menina detida que não quis se identificar. "É o protesto da arte secreta."

Os demais pichadores saíram no meio do tumulto se misturando aos outros visitantes da mostra, quebrando vidros do prédio. E conseguiram escapar. [...]...

MOLINA, Camila. *O Estado de S. Paulo*, 26 out. 2008. Disponível em: <http://www.estadao.com.br/arteelazer/not_art267070,0.htm>. Acesso em: 20 jun. 2009. (Fragmento).

▲ Pichação no segundo andar do Pavilhão da Bienal, em São Paulo, 2008.

8. Discuta as seguintes questões com seus colegas.

a) A declaração da garota que foi detida de que a pichação foi um "protesto da arte secreta" sugere as prováveis intenções do grupo que agiu na Bienal. Quais poderiam ser elas?

b) Em sua opinião, esse tipo de ação pode ser considerado uma manifestação artística ou é apenas depredação do patrimônio cultural? Por quê?

c) Os curadores e os pichadores, com suas atitudes, conseguiram mobilizar as pessoas e provocar reflexão. Para você, que decisão provoca uma reflexão mais profunda sobre o que é considerado arte e o que não é: a de manter o pavimento vazio ou a de pichar esse pavimento? Por quê?

Material complementar Moderna PLUS http://www.modernaplus.com.br
Exercícios adicionais.

Arte urbana

O grafite, inscrições ou desenhos pintados ou gravados em muros ou paredes das cidades, foi visto por muito tempo como contravenção. Hoje, é considerado uma manifestação artística, mais especificamente da *street art* ou arte urbana.

Em geral, distingue-se o grafite, de elaboração mais complexa, da pichação, quase sempre considerada contravenção. Porém, muitos grafiteiros respeitados, como *OsGemeos*, admitem ter um passado de pichadores.

Banksy, autor do grafite apresentado ao lado, é conhecido por suas obras bastante críticas. Sua identidade, desconhecida, é objeto de inúmeras especulações.

Grafite de Banksy em Belém, Israel, 2008.

Jogo de ideias

Neste capítulo, você viu que a arte pode ser considerada uma "provocação, espaço de reflexão e de interrogação". As obras de artistas contemporâneos, como Basquiat, Louise Bourgeois, Beatriz Milhazes, OsGêmeos e Banksy, são exemplos bastante significativos dessa diversidade de sentidos que as manifestações artísticas podem ter.

Para compreender melhor como a arte, fazendo uso de diferentes linguagens (pintura, escultura, grafite, etc.), pode ser considerada provocação, espaço de reflexão e de interrogação, propomos que você e seus colegas, em equipe, façam uma apresentação, em PowerPoint, de obras desses artistas. Para cumprir essa tarefa, vocês deverão seguir os passos abaixo:

- dividir a sala em cinco grupos; cada grupo deverá escolher, para fazer a montagem da apresentação em PowerPoint, as obras de um dos artistas indicados;
- selecionar as obras do artista, identificando os aspectos que permitem afirmar que as obras selecionadas exemplificam a ideia de que a arte pode ser considerada uma "provocação, espaço de reflexão e de interrogação";
- fazer a montagem da apresentação em PowerPoint com uma breve biografia do artista escolhido e as obras selecionadas;
- apresentar o PowerPoint para a sala explicando, oralmente, por que é possível afirmar que as obras selecionadas exemplificam a diversidade de sentidos que uma manifestação artística pode ter.

CONEXÕES

››› Para ler e pesquisar

› **A história sem fim**, de Michael Ende.
13. ed. São Paulo: Martins Editora, 2009.

Narrativa da fantástica aventura vivida por Bastian Baltazar Bux, que, depois de ter roubado um livro misterioso, intitulado *A história sem fim*, é transportado para o reino de Fantasia. Regido pela figura da delicada imperatriz Menina, esse mundo mágico enfrenta um perigo terrível: está sendo tragado pelo Nada. Há apenas uma esperança: o jovem e valente Atreju deve encontrar um ser humano que se disponha a salvar Fantasia. Então, Bastian percebe que é ele o herói que todos esperam. A partir daí, muitas aventuras serão vividas por esse tímido garoto tão apaixonado pelos livros e suas histórias que não resiste ao apelo de viver uma história que não tenha fim.

› **Arte (Guias essenciais)**,
de Robert Cumming.
Porto: Civilização/Ambiente, 2006.

Guia que apresenta, em diversas seções, todas as épocas e estilos, da arte primitiva à arte contemporânea. Além disso, há uma seção sobre diferentes técnicas e materiais utilizados na criação de obras de arte.

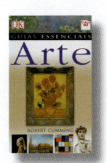

› **Questões de arte**,
de Cristina Costa.
São Paulo: Moderna, 2004.

Nessa obra, a autora procura apresentar o conceito de arte, destacando a sua essência e discutindo a maneira como cada ser humano se relaciona com a expressão artística. Por meio de uma análise cuidadosa, procura levar o leitor a refletir sobre arte, sua relação com a sociedade, a função social do artista e a importância do belo como constituição de nossa identidade, entre outros aspectos relacionados a essa questão tão interessante.

› **A paixão pelos livros**, de Julio Silveira e Martha Ribas (Orgs.).
Rio de Janeiro: Casa da Palavra, 2004.

Livro que reúne contos, crônicas e depoimentos de todos aqueles que encontraram na literatura um prazeroso universo particular. São testemunhos de amor aos livros, relatos de viagens realizadas através das páginas de obras literárias, confissões de quem encontrou na leitura uma forma de transcender o universo real e escapar das dores do mundo. Uma antologia em que autores de épocas, lugares e estilos diversos retratam, através de narrativas, verídicas ou não, uma história da leitura e de suas relações com o mundo.

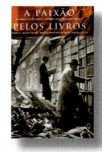

››› Para assistir

› **Desejo e reparação**, de Joe Wright.
Inglaterra, 2007.

Na Inglaterra de 1935, uma jovem usa a imaginação para acusar o filho do caseiro de um crime que ele não cometeu, interferindo diretamente não só na vida do rapaz, como também na de sua irmã, que o amava. Já madura e escritora consagrada, ela recria essa história, dando-lhe outro caminho e desfecho. Uma ode à força criadora da ficção.

› **Miss Potter**, de Chris Noonan.
EUA/Inglaterra, 2006.

Beatrix Potter foi uma querida autora inglesa de livros infantis da virada do século XIX para o XX, criadora do conhecido coelho Peter Rabbit. Muitos de seus livros foram adaptados para o cinema. O filme conta a história da vida de Beatrix, vivida por Renée Zellweger, e de sua luta para ter seus livros, que também eram ilustrados por ela, publicados.

Material complementar Moderna PLUS
http://www.modernaplus.com.br
Exercícios adicionais.

››› Para navegar

› **http://masp.art.br**

Acesso ao acervo de obras do Museu de Arte de São Paulo (MASP), além de informações sobre cursos e exposições. Destaque para as obras mais importantes da coleção, na qual figuram quadros de Monet, Renoir, Degas, Cézanne, Chagall, Goya, Turner, Van Gogh e, entre os brasileiros, Anita Malfatti, Di Cavalcanti, Lasar Segall e Portinari.

› **http://www.mam.org.br**

Acesso ao acervo *on-line* do Museu de Arte Moderna de São Paulo, informações sobre artistas, exposições e eventos. É possível ver, na "visita virtual", a aranha de Louise Bourgeois que reproduzimos neste capítulo.

› **http://www.museus.art.br**

Site com *links* para museus do mundo todo.

Capítulo 2

Literatura é uma linguagem

▲ Rota 66, c.1998, a lendária estrada norte-americana que liga Chicago a Los Angeles tornou-se símbolo de aventura e liberdade.

OBJETIVOS

Ao final do estudo deste capítulo, você deverá ser capaz de:

1. Entender o que é a **plurissignificação** e como ela se manifesta no texto literário.
2. Reconhecer a diferença entre **denotação** e **conotação**.
3. Definir o que são **metáforas** e **comparações**.
4. Identificar metáforas e comparações em textos literários.
5. Explicar como diferentes recursos linguísticos participam da construção do sentido do texto literário.

Inventar mundos, despertar nossas lembranças, desencadear sensações, compartilhar emoções, provocar nossa reflexão sobre os mais diferentes aspectos da existência: como a linguagem literária, nos sentidos que produz, adquire esse poder? É para refletir sobre isso que convidamos você a entrar neste capítulo.

Leitura da imagem

1. Observe a fotografia.
   ▶ Faça uma breve descrição dos elementos presentes na imagem.

2. A posição em que a foto foi tirada chama a nossa atenção para a estrada. Que efeito o fotógrafo pode ter pretendido desencadear no espectador ao optar por essa tomada?

3. Leia uma declaração do fotógrafo suíço Robert Frank, que percorreu a Rota 66 registrando imagens da paisagem americana.

   > Quando as pessoas olham as minhas fotos, eu quero que elas se sintam como quando desejam reler um verso de um poema.

   ▶ Observe mais uma vez a foto da abertura. Se ela fosse vista como um "verso de um poema", sobre o que falaria esse verso?

A fotografia como linguagem

Como em outras linguagens, diferentes sentidos podem ser construídos por meio da fotografia. Ela dispõe de elementos (cor, luz, foco, ângulo, etc.) cuja exploração é responsável pelos efeitos que provocará no espectador.

Da imagem para o texto

4. Vamos ver como a literatura explora possibilidades da linguagem. Leia dois trechos de *On the road*, de Jack Kerouac.

Trecho 1

Num piscar de olhos estávamos de volta à estrada principal e naquela noite vi todo o estado de Nebraska desenrolando-se diante dos meus olhos. Cento e setenta quilômetros por hora, direto sem escalas, cidades adormecidas, tráfego nenhum, um trem da Union Pacific deixado para trás, ao luar. Eu não estava nem um pouco assustado aquela noite; me parecia algo perfeitamente normal voar a 170, conversando e observando todas as cidades do Nebraska — Ogallala, Gothenburg, Kearney, Grand Island, Columbus — se sucederem com uma rapidez onírica enquanto seguíamos viagem. Era um carro magnífico; portava-se na estrada como um navio no oceano. Longas curvas graduais eram o seu forte. "Ah, homem, essa barca é um sonho", suspirava Dean. "Pense no que poderíamos fazer se tivéssemos um carro assim. [...] Curtiríamos o mundo inteiro num carro como esse, você e eu, Sal, porque, na verdade, a estrada finalmente deve conduzir a todos os cantos do mundo. Não pode levar a outro lugar, certo? [...]"

Trecho 2

[...] "Qual é a sua estrada, homem? — a estrada do místico, a estrada do louco, a estrada do arco-íris, a estrada dos peixes, qualquer estrada... Há sempre uma estrada em qualquer lugar, para qualquer pessoa, em qualquer circunstância. Como, onde, por quê?" Concordamos gravemente, sob a chuva. "[...] Decidi abrir mão de tudo. *Você* me viu quebrar a cara tentando de tudo, me sacrificando e *você* sabe que isso não importa; nós sacamos a vida, Sal — sabemos como domá-la, e sabemos que o negócio é continuar no caminho, pegando leve, curtindo o que pintar da velha maneira tradicional. Afinal, de que outra maneira poderíamos curtir? Nós sabemos disso." Suspirávamos sob a chuva. [...]

"E assim", disse Dean, "vou seguindo a vida para onde ela me levar. [...]"

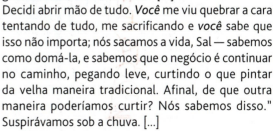

KEROUAC, Jack. *On the road* (Pé na estrada). Tradução de Eduardo Bueno. Porto Alegre: L&PM, 2004. p. 281-282; 305-306. (Fragmento).

Onírica: relativa aos sonhos.

Jack Kerouac (1922-1969) tornou-se o ídolo de sua geração quando o romance *On the road* foi publicado em 1957. A viagem de dois amigos, Sal Paradise e Dean Moriarty, pelos Estados Unidos, boa parte feita na Rota 66, estrada que liga Chicago a Los Angeles, traduziu a visão de mundo de uma juventude que decidiu questionar os valores com os quais tinha sido criada.

▲ Jack Kerouac, anos 1950.

De olho no *filme*

"Ligue o motor. Comece sua jornada"

▲ *Tudo acontece em Elizabethtown*, de Cameron Crowe. EUA, 2005.

A caminho do funeral do pai, depois de sofrer forte trauma profissional, Drew encontra Claire, uma aeromoça otimista que irá desafiá-lo a fazer uma viagem de carro através do país. Sozinho, transportando uma urna com as cinzas do pai, Drew inicia a viagem que dará um novo sentido à sua vida.

a) Que elementos, presentes no trecho 1, asseguram ao leitor tratar-se da história de uma viagem?

b) No texto, quais as passagens que revelam ser essa viagem a concretização de um desejo típico da juventude: a busca da liberdade?

5. No trecho a seguir, explique de que maneira a pontuação contribui para dar ao leitor a sensação de velocidade do carro em que viajam Sal e Dean.

"Cento e setenta quilômetros por hora, direto sem escalas, cidades adormecidas, tráfego nenhum, um trem da Union Pacific deixado para trás, ao luar."

6. Logo no início do trecho 2, Dean pergunta a Sal: "Qual é a sua estrada, homem?" O que ele quer dizer com isso? Que sentido atribui ao termo "estrada"?

7. Identifique, no trecho 2, uma passagem que permite associar o comportamento das personagens a valores próprios da juventude.

▶ Explique por que ela transmite valores associados à juventude.

8. Como Dean resume sua filosofia de vida?

▶ O que essa filosofia sugere em termos de comportamento?

A linguagem da literatura

A essência da arte literária está na palavra. Usada por escritores e poetas em todo o seu potencial significativo e sonoro, a palavra estabelece uma interessante relação entre um autor e seus leitores/ouvintes.

"Ah, homem, essa barca é um sonho", afirma Dean no texto de Jack Kerouac. Para compreender a imagem criada pela personagem, nós precisamos entender as comparações que a construíram. Sabemos que Dean e Sal viajam de carro; sabemos que uma "barca" não trafega em estradas. Com essas informações, procuramos reconstruir o sentido da comparação implícita que está na base da imagem criada: o carro em que viajam é tão grande e confortável que parece uma barca.

Em seguida, reconhecemos que a afirmação de que o carro "é um sonho" também foi criada a partir de outra comparação entre nossos sonhos e todas as coisas que desejamos muito. Reconstituída a comparação original, podemos interpretar que Dean quer dizer que aquele é um carro maravilhoso, objeto de desejo e fantasia dos dois jovens.

No texto de Kerouac, palavras como *barca* e *sonho* foram usadas em sentido conotativo.

▼ Tome nota

O **sentido conotativo** (ou **figurado**) é aquele que as palavras e expressões adquirem em um dado contexto, quando o seu sentido literal é modificado. Nos textos literários, predomina o sentido conotativo. A linguagem conotativa é característica de textos com função estética, ou seja, que exploram diferentes recursos linguísticos e estilísticos para produzir um efeito artístico.

Em textos não literários, o que predomina é o **sentido denotativo** (ou **literal**). Dizemos que uma palavra foi utilizada em sentido literal quando é tomada em seu significado "básico", que pode ser apreendido sem ajuda do contexto. A linguagem denotativa é típica de textos com função utilitária, ou seja, que têm como finalidade predominante satisfazer a alguma necessidade específica, como informar, argumentar, convencer, etc.

O trabalho com o sentido conotativo ou figurado é uma característica essencial da linguagem literária.

Quando a literatura explora a conotação, como no texto de Kerouac, estabelece-se uma interessante relação entre leitor e texto. Ao ler um romance ou um poema ou ao ouvir uma história, o leitor/ouvinte precisa reconhecer o significado das palavras e *reconstruir* os mundos ficcionais que elas descrevem. O leitor/ouvinte desempenha, portanto, um papel ativo, já que também cria, em sua imaginação, mundos ficcionais correspondentes àqueles propostos nos textos ou vive, na fantasia, experiências semelhantes às descritas.

> **Tome nota**
>
> Quando as palavras assumem no texto literário diferentes significados, dizemos que ocorre um processo de **plurissignificação**.

O poder de explorar sentidos

Como vimos, o uso literário das palavras promove a multiplicação dos sentidos e, assim, permite que o texto sofra diferentes leituras e interpretações. O uso conotativo da linguagem faz com que as palavras, ao aparecerem em contextos inesperados ou imprevisíveis, ganhem novos significados e produzam interessantes efeitos de sentido.

Observe este trecho do poema "Profundamente", de Manuel Bandeira.

Profundamente

[...]
Quando eu tinha seis anos
Não pude ver o fim da festa de São João
Porque adormeci

Hoje não ouço mais as vozes daquele tempo
Minha avó
Meu avô
Totônio Rodrigues
Tomásia
Rosa
Onde estão todos eles?

— Estão todos dormindo
Estão todos deitados
Dormindo
Profundamente.

BANDEIRA, Manuel. *Antologia poética*. Rio de Janeiro: Nova Fronteira, 2001. p. 81. (Fragmento).

© dos textos de Manuel Bandeira, do Condomínio dos proprietários dos direitos intelectuais de Manuel Bandeira. (In: *Antologia poética* – publicado pela Ed. Nova Fronteira). Direitos cedidos por Solombra – Agência Literária. (solombra@solombra.org).

O trecho do poema começa com a lembrança de um acontecimento passado: um menino de seis anos adormeceu e não viu o fim da festa de São João. Nesse trecho, o verbo *adormecer* é usado em sentido literal e significa "dormir, cair no sono".

A segunda estrofe retoma o momento presente, evocado pelo advérbio *hoje*, que a inicia. A lista de familiares, associada à pergunta final ("Onde estão todos eles?"), cria o contexto necessário para que o verbo *dormir* ganhe, na última estrofe, um sentido figurado. Passados muitos anos daquela longínqua festa de São João, a avó, o avô, Tomásia, Rosa "estão todos dormindo". Imediatamente concluímos que *dormindo* significa que eles morreram.

> **De olho na *imagem***
>
> ### Além do objeto
>
> A foto mostra uma escada em caracol, mas vai além da representação objetiva de um objeto: registra profundidade, sugere sensações, uma certa instabilidade. Você diria que esta foto é um texto denotativo ou conotativo?
>
>
>
> ▲ Escada em espiral em abadia em Melk, Áustria.

> ### A infância como tema
>
> As memórias da infância são fonte inesgotável de inspiração. Este outro poema tematiza a infância explorando diferentes sentidos da palavra.
>
> **Lar doce lar**
>
> Minha pátria é minha
> [infância:
> Por isso vivo no exílio.
>
> CACASO. *Beijo na boca e outros poemas*. São Paulo: Brasiliense, 1985. p. 63.

▲ PICASSO, P. *Vaso com flores*. s.d. Guache sobre papel. Nesta obra, a beleza se revela em um objeto bastante cotidiano, representado com economia de cores e traços. É uma prova de que o belo pode mesmo estar nas coisas mais simples.

O uso do advérbio *profundamente* reforça a ideia de sono profundo, do qual os familiares não irão mais despertar. Quando associamos a passagem de tempo ao "desaparecimento" daquelas pessoas, percebemos que foi criado o contexto no qual o verbo *dormir* ganha um novo sentido.

Recursos da linguagem literária: o poder das imagens

O poder de sugestão e evocação do texto literário depende da capacidade de o escritor escolher as palavras capazes de "desenhar", para seus leitores, uma série de imagens. Por meio do reconhecimento e da reelaboração dessas imagens, o leitor constrói, na sua imaginação, uma representação dos mundos ficcionais apresentados nos textos.

Observe como o texto seguinte consegue, por meio de imagens variadas e intrigantes, sugerir cenários ficcionais que podem ser "habitados" por todos nós.

15 de maio de 1905

Imagine um mundo em que não há tempo. Somente imagens.

Uma criança, à beira do mar, enfeitiçada pela primeira visão que tem do oceano. [...] Pegadas na neve em uma ilha no inverno. [...] Luz do sol, em ângulos abertos, rompendo uma janela no fim da tarde. Uma imensa árvore caída, raízes esparramadas no ar, casca e ramos ainda verdes. [...] Uma garrafa quebrada no chão, líquido marrom nas fissuras do piso, uma mulher com os olhos vermelhos. [...] Um chapéu azul na praia, trazido pela maré. [...] Planetas no espaço, oceanos, silêncio.

LIGHTMAN, Alan. *Sonhos de Einstein*. Tradução de Marcelo Levy. São Paulo: Companhia das Letras, 1997. p. 72-76. (Fragmento).

No texto, não há acontecimentos, apenas a enumeração de diferentes cenas. A primeira imagem desperta, no leitor, várias sensações que podem ser imediatamente associadas à figura daquela criança que contempla o oceano pela primeira vez. Dessa forma, as cenas descritas "alimentam" nossa imaginação e nos transportam para dentro do mundo ficcional construído pelo texto.

• Comparações: a concretização de emoções

As comparações são um importante recurso do texto literário. Por meio delas, os escritores procuram traduzir certas emoções, certos modos de ver e sentir.

O poema de José Paulo Paes ilustra como o poder da linguagem de promover aproximações e explicitar semelhanças torna possível definir um sentimento tão complexo como o amor.

> **Madrigal**
> Composição poética breve que exprime um pensamento fino, terno ou galante. Surgiu no século XIV, no norte da Itália, e destinava-se quase sempre a ser musicada. Ainda hoje, muitos poetas escrevem madrigais.

Madrigal

Meu amor é simples, Dora,
Como a água e o pão.

Como o céu refletido
Nas pupilas de um cão.

PAES, José Paulo. *Melhores poemas*: José Paulo Paes. Seleção de Davi Arrigucci Jr. São Paulo: Global, 2003. p. 69.

Para definir o seu amor por Dora, o eu lírico recorre à semelhança entre esse sentimento e dois alimentos vitais para os seres humanos: o pão e a água. A aproximação entre o amor, o pão e a água sugere que esse sentimento é tão essencial para o eu lírico quanto os alimentos mais básicos.

A segunda comparação presente no poema reforça a ideia de simplicidade do amor. Um cão, ao olhar para o céu, não interpreta o que vê. Além disso, a comparação entre o amor e a imagem do céu refletido nos olhos do cão (símbolo, talvez, da fidelidade) estabelece uma ponte entre o que é pequeno/particular (os seres humanos, os alimentos) e algo grande/universal (o céu).

O efeito das comparações na construção do sentido do poema é claro. São elas que nos ajudam a identificar duas características "definidoras" do amor: o fato de ele atuar como um alimento, que mantém vivos os amantes, e também como uma força transformadora, que promove uma certa superação da dimensão pessoal em direção à universalidade.

> **Lembre-se**
>
> **Eu lírico** ou **eu poemático** é o "eu" que fala na poesia. Seu equivalente nos textos em prosa é o **narrador**.

• Metáforas: afirmação de semelhanças inusitadas

Um outro recurso linguístico que explora as possibilidades criativas da linguagem são as metáforas.

Em grego, o termo *metaphorá* significa mudança, transposição. Na origem das metáforas, portanto, existe um processo de substituição: aproximam-se dois elementos que, em um contexto específico, guardam alguma relação de semelhança, transferindo-se, para um deles, características do outro.

Dito assim, parece complicado, mas não é. Observe o seguinte poema de Sophia Andresen:

Novembro

A respiração de Novembro verde e fria
Incha os cedros azuis e as trepadeiras
E o vento inquieta com longínquos desastres
A folhagem cerrada das roseiras.

ANDRESEN, Sophia de Mello Breyner. *Obra poética III*.
Portugal: Editorial Caminho, 1997. p. 41.

Sabemos que um mês não "respira", porque a respiração é um atributo dos seres animados. O que significa, então, o primeiro verso do poema?

Sophia Andresen era uma escritora portuguesa e, na Europa, o inverno começa no fim do mês de setembro. Durante o inverno, o frio rigoroso faz com que a respiração das pessoas torne-se visível.

Com a metáfora da "respiração" de Novembro, Sophia Andresen torna mais "concreta", para o leitor, a ideia do ar gelado que atua sobre a natureza, desfolhando as árvores, destruindo a vida.

> **De olho no texto**
>
> **A palavra para Neruda**
>
> Amo tanto as palavras... As inesperadas... As que avidamente a gente espera, espreita até que de repente caem... Vocábulos amados... Brilham como pedras coloridas, saltam como peixes de prata, são espuma, fio, metal, orvalho... Persigo algumas palavras... São tão belas que quero colocá-las todas em meu poema... [...] Tudo está na palavra... Uma ideia inteira muda porque uma palavra mudou de lugar ou porque outra se sentou como uma rainha dentro de uma frase que não a esperava e que a obedeceu...
>
> NERUDA, Pablo. *Confesso que vivi*. Tradução de Olga Savary. Rio de Janeiro: Difel, 1978. (Fragmento). Disponível em: <http://www.releituras.com/pneruda_menu.asp>. Acesso em: 29 out. 2009.
>
> Por meio de uma série de comparações e metáforas, o poeta chileno Pablo Neruda define, liricamente, a importância da palavra para a literatura.

TEXTO PARA ANÁLISE

> As questões de 1 a 4 referem-se ao texto 1.

Texto 1

Stubb mata uma baleia

No trecho a seguir, extraído do famoso romance Moby Dick, *Ismael, o narrador, relata o momento em que os tripulantes do Pequod caçam a baleia.*

[...]

De repente, pareceu-me que bolhas estouravam para além dos meus olhos fechados; como prensas, minhas mãos se agarravam aos ovéns; uma misteriosa força invisível me salvou: com um choque voltei à vida. E, oh!, bem perto, a sotavento, a menos de quarenta braças, um Cachalote gigantesco rolava pela água como o casco virado de uma fragata, seu dorso enorme e lustroso, de uma cor Etíope, brilhando ao sol como um espelho. Mas ondulando preguiçosa pelas cavas do mar, e, vez ou outra, lançando tranquila seu jato vaporoso, a baleia parecia um burguês corpulento fumando o seu cachimbo numa tarde de calor. Mas aquele cachimbo, pobre baleia, foi o seu último! [...]

"Ali vai a cauda!", foi o grito, anúncio imediatamente seguido da presteza de Stubb em pegar um fósforo e acender seu cachimbo, pois agora haveria descanso garantido. Decorrido o intervalo da sondagem, a baleia emergiu de novo e, estando de frente para o bote do fumante, mais perto dele do que dos outros botes, Stubb se fez de rogado das honras de capturá-la. [...] ainda dando baforadas no seu cachimbo, Stubb incitou a tripulação ao ataque.

[...] Levante-se, Tashtego! — Ao ataque!". O arpão foi arremessado. "À ré!" Os remadores recuaram; no mesmo instante alguma coisa passou quente e sibilante por seus pulsos. Era a ostaxa mágica. [...]

"Recolher — Recolher!", gritou Stubb ao remador da proa e, voltando-se para a baleia, todas as mãos começaram a puxar o bote para perto dela, enquanto o bote ainda corria a reboque. Logo chegando perto de seu flanco, Stubb, firmando o joelho na tosca castanha, dardejou dardo após dardo no peixe fugitivo; a seu comando, o bote ora retrocedia frente às horríveis contorções da baleia, ora se aproximava para um novo ataque.

A corrente vermelha jorrava de todos os lados do monstro, como riachos colina abaixo. Seu corpo torturado rolava não mais na água salgada, mas no sangue, que borbulhava e fervia por centenas de metros em sua esteira. [...]

"Puxar — puxar!", gritava para o remador da proa, enquanto a baleia abatida arrefecia sua fúria. "Puxar! — mais perto!", e o bote costeou o flanco do peixe. Quando estava bem em cima da proa, Stubb cravou lentamente sua lança comprida e afiada no peixe, e ali a manteve, resolvendo sempre de novo, cuidadoso, como se estivesse cautelosamente procurando por um relógio de ouro que a baleia tivesse engolido, e que ele temia que se quebrasse antes de conseguir fisgá-lo para fora. Mas aquele relógio de ouro que procurava era a vida mais profunda do peixe. E ele então a atingiu; pois, saindo de seu transe para aquela coisa indescritível que se chama "convulsão", o monstro contorceu-se terrivelmente em seu próprio sangue [...]

Já enfraquecida em sua convulsão, a baleia fez-se mais uma vez presente aos olhos; debatendo-se de um lado para o outro; dilatando e contraindo o espiráculo com espasmos e uma agonizante, seca e crepitante respiração. Por fim, sopros após sopros de sangue coagulado, como a borra púrpura do vinho tinto, foram lançados ao ar repleto de terror; e caindo, escorreram dos flancos imóveis para o mar. Seu coração havia estourado!

"Está morta, senhor Stubb", disse Tashtego.

"Sim; os dois cachimbos se apagaram!", e tirando-os da boca Stubb espalhou as cinzas mortas sobre a água; e, por um instante, ficou a olhar pensativo para o imenso cadáver que havia feito.

MELVILLE, Herman. *Moby Dick*. Tradução de Irene Hirsch e Alexandre Barbosa de Souza. São Paulo: Cosac Naify. p. 306-311. (Fragmento).

Ovéns: cabos que sustentam mastros e mastaréus para os bordos e para a ré.
Sotavento: lado ou bordo contrário àquele de onde sopra o vento.
Braças: antiga medida, equivalente à extensão que vai de um punho ao outro, ou da extremidade de uma mão aberta à outra, ou da ponta de um polegar ao outro, num adulto com os braços estendidos horizontalmente para os lados.
Cachalote: baleia dentada, encontrada em todos os oceanos e mares do mundo, com até 20 m de comprimento, coloração cinzenta ou preta, cabeça enorme e de formato quase quadrangular.
Fragata: navio de guerra a vela, de três mastros.
Etíope: de cor escura.
Ostaxa: corda usada para levantar ou arriar a vela de uma nau.
Proa: parte dianteira de uma embarcação.
Flanco: cada um dos lados do corpo.
Espiráculo: abertura por onde o ar circula.

1. O trecho transcrito narra a caça a um cachalote até o momento em que ele é abatido. Descreva brevemente, na sequência em que ocorrem, os fatos relatados.

2. Ismael, o personagem que narra o romance, descreve o cachalote perseguido. Transcreva, do primeiro parágrafo do texto, as imagens utilizadas por ele para caracterizar a baleia caçada.

    ▶ O que essas imagens sugerem a respeito do animal caçado?

3. No trecho transcrito, é estabelecida, também, uma analogia entre o cachalote e Stubb, o marinheiro que abate o animal. De que maneira essa relação entre eles é construída ao longo do trecho?

4. A partir do momento em que a baleia é atingida, Stubb tem um objetivo bastante claro para conseguir abater definitivamente o animal. Que objetivo é esse?

    ▶ Transcreva a passagem em que esse objetivo é explicitado.

▶ Leia atentamente o texto abaixo para responder às questões 5 a 7.

Texto 2

Caça às baleias: um fim desumano

A WSPA conta com as melhores evidências científicas disponíveis para mostrar que não há forma humanitária de se matar baleias no mar. Com base nesses fatos, acreditamos que a caça comercial de baleias deveria ser proibida para sempre.

[...]

Uma morte brutal

A baleia, quando caçada, é despertada violentamente de sua quietude.

Mesmo usando métodos "modernos", que pouco mudaram nos últimos cem anos, a caça às baleias frequentemente envolve intenso e prolongado sofrimento.

A caça geralmente começa com uma perseguição que dura muitas horas, até que a baleia começa a mostrar sinais de cansaço.

Uma vez na mira, os caçadores disparam um arpão explosivo que irá perfurar seu corpo até uma profundidade de 30 cm, antes de ser detonado.

As ondas do mar e o movimento do barco e da baleia tornam quase impossível um único disparo letal.

Mesmo com mira precisa, o arpão raramente mata a baleia instantaneamente. Ao contrário, ele lhe causa choque e ferimentos enormes. Tiros imprecisos são então seguidos por outros tiros de arpões secundários e de rifles.

Os caçadores içam a baleia ferida para dentro do barco. Nesse momento, não se pode ter certeza se a baleia já está morta, pois elas podem armazenar grandes quantidades de oxigênio e deixar somente seus órgãos essenciais funcionando.

Os critérios dos baleeiros para julgar se uma baleia está morta são considerados inadequados pela CIB (Comissão Internacional da Baleia). Isso significa que as baleias podem ainda estar em sofrimento, mesmo quando são declaradas como mortas.

Carcaça de uma baleia sendo erguida por um navio baleeiro em Hvalfjordur, Islândia, 19 jun. 2009.

Os baleeiros frequentemente alegam que uma baleia morre em até dois minutos. A WSPA tem provas de que os espasmos mortais podem durar mais de uma hora.

WSPA (sigla em inglês da *Sociedade Mundial de Proteção Animal*). Disponível em: <http://www.wspabrasil.org/wspaswork/marinemammals/caca-a-baleias-fim-desumano.aspx.> Acesso em: 8 jun. 2010. (Fragmento).

5. Os dois textos lidos fazem referência à caça às baleias. Identifique as informações referentes a essa prática apresentadas no texto 2.

▸ De que maneira são apresentadas tais informações? Explique.

6. Embora as técnicas utilizadas na caça às baleias hoje estejam mais evoluídas, pode-se afirmar que essa é uma prática que causa imensa agonia ao animal. De que modo os fatos narrados no texto 1 confirmam as afirmações, apresentadas no texto 2, sobre o sofrimento das baleias quando caçadas?

7. Escreva um parágrafo comparando os textos 1 e 2 com base nos seguintes critérios:
- Perspectiva: objetiva, subjetiva.
- Função: estética, utilitária.
- Linguagem: predominantemente denotativa, predominantemente conotativa.

▸ Com base na comparação que você fez, classifique cada texto em literário ou não literário. No momento de analisar os textos, considere o contexto de produção e de circulação de cada um deles.

 Material complementar Moderna PLUS http://www.modernaplus.com.br
Exercícios adicionais.

Jogo de ideias

Neste capítulo, você viu como a fotografia é uma linguagem que, além de registrar elementos da realidade, expressa emoções, sugere sentimentos, leva quem a observa a explorar outros sentidos daquilo que ela registra. Viu também que a linguagem literária faz uso de outros recursos para alcançar objetivos semelhantes. Para mostrar a você, em um primeiro momento, como a literatura faz isso, usamos o texto de Jack Kerouac como uma segunda "lente" que "tira uma fotografia" da realidade, fazendo uso das palavras.

E você: se tivesse de escolher outro texto e outra imagem para a abertura deste capítulo, quais seriam? Forme uma equipe com alguns colegas e escolham uma imagem (foto, pintura, escultura, etc.) e um texto que, combinados, possam introduzir a discussão que fazemos neste capítulo.

Selecionem uma imagem que, além de oferecer "pistas" claras para quem a observa, também expresse emoções e sentimentos diferentes e leve o observador a explorar os sentidos que a pessoa que produziu essa imagem pretendia evocar.

Cumprida essa parte do trabalho, a equipe deve procurar um texto literário que dialogue com a imagem escolhida. Vale qualquer texto literário — poema, trecho de romance ou conto, uma cena de peça de teatro. O importante é que as relações entre o texto e a imagem possam ficar evidentes.

Cada equipe poderá, por fim, apresentar o trabalho para a classe. Para isso, deverá:
▸ mostrar a imagem escolhida e ler o texto selecionado;
▸ apresentar, oralmente, uma análise do texto que justifique sua associação com a imagem escolhida.

É possível fazer uma avaliação final, elegendo o texto e a imagem de que a classe mais gostou e/ou a associação de imagem e texto que achou mais apropriada.

CONEXÕES

Para navegar

> http://www.nga.gov./exhibitions/2009/frank/index.shtm

Site em inglês sobre o fotógrafo Robert Frank e sua obra *The Americans*. Esse livro de fotos registra as cenas e paisagens americanas da década de 1950, resultante da viagem feita por Frank, durante dois anos, por 48 dos 50 estados americanos.

> http://educaterra.com.br/Literatura/Litcont/2003/09/02/000.htm

Site sobre os *beatniks* e a cultura dos anos 1960, nos Estados Unidos. Destaque para as informações sobre os objetivos da Geração Beat e o contexto político e social que determina o seu surgimento na América do pós-guerra.

> http://www.revista.agulha.nom.br/1saramago5.html

Site com discurso do escritor português José Saramago proferido em dezembro de 1998 perante a Real Academia Sueca, já como o novo Prêmio Nobel de Literatura. Nesse tocante discurso, o primeiro escritor de língua portuguesa a receber esse prêmio relembra cenas e pessoas que marcaram sua vida e que o ajudaram a construir sua obra literária.

Para ler e pesquisar

Como se trata de um capítulo que apresenta características da linguagem literária, sugerimos que você procure algumas obras que abordem esse aspecto. Os livros abaixo são apenas indicações dos muitos textos sobre o assunto.

> *Como e por que ler os clássicos universais desde cedo*, de Ana Maria Machado.
> Rio de Janeiro: Objetiva, 2002.

> *Literatura*: leitores & leitura, de Marisa Lajolo.
> São Paulo: Moderna, 2001.

> *Introdução aos estudos literários*, de Maria Vitalina Leal de Matos.
> Lisboa: Verbo, 2001.

> *A linguagem literária*, de Domício Proença Filho.
> 6. ed. São Paulo: Ática, 1997. (Série Princípios).

> *Dicionário de termos literários*, de Massaud Moisés.
> São Paulo: Cultrix, 1974.

Para assistir

> *A dama na água*, de M. N. Shyamalan.
> EUA, 2006.

Grande metáfora do próprio trabalho ficcional. Os moradores de um típico condomínio americano precisam salvar Story ("estória"), uma jovem misteriosa que surge inesperadamente de um universo mágico de contos de fadas, cuja conexão com o "mundo real" há muito se perdeu. Para tanto, os moradores do condomínio precisam descobrir qual é o papel exato que deverão desempenhar na trama para que haja um desfecho bem-sucedido.

> *Em busca da Terra do Nunca*, de Marc Forster.
> EUA, 2004.

A recriação da vida do escritor inglês James M. Barrie é o ponto de partida desse filme sensível que nos ajuda a compreender melhor o poder da ficção. Ao se tornar amigo da viúva Davies e de seus quatro filhos, Barrie descortina, por meio de sua imaginação fértil, um mundo de aventuras que ajuda as crianças a superarem a tristeza pela morte do pai. O contato com essa família e, em especial, com o jovem Peter será a inspiração para que J. M. Barrie escreva a sua inesquecível história sobre Peter Pan, o menino que não queria crescer.

> *Peixe Grande e suas histórias maravilhosas*, de Tim Burton.
> EUA, 2003.

Will cresceu ouvindo seu pai, Edward Bloom, contar as histórias mais extraordinárias. Como jornalista interessado no mundo real, irrita-se com o mundo de fantasia criado pelo pai e tem a impressão de que sua vida foi marcada por mentiras. Quando uma doença ameaça a vida de Edward, é hora de Will voltar para casa, descobrir os limites entre a fantasia e a realidade e, ao fazê-lo, redescobrir seu próprio pai. Por meio das muitas histórias que compõem a vida extraordinária de Edward Bloom, Tim Burton tematiza os relacionamentos familiares, criando um filme sensível e divertido que nos ajuda a reconhecer como, por meio da ficção, podemos compreender melhor a realidade.

Capítulo 3
Literatura é gênero I: o épico e o lírico

OBJETIVOS

Ao final do estudo deste capítulo, você deverá ser capaz de:

1. Definir o que são **gêneros literários** e reconhecer suas características estruturais.
2. Identificar características do **gênero épico**.
3. Reconhecer a função dos poemas épicos na Antiguidade.
4. Explicar as diferenças entre o conceito de **herói** nos contextos **clássico** e **moderno**.
5. Descrever como se caracterizaram as primeiras manifestações do **gênero lírico**.
6. Reconhecer as funções associadas à lírica.
7. Identificar as principais **formas** e **recursos** do gênero lírico.

Cena do filme *O Senhor dos Anéis – O retorno do rei*, de Peter Jackson. EUA, 2003. Frodo, o herói da saga, passa por muitas provações.

Quando ouvimos falar de um filme épico, imediatamente visualizamos cenas de batalhas grandiosas, com a presença de heróis destemidos, defendendo valores como honra e justiça.

Por sua vez, quando se trata de um filme romântico, sabemos que provavelmente veremos cenas líricas, em que as emoções estarão presentes. Por que fazemos essas ligações? O que nos leva a associar o épico a cenas de luta espetaculares e o lírico aos sentimentos? Neste capítulo, você vai ler alguns textos fascinantes e entender como esses dois conceitos estão ligados à literatura.

O desafio do Anel

▲ Cena de *O Senhor dos Anéis – O retorno do rei*, 2003, em que aparece a personagem Sauron.

Em 2001, a Saga do Anel chegou às telas de cinema do mundo inteiro. Dirigida pelo neozelandês Peter Jackson, a trilogia conta a história do hobbit Frodo Bolseiro e sua missão de destruir o Um Anel.

O terceiro filme da série, *O retorno do rei*, leva-nos à Montanha da Perdição, único local onde pode ser destruído o anel forjado por Sauron para dominar os povos da Terra-Média.

Após superar toda sorte de perigos e obstáculos, Frodo e seu fiel amigo Sam Gamgi chegam ao topo do vulcão, onde o herói precisa vencer o desafio mais difícil: resistir à tentação de não destruir o Um Anel e usufruir de todo o poder que ele lhe dá, sucumbindo assim à dominação do mal.

Leitura da imagem

1. A foto nos mostra o momento em que Frodo, o herói de *O Senhor dos Anéis*, chega ao topo da Montanha da Perdição. Lá, ele deve destruir o Um Anel e livrar a Terra-Média da ameaça de ser dominada por Sauron, o Senhor das Trevas. Qual é a aparência do herói nesse momento?

   ▸ O que essa aparência sugere sobre a jornada de Frodo?

2. Explique como essa imagem simboliza, no contexto da história de *O Senhor dos Anéis*, que o maior desafio enfrentado pelo herói não estava nos obstáculos a serem enfrentados na jornada, mas na luta que travaria consigo mesmo.

Da imagem para o texto

3. No trecho abaixo, Elrond, o senhor dos Elfos, apresenta Frodo ao Conselho que irá decidir o que deverá ser feito com o Um Anel. Que características de Frodo são destacadas por Elrond?

Elrond chamou Frodo para se sentar ao seu lado e o apresentou ao grupo dizendo:

— Aqui, meus amigos, está o hobbit, Frodo, filho de Drogo. Poucos chegaram aqui, passando por perigos maiores, ou em missão mais urgente. [...]

Frodo olhou para todos os rostos, mas eles não estavam voltados para ele. Todo o Conselho se sentava com os olhos para baixo, pensando profundamente. Um grande pavor o dominou, como se estivesse aguardando o pronunciamento de alguma sentença que ele tinha previsto havia muito tempo, e esperado em vão que afinal de contas nunca fosse pronunciada. Um desejo incontrolável de descansar e permanecer em paz ao lado de Bilbo em Valfenda encheu-lhe o coração. Finalmente, com um esforço, falou, e ficou surpreso ao ouvir as próprias palavras, como se alguma outra vontade estivesse usando sua pequena voz.

— Levarei o Anel — disse ele. — Embora não conheça o caminho.

Elrond levantou os olhos e olhou para ele, e Frodo sentiu o coração devassado pela agudeza daquele olhar. — Se entendo bem tudo o que foi dito — disse ele —, penso que essa tarefa é destinada a você, Frodo; e que, se você não achar o caminho, ninguém saberá. É chegada a hora do povo do Condado, quando deve se levantar de seus campos pacíficos para abalar as torres e as deliberações dos Grandes. Quem, entre todos os Sábios, poderia prever isto? Ou, se são mesmo sábios, por que deveriam esperar sabê-lo, até que a hora chegasse? Mas o fardo é pesado. Tão pesado que ninguém poderia impô-lo a outra pessoa. Não o imponho a você. Mas se o toma livremente, direi que sua escolha foi acertada; e se todos os poderosos amigos-dos-elfos de antigamente, Hador, e Húrin, e Túrin, e o próprio Beren, estivessem reunidos juntos, haveria um lugar para você entre eles.

A trilogia *O Senhor dos Anéis* foi escrita pelo inglês J. R. R. **Tolkien** (1892-1973), professor de literatura e linguista.

Seu primeiro livro de ficção foi *O hobbit*, publicado em 1937. A repercussão e o sucesso da história dos seres pequenos, de pés peludos, que gostam de comer muito e viver em paz, fizeram com que Tolkien começasse a escrever, naquele mesmo ano, a continuação da história dos hobbits: as três partes de *O Senhor dos Anéis* (*A Sociedade do Anel*, *As duas torres*, *O retorno do rei*).

Essa trilogia é uma das obras mais famosas e lidas no mundo todo.

Tolkien, 1973.

— Mas certamente o senhor não o enviará sozinho, Mestre? — gritou Sam, incapaz de se conter por mais tempo, e pulando do canto onde tinha estado sentado, quieto, sobre o chão.

— Realmente não! — disse Elrond, voltando-se para ele com um sorriso. — Pelo menos você deve ir com ele. É quase impossível separá-lo de Frodo, até mesmo quando ele é convocado para um conselho secreto, e você não.

Sam se sentou, corando e gaguejando. — Que boa enrascada esta em que nos metemos, Sr. Frodo — disse ele, balançando a cabeça.

TOLKIEN, J. R. R. *O Senhor dos Anéis*. Tradução de Lenita Maria Rímoli Esteves e Almiro Pisetta. São Paulo: Martins Fontes, 2000. p. 248-249; 281-282. (Fragmento).

4. Leia uma definição de herói.

[...] indivíduo notabilizado por seus feitos guerreiros, sua coragem, tenacidade, abnegação, magnanimidade, etc.

HOUAISS, Antônio; VILLAR, Mauro de Salles. *Dicionário Houaiss da língua portuguesa*. Rio de Janeiro: Objetiva, 2009. (Fragmento).

▶ O que, no texto, permite identificar Frodo como o herói da história de *O Senhor dos Anéis*? Explique.

5. No caderno, copie a passagem do texto em que fica evidente que as ações de Frodo engrandecem todos os hobbits.

6. Os heróis são "predestinados" a cumprir uma determinada missão. Também essa característica pode ser identificada em Frodo? Justifique sua resposta com um trecho do texto.

7. Explique que outra característica do herói pode ser identificada nestas palavras de Elrond:

"[...] o fardo é pesado. Tão pesado que ninguém poderia impô-lo a outra pessoa. Não o imponho a você. Mas se o toma livremente, direi que sua escolha foi acertada; [...]"

8. Observe as imagens com alguns heróis famosos.

▶ Discuta com seus colegas: que características em comum unem esses heróis a Frodo?

Características do herói

Uma característica associada ao herói é o fato de ele, muitas vezes, representar seu próprio povo. O comportamento exemplar do herói, nesses casos, deixa de ser uma marca individual para ser ampliado e atribuído ao povo a que ele pertence.

Outra característica é a de o herói estar predestinado a cumprir uma determinada missão.

Os gêneros literários

O termo gênero costuma ser utilizado para fazer referência a alguns padrões de composição artística que, ao longo do tempo, têm sido utilizados para dar forma ao imaginário humano. O contato permanente com as artes nos permite reconhecer esses padrões e faz com que tenhamos expectativas em relação ao modo como recriam artisticamente o mundo.

Aristóteles, na Antiguidade Clássica, foi o primeiro a tentar organizar a produção literária em gêneros a partir de dois critérios fundamentais: a forma e o conteúdo. Com relação ao **conteúdo** da narração, ele destaca três focos de atenção: as paixões, as ações e os comportamentos humanos. Com relação à **forma**, considera dramático o texto no qual há somente a atuação das personagens, sem a presença de um narrador; e **épico**, o texto no qual o poeta narrador fala por meio de uma personagem, como nos poemas de Homero. Aristóteles não trata especificamente da produção lírica.

No Renascimento, a grande valorização da poesia lírica, desencadeada pela produção de Petrarca e seus seguidores, consolidou o reconhecimento de três gêneros literários básicos: o épico, o lírico e o dramático. Essa classificação, embora redutora, continua sendo usada até hoje.

Neste capítulo, vamos aprofundar o estudo do gênero épico e do lírico.

O gênero épico

Todos os povos têm as suas narrativas. A forma como as organizam pode variar, os meios pelos quais circulam podem ser diferentes, mas o fato é que contar histórias parece ser uma atividade própria da natureza humana.

Dos poemas orais ao romance contemporâneo, a literatura registra a trajetória das narrativas e seu estudo nos ajuda a compreender as mudanças formais e de conteúdo por que passaram.

As narrativas mais antigas apresentam uma característica comum: todas contam os feitos extraordinários de um herói.

> **Tome nota**
>
> Os longos poemas narrativos, em que um acontecimento histórico protagonizado por um herói é celebrado em estilo solene, grandioso, são chamados de **épicos** ou **epopeias**. O termo deriva do grego *épos*, que, entre os seus significados, quer dizer *palavra*, *verso*, *discurso*.

Na cena de abertura da *Odisseia*, podemos identificar algumas das características típicas da épica. Observe:

> Musa, reconta-me os feitos do herói astucioso que muito
> peregrinou, dês que esfez as muralhas sagradas de Troia;
> muitas cidades dos homens viajou, conheceu seus costumes,
> como no mar padeceu sofrimentos inúmeros na alma,
> para que a vida salvasse e de seus companheiros a volta.
>
> HOMERO. *Odisseia*. Tradução de Carlos Alberto Nunes. 5. ed. Rio de Janeiro: Ediouro, 1997. p. 23. (Coleção Universidade). (Fragmento).

Dês: desde (pouco usado).
Esfez: desfez (pouco usado).

O poeta pede inspiração às musas para contar a história de um herói, Odisseu (também chamado de Ulisses), que peregrinou por muitas cidades e sofreu terríveis provações desde que desfez as muralhas sagradas de Troia. Aí estão delineados a voz narrativa (o poeta que irá contar a história), o herói e sua superioridade diante de outros homens.

Mimese

Busto de Aristóteles. 384--332 a.C. Mármore.

Um conceito muito importante para Aristóteles é o de **mimese**, que, em grego, significa imitação. Na sua obra *Poética*, ele desenvolve a ideia de que a função da literatura, principalmente do teatro, é criar representações (imitações) das ações e comportamentos humanos, das paixões e forças que nos levam a agir.

Segundo Aristóteles, quando observamos as representações criadas nos textos literários, vivemos experiências semelhantes às das personagens e aprendemos com isso.

Vaso grego com cena da *Odisseia*. Ulisses e seus companheiros perfurando o olho do ciclope Polifemo. 1887. Litografia colorida.

• As epopeias clássicas ou primárias

Provavelmente, a narrativa mais antiga de que se tem notícia é a que conta, em versos, a história de Gilgamesh, rei de Uruk, na Babilônia, que viveu por volta de 2700 a.C. É também a primeira epopeia a narrar os feitos de um herói pátrio. Apesar disso, considera-se que as obras épicas mais importantes para a literatura ocidental são a *Ilíada* e a *Odisseia*, que surgiram bem depois, por volta do século VIII a.C., e cuja autoria é atribuída a Homero.

Supõe-se que tanto a *Ilíada* quanto a *Odisseia* tenham se originado de cantos populares e declamações em festivais religiosos.

A estrutura dos poemas homéricos serviu de base para outros épicos, como a *Eneida*, de Virgílio, e *Os lusíadas*, de Camões. Por esse motivo, a *Ilíada* e a *Odisseia* são considerados poemas épicos **clássicos** ou **primários**. Todos os que se inspiram neles são considerados de **imitação** ou **secundários**.

A *Ilíada* é um poema sobre a guerra, sobre as atitudes heroicas e os sofrimentos que ela desencadeia. O conflito histórico é o pano de fundo para o poeta desenvolver o núcleo de sua narrativa: a ira de Aquiles, que, após diversas peripécias, mata Heitor, filho do rei de Troia, e vence a guerra para os gregos.

Odisseu (Ulisses é a forma latina e mais conhecida do nome do herói) é o herói da segunda epopeia homérica, a *Odisseia*. Ele retorna da guerra de Troia, na qual teve papel decisivo: foi ele quem teve a ideia de presentear os inimigos com um cavalo de madeira dentro do qual estavam escondidos os guerreiros gregos.

Em sua volta para Ítaca, cidade onde o esperam a esposa Penélope e seu filho Telêmaco, Odisseu enfrentará muitos perigos e sofrimentos. Ao contar essa viagem, a *Odisseia* retrata de modo mais próximo a vida cotidiana dos gregos.

O conceito de herói nas epopeias clássicas

Na *Odisseia*, os principais obstáculos enfrentados pelo herói são provocados por Posido (também conhecido como Poseidon), deus dos mares. Enfurecido por Odisseu ter cegado seu filho Polifemo, um poderoso ciclope (gigante com um só olho no meio da testa), Posido cria toda sorte de perigos para impedir que o rei de Ítaca conclua com vida sua jornada de regresso.

No trecho a seguir, vemos Odisseu ser atacado pelas forças da natureza comandadas por Posido.

No quarto dia o trabalho ficou concluído a contento,
e no seguinte a divina Calipso mandou que se fosse
da ilha depois de o banhar e prover de vestidos odoros.
[...]
Fez que soprasse, em seguida, um bom vento propício e agradável
ao qual as velas o divo Odisseu satisfeito desfralda.
[...]
Eis que Posido, de volta dos homens Etíopes, o enxerga,
Dos altos montes dos povos Solimos. De pronto o percebe,
que pelo mar navegava. Ainda mais se exaspera com isso;
move indignado a cabeça e a si próprio dirige a palavra:
"Oh! Por sem dúvida os deuses por modo diverso acordaram
sobre Odisseu, quando estive em visita entre as gentes Etíopes.
[...]
Penso, porém, que ainda posso causar-lhe outra série de males".
Tendo isso dito, congloba os bulcões, deixa o mar agitado

> **A estrutura do poema épico**
>
> Toda epopeia apresenta uma organização interna. Como se trata de um poema longo, a epopeia é dividida em várias partes, denominadas **cantos**. Nessa estrutura, os cantos são organizados de modo a cumprir funções preestabelecidas:
> - **Proposição**: o poeta define o tema e o herói de seu poema.
> - **Invocação**: o poeta pede à Musa (divindade inspiradora da poesia) que lhe inspire, para desenvolver com maestria o tema de seu poema.
> - **Narração**: o poeta narra as aventuras do herói.
> - **Conclusão**: o poeta encerra sua narrativa, após relatar os feitos gloriosos que marcaram a trajetória de seu herói.

com o tridente. Suscita, depois, tempestade violenta
dos ventos todos em nuvens envolve cinzentas a terra
conjuntamente com o mar. Baixa a Noite do céu entrementes.
[...]
O coração de Odisseu se abalou, fraquejaram-lhe os joelhos.
Vendo-se em tanta aflição, ao magnânimo espírito fala:
"Quão infeliz! Ai de mim! Que me falta passar de mais grave?"
[...]
Longe nas ondas é a vela jogada com a verga ainda presa.
Por muito tempo Odisseu submergido ficou, sem que do ímpeto
da onda pudesse livrar-se e surdir novamente à flor da água,
pois lhe pesavam as vestes que a ninfa Calipso lhe dera,
té que, por fim, veio à tona, expelindo da boca a salgada
água amargosa, que em fio lhe escorre, também, da cabeça.
Não se esqueceu da jangada, conquanto se achasse extenuado;
Mas, pelas ondas abrindo caminho, agarrou-se-lhe presto,
sobe e se assenta no meio, escapando, com isso, da Morte.

HOMERO. *Odisseia*. Tradução de Carlos Alberto Nunes.
5. ed. Rio de Janeiro: Ediouro, 1997. p. 82-84.
(Coleção Universidade). (Fragmento).

▲ TIBALDI, P. *Ulisses*.
Século XVI. Detalhe.
Óleo sobre tela.

Odoros: que exalam um odor agradável.
Congloba: junta, reúne.
Bulcões: nuvens espessas que indicam a chegada de uma tempestade.
Surdir: emergir, sair da água.

Na epopeia clássica, os deuses são apresentados como seres reais que ajudam ou prejudicam o herói, dependendo de seus caprichos. Também os perigos enfrentados pelo herói são extraordinários. Odisseu, por exemplo, mostra bravura e coragem ao enfrentar a força das ondas e dos ventos. Mas vemos na obra que ele não teria chance de sobreviver se não recebesse uma ajuda superior – no caso, da ninfa Calipso.

Mesmo sabendo ser impossível fugir das provações que lhe foram impostas ("Quão infeliz! Ai de mim! Que me falta passar de mais grave?"), Odisseu nem por isso recua ou fraqueja. Cumpre, assim, o seu destino e consagra-se como ser humano superior, extraordinário, digno de ser imortalizado por seus feitos.

Outro aspecto presente na epopeia clássica é a preocupação em informar, a todo instante, a que povo pertence o herói, ou qual é a sua filiação. Por associação ao herói, a família e o povo a que pertence também se engrandecem com suas ações extraordinárias (a vitória de Aquiles sobre os troianos é, também, a afirmação da superioridade do povo grego).

Dessa forma, os poemas épicos contribuem para divulgar a ideia de **identidade pátria**. Tal característica pode ser mais bem compreendida se lembrarmos que, no momento em que essas narrativas surgem, a noção de Estado ainda não estava definida e a organização social variava muito.

• As epopeias de imitação ou secundárias

Eneida, a primeira epopeia de imitação, foi escrita pelo poeta romano Virgílio, entre os anos 30 e 19 a.C. Esse poema é considerado "a epopeia nacional dos romanos", porque foi composto para glorificar a grandeza de Roma.

É no Renascimento, porém, que surge o mais conhecido poema épico de imitação: *Os lusíadas*, de Luís de Camões. Escrito em uma sociedade bastante diferente daquela que viu surgir a *Ilíada* e a *Odisseia*, o poema camoniano revela, na caracterização do herói Vasco da Gama, o objetivo de exaltar a bravura do povo lusitano, por ele representado no poema.

Trilha sonora

Receita para fazer um herói

Toma-se um homem
Feito de nada como nós
Em tamanho natural
Embebece-lhe a carne
De um jeito irracional
Como a fome, como o ódio

Depois perto do fim
Levanta-se o pendão
E toca-se o clarim...

Serve-se morto.

Disponível em: <http://natura.di.uminho.pt/~jj/musica/html/reinaldo-receitaParaFazerUmHeroi.html>. Acesso em: 29 out. 2009.

No disco *Psicoacústica* (1988), o grupo Ira! musicou o poema de Reinaldo Ferreira "Receita para se fazer um herói" com algumas modificações na letra. Nele, questiona-se a visão da guerra como o espaço de consagração dos heróis.

Esse tipo de questionamento seria possível na época em que a *Ilíada* e a *Odisseia* foram escritas?

47

A exaltação do povo

O fato de Camões escrever em um momento em que o Estado está claramente organizado e é responsável pela vida das pessoas faz com que a individualidade do herói deixe de ser importante.

O que merece destaque e elogio são os feitos do povo, que alcança a imortalidade por meio da figura do herói que o representa.

Na cena abaixo, extraída do canto V de *Os lusíadas*, testemunhamos o encontro de Vasco da Gama com o gigante Adamastor.

Bramindo, o negro mar de longe brada,
Como se desse em vão nalgum rochedo.
"Ó Potestade (disse) sublimada:
Que ameaço divino ou que segredo
Este clima e este mar nos apresenta,
Que mor cousa parece que tormenta?"

Não acabava, quando uma figura
Se nos mostra no ar, robusta e válida,
De disforme e grandíssima estatura;
O rosto carregado, a barba esquálida,
Os olhos encovados, e a postura
Medonha e má e cor terrena e pálida;
Cheios de terra e crespos os cabelos,
A boca negra, os dentes amarelos.
[...]

E disse: "Ó gente ousada, mais que quantas
No mundo cometeram grandes cousas,
Tu, que por guerras cruas, tais e tantas,
E por trabalhos vãos nunca repousas,
Pois os vedados términos quebrantas
E navegar meus longos mares ousas,
Que eu tanto tempo há já que guardo e tenho,
Nunca arados de estranho ou próprio lenho:

CAMÕES, Luís de. Os lusíadas. *Obra completa*. Rio de Janeiro: Nova Aguilar, 1988. p. 122-123. (Fragmento).

Gigante Adamastor, de Joelio Vaz Júnior, inaugurada em 1927, em Lisboa. Foto de 18 de maio de 2007.

Potestade: divindade poderosa.
Vedados términos: o fim do mar, simbolizado pelo Cabo das Tormentas, onde muitas embarcações naufragaram.
Quebrantas: superas, vences.
Nunca arados de estranho ou próprio lenho: nunca antes navegados. Lenho é usado, aqui, como uma referência metonímica para embarcação. O gigante Adamastor refere-se ao fato de os navegadores portugueses serem os primeiros a conseguir ultrapassar o Cabo das Tormentas, que fica localizado no sul do continente africano.

Essa passagem revela uma clara influência da epopeia clássica: um ser monstruoso (Adamastor), de origem mitológica, representa o obstáculo a ser superado pelo "herói", Vasco da Gama. A referência aos seres da mitologia grega mostra que Camões pretendeu ser fiel ao modelo da epopeia clássica em que se inspirou.

Nesse trecho, Adamastor desempenha uma dupla função: simboliza um acidente geográfico (o Cabo das Tormentas, desafio a ser superado pelos heroicos navegadores portugueses) e cumpre o papel de ser mitológico que deveria estar presente em um poema épico.

Outra característica importante que esse trecho ilustra é o fato de o herói, agora, "encarnar" todo um povo. Embora dialogue com Vasco da Gama, é ao povo português que o gigante faz referência em sua fala ("Ó **gente ousada**, mais que quantas/ No mundo cometeram grandes cousas").

Vista aérea do Cabo da Boa Esperança, África do Sul, 1998.

• As transformações do herói

Ao longo dos séculos, o conceito de poema épico se transformou para acomodar as mudanças sociais e políticas por que passaram as sociedades humanas. A maior transformação aconteceu no século XVIII, quando os longos poemas narrativos entraram em declínio e surgiu, como alternativa mais apreciada pelo público leitor, a narrativa em forma de **romance**.

Escrito em prosa, o romance também focaliza as aventuras de um herói. Mas, diferentemente do herói épico, o herói do romance representa muito mais o indivíduo do que o povo a que pertence. O tempo da glorificação das conquistas pátrias, por meio do herói, havia passado. Agora é a hora do triunfo do indivíduo, do ser humano comum.

As transformações do herói
- Guiado pelas divindades: *Ilíada, Odisseia*.
- Representando um povo: *Eneida, Os lusíadas*.
- Humano e individual: *Robinson Crusoé, O conde de Monte Cristo*, etc.

Narrativa: o herói moderno

Na narrativa moderna, é a força do caráter que define o herói. O herói moderno enfrenta uma série de problemas cotidianos e luta para superá-los sem nenhum tipo de auxílio divino.

Os obstáculos que atravessam seu caminho também não são extraordinários e, muitas vezes, simbolizam as dificuldades de afirmar a própria identidade em centros urbanos nos quais se aglomera um sem-número de indivíduos "anônimos".

Vista assim, a "epopeia" moderna é a luta do ser humano comum para construir sua identidade e sobreviver em uma sociedade que oprime o indivíduo em nome dos valores coletivos.

Esse é o motivo que explica a enorme popularidade do romance ao longo do século XIX: ele traz histórias de pessoas muito semelhantes ao seu público leitor, que também enfrenta uma série de obstáculos cotidianos.

No trecho a seguir, extraído do romance *As aventuras de Robinson Crusoé*, veremos como o herói, um homem comum, não se deixa abater pelas circunstâncias difíceis em que se encontra.

Estava já há treze dias em terra e estivera onze vezes no navio. Durante esse período trouxera tudo que um único par de mãos seria capaz de carregar, mas estou certo de que se o tempo tivesse continuado bom teria trazido o barco inteiro, peça por peça, para a costa. Mas quando me preparava para minha décima segunda viagem, notei que o vento começara a aumentar, mas assim mesmo aproveitei a maré baixa e fui a bordo. [...]

[...] seria melhor ir embora antes que a maré começasse a encher, do contrário me arriscaria a não conseguir alcançar a margem. Atirei-me imediatamente n'água e cruzei a nado o canal com grande dificuldade, em parte por causa do peso das coisas que levava, em parte devido ao mar agitado, pois o vento aumentava rapidamente, e antes que a maré estivesse alta desabou uma tempestade.

Estava de volta a minha pequena tenda, onde me refugiei com tudo que pudera salvar. Ventou com muita força naquela noite e, pela manhã, quando saí para observar, já não havia mais nenhum barco à vista. Fiquei um tanto surpreso, mas me refiz ao refletir que não perdera tempo nem poupara esforços para tirar dele tudo que me pudesse ser de utilidade e que de fato pouco restara ali que eu ainda seria capaz de trazer, caso tivesse tido mais tempo. [...]

De olho no *filme*

Um Crusoé moderno

O filme *Náufrago* faz uma releitura de *As aventuras de Robinson Crusoé*, ao contar a história de um homem que se vê desafiado a sobreviver em uma ilha deserta.

Ao contrário do herói épico, que realiza feitos sobre-humanos, o herói do filme é um homem contemporâneo que tem apenas os recursos da natureza para satisfazer suas necessidades básicas.

▲ Cena do filme *Náufrago*, de Robert Zemeckis. EUA, 2000.

Minhas perspectivas eram sombrias, pois como não naufragara nessa ilha sem antes ser impelido a grande distância por violenta tempestade, ou seja, centenas de léguas fora das rotas habituais de comércio, tinha razão suficiente para ver tudo como uma determinação dos Céus, para que nesse lugar desolado e de modo tão desolador eu terminasse os meus dias. Lágrimas rolavam copiosamente pelo meu rosto enquanto fazia tais reflexões, e algumas vezes perguntava a mim mesmo por que a Providência arruinava suas criaturas dessa forma, lançando-as na mais absoluta miséria, abandonadas, desamparadas e a tal ponto desesperadas, que atentaria contra a razão agradecer por semelhante vida.

Mas sempre brotava em mim algo que detinha tais pensamentos e me censurava.

DEFOE, Daniel. *As aventuras de Robinson Crusoé*. Tradução de Albino Poli Jr. Porto Alegre: L&PM, 2002. p. 65-66; 71. (Fragmento).

Impelido: lançado.

As aventuras de Robinson Crusoé, romance escrito pelo inglês Daniel Defoe, foi publicado no século XVIII. Nessa obra, o protagonista é o único sobrevivente de um naufrágio, que precisa enfrentar as forças da natureza e sua solidão, se quiser sobreviver em uma ilha deserta.

Como se trata da história de um indivíduo e não de um herói sobre-humano, outra dificuldade se impõe à personagem: a solidão, fazendo com que Crusoé questione a determinação dos "Céus" em castigá-lo ("algumas vezes perguntava a mim mesmo por que a Providência arruinava suas criaturas dessa forma, lançando-as na mais absoluta miséria, abandonadas, desamparadas"). Nesse momento, o que se afirma é a **humanidade** da personagem.

Robinson teme pela própria vida, sente-se desamparado e impotente diante da tarefa que precisa enfrentar. No fim, porém, prevalece a força de sua determinação: "Mas sempre brotava em mim algo que detinha tais pensamentos e me censurava".

Com narrativas como essa, em que o triunfo do indivíduo reafirma a grandiosidade presente em todos os seres humanos, estava aberto o caminho para a grande popularização do romance e redefinido o conceito de herói.

O conde de Monte Cristo

Edmundo Dantès é um oficial da marinha que, traído pelo seu melhor amigo, é preso injustamente. Na prisão, faz amizade com outro prisioneiro, o abade Faria, que lhe revela a existência de um tesouro e o ajuda a preparar um plano de fuga. Quando o abade morre, Dantès esconde-se no saco em que deveria estar o corpo do amigo e é lançado ao mar. Resgatado por um barco, ele vai até a ilha de Monte Cristo, onde encontra o tesouro. Transforma-se, assim, no rico e misterioso conde de Monte Cristo, conquistando um lugar na nobreza francesa e dando início ao seu terrível plano de vingança.

▲ Cena do filme *O conde de Monte Cristo*, de Kevin Reynolds. EUA, 2002.

TEXTO PARA ANÁLISE

XX — O cemitério da fortaleza de If

Aprisionado injustamente por 15 anos na fortaleza de If, uma prisão em alto-mar, Edmundo Dantès tenta uma fuga desesperada na esperança de sobreviver para se vingar dos seus inimigos.

Só! Achava-se outra vez só! Outra vez no meio do silêncio, em frente do nada!... [...]

A ideia do suicídio, repelida pelo amigo, afastada pela sua presença, veio então erguer-se outra vez como um fantasma ao pé do cadáver de Faria. [...]

— Morrer!... oh! não, não! — exclamou; — não valia a pena ter vivido tanto tempo, padecido tanto, para morrer agora! Morrer era bom, quando o resolvi em outro tempo, há muitos anos; mas hoje seria realmente auxiliar muito o meu miserável destino. Não, quero viver; quero lutar até ao fim; quero reconquistar a ventura que me foi roubada. Antes de morrer esqueça-me que tenho de vingar-me dos meus algozes, e talvez, quem sabe? de recompensar alguns amigos. [...]

Puseram o suposto morto na padiola. Edmundo entesou-se para melhor figurar de defunto. O cortejo, alumiado pelo homem da lanterna, que ia adiante, subiu a escada.

De súbito, o ar frio e forte da noite banhou o prisioneiro, que logo reconheceu o vento do nordeste. Foi uma repentina sensação, repassada de angústias e de delícias. [...]

E logo Dantès sentiu-se atirado para um enorme vácuo, atravessando os ares como um pássaro ferido, caindo, sempre com um terror indescritível que lhe gelava o coração. Embora puxado para baixo por algum objeto que lhe acelerava o rápido voo, pareceu-lhe, contudo, que essa queda durava um século. Por fim, com pavoroso ruído, entrou como uma seta na água gelada, que lhe fez dar um grito, sufocado imediatamente pela imersão.

Dantès tinha caído ao mar, para o fundo do qual o puxava uma bala de 36 presa aos pés.

O mar era o cemitério da fortaleza de If. [...]

Dantès, atordoado, quase sufocado, teve, entretanto, a presença de espírito de conter a respiração; e como na mão direita, preparado, como dissemos que estava, para todas as eventualidades, levava a faca, rasgou rapidamente o saco, tirou o braço e depois a cabeça; apesar, porém, dos seus movimentos para levantar a bala, continuou a sentir-se puxado para baixo; então vergou o corpo, procurando a corda que lhe amarrava as pernas, e com um esforço supremo conseguiu cortá-la no momento em que se sentia asfixiar. Depois, dando-lhe um pontapé, subiu livre à tona da água, enquanto a bala levava para desconhecidos abismos a serapilheira que ia sendo a sua mortalha.

DUMAS, Alexandre. *O conde de Monte Cristo*. Porto: Lello & Irmão, s/d. p. 178-182; p. 183. (Fragmento).

Bala: bola de ferro atada a um defunto, para fazer com que o corpo afunde no mar.
Serapilheira: manta.

1. Explique que sentimentos dominam Edmundo Dantès no momento em que se encontra diante do cadáver do amigo.

2. Copie no caderno o trecho em que o herói explicita sua missão individual.
   a) Qual é essa missão?
   b) De que forma os anseios de Dantès revelam que, diferentemente das epopeias, nessa narrativa o herói apresenta de modo mais claro sua dimensão pessoal e humana?
   c) Por que o fato de Dantès desistir de cometer suicídio revela sua dimensão heroica?

3. O que há de heroico na fuga de Dantès da fortaleza de If? Explique.

4. Leia este poema.

Urgente e confidencial

Disparando por detrás
dos óculos escuros
dois tiros súbitos:
ela mata com os olhos.
O olhar não erra o alvo
não abarca o mar
mas apenas as pedras
onde ele bate e quebra.

Não usa as mãos
nem a alma do corpo
que ficou em outro lugar —
marmórea.
Só um pouco da voz, sem volta
em palavras finais
poupando lágrimas no espelho
monalisa e incólume.

FREITAS FILHO, Armando. *Máquina de escrever*: poesia reunida e revista. Rio de Janeiro: Nova Fronteira, 2003. p. 494-495.

Alexandre Dumas (1802--1870), escritor e dramaturgo do período romântico, é um dos autores franceses mais lidos até hoje. Tornou-se conhecido, principalmente, por seus romances históricos, dentre os quais se destacam **Os três mosqueteiros** (1844) e **O conde de Monte Cristo** (1844).

Alexandre Dumas, século XIX.

▶ Com base no trecho proposto para estudo, é possível afirmar que *O conde de Monte Cristo* narra a trajetória de um herói. Podemos dizer o mesmo com relação ao poema? Se não, qual seria, na sua opinião, a principal intenção do poema?

O gênero lírico

Na Grécia Antiga, as epopeias cumpriram a importante função de divulgar os ideais e valores que organizavam a vida na *polis* (em grego, *cidade* ou *estado*). Os poemas épicos, porém, não respondiam ao anseio humano de **expressão individual** e **subjetiva**.

A **poesia lírica** surge como uma forma de atender a esse anseio. Ela se define pela expressão de sentimentos e emoções pessoais. Outra marca característica de sua estrutura é o fato de dar voz a um **sujeito lírico**, diferente da narração impessoal própria da épica.

> **Tome nota**
>
> O **gênero lírico** define-se, portanto, como aquele em que uma voz particular – o **eu lírico** (ou **eu poemático**) – manifesta a expressão do mundo interior, ou seja, fala de sentimentos, emoções e estados de espírito.

▲ *Apolo com lira*, prato de cerâmica, peça do Museu Arqueológico de Delfos, Grécia, s.d.

• As primeiras manifestações líricas

No início, os poemas líricos eram cantados, geralmente acompanhados pela lira, um instrumento musical de cordas. Foi do nome desse instrumento que derivou a denominação do gênero literário como **lírico**.

A separação entre poesia e música só aconteceu depois da invenção da imprensa, no século XV, quando a cultura escrita passou a prevalecer sobre a cultura oral.

Foi somente no Renascimento italiano que a poesia de expressão subjetiva ganhou o reconhecimento equivalente ao dos demais gêneros. Isso aconteceu quando o gosto do público leitor foi conquistado pela poesia amorosa de Petrarca e seus seguidores. Desse momento em diante, consolidou-se a identificação da lírica como um dos três grandes gêneros literários.

• Formas da lírica

Desde o nascimento da lírica, várias foram as estruturas utilizadas na composição de poemas. Algumas se tornaram mais conhecidas, uma vez que permaneceram em uso ao longo dos séculos. São elas:

- A **elegia**: poema surgido na Grécia Antiga que trata de acontecimentos tristes, muitas vezes enfocando a morte de um ente querido ou de alguma personalidade pública.
- A **écloga**: poema pastoril que retrata a vida bucólica dos pastores, em um ambiente campestre. Muito desenvolvido entre os séculos XVI e XVIII.
- A **ode**: poema também originado na Grécia Antiga que exalta valores nobres, caracterizando-se pelo tom de louvação.
- O **soneto**: a mais conhecida das formas líricas. Poema de 14 versos, organizados em duas estrofes de quatro versos (quartetos) e duas estrofes de três versos (tercetos).

A estrutura do soneto

As duas primeiras estrofes do soneto apresentam o desenvolvimento do tema e as duas últimas, sua conclusão. Essa estrutura revela forte influência do Renascimento, pois a literatura dessa época é marcada pelo desejo de solucionar o embate entre razão e emoção. A forma do soneto ilustra uma tentativa de conciliar essas duas manifestações humanas aparentemente tão conflitantes, porque procura submeter os sentimentos e emoções humanas a uma exposição mais lógica ou racional.

Com base no poema de Florbela Espanca, vamos analisar a estrutura do soneto.

As origens do soneto

O soneto é uma adaptação da *cansó* (canção) provençal, um poema mais longo, formado por duas estrofes de tamanho irregular.

Giacomo da Lentino, poeta da corte do imperador romano Frederico II, inspirou-se na *cansó* provençal para criar uma nova forma poética mais curta, composta de 14 versos – o soneto –, que foi difundida pelos dois grandes autores do Renascimento italiano: Dante Alighieri e Francesco Petrarca.

▲ Frontispício da obra de Petrarca, em edição de 1549. Peça do acervo da Biblioteca Nacional da Espanha, em Madri.

Fanatismo

Minh'alma, de sonhar-te, anda perdida.
Meus olhos andam cegos de te ver!
Não és sequer razão do meu viver,
Pois que tu és já toda a minha vida!

Não vejo nada assim enlouquecida...
Passo no mundo, meu Amor, a ler
No misterioso livro do teu ser
A mesma história tantas vezes lida!

"Tudo no mundo é frágil, tudo passa..."
Quando me dizem isso, toda a graça
Duma boca divina fala em mim!

E, olhos postos em ti, digo de rastros:
"Ah! Podem voar mundos, morrer astros,
Que tu és como Deus: Princípio e Fim!..."

ESPANCA, Florbela. *Poemas de Florbela Espanca*.
Organização e notas de Maria Lúcia Dal Farra.
São Paulo: Martins Fontes, 1996. p. 171.

Desenvolvimento do tema
Nos dois primeiros quartetos, o eu lírico (feminino) revela a força do amor que sente: seus olhos enxergam apenas o amado (por isso "andam cegos"). Ele se transformou na sua própria vida. Por esse motivo afirma ler sempre a mesma história no ser amado: a história do seu amor, do sentimento que a arrebata e toma conta de seu ser.

De rastros: rastejando.

Conclusão
Ao ouvir a opinião de outras pessoas sobre a transitoriedade do amor ("Tudo no mundo é frágil, tudo passa"), o eu lírico responde com a "lógica" dos seus sentimentos: como o ser amado se tornou sua própria vida, ele passou a ser seu "Princípio" e seu "Fim". É esse raciocínio que nos leva a compreender os versos finais: não há acontecimento, por maior que ele seja, capaz de enfraquecer o poder desse amor, a ponto de destruí-lo.

Após a análise do soneto, o significado de seu título torna-se mais claro: "fanatismo" é paixão, dedicação cega, absoluta. O poema, por meio do desenvolvimento que faz do tema do amor incondicional, revela o que seria o verdadeiro significado do fanatismo amoroso.

• Recursos poéticos

Quando lemos um texto, a nossa atenção costuma se voltar para o sentido das palavras. Ao fazer isso, analisamos seu aspecto **semântico**. As palavras, porém, também têm uma sonoridade muito explorada pela literatura. Essa sonoridade é a base para a construção de recursos poéticos, como o **ritmo**, o **metro** e a **rima**.

> **Tome nota**
>
> **Ritmo** pode ser definido como um movimento regular, repetitivo. Na música, é a sucessão de tempos fortes e fracos que estabelece o ritmo. Na poesia, ele é marcado principalmente pela alternância entre acentos (sílabas átonas/tônicas) e pausas.

Observe o efeito rítmico criado pelas palavras no seguinte poema.

Meu sonho

Eu
Cavaleiro das armas escuras,
Onde vais pelas trevas impuras
Com a espada sanguenta na mão?
Por que brilham teus olhos ardentes
E gemidos nos lábios frementes
Vertem fogo do teu coração?

Cavaleiro, quem és? o remorso?
Do corcel te debruças no dorso...
E galopas do vale através...
Oh! da estrada acordando as poeiras
Não escuta gritar as caveiras
E morder-te o fantasma nos pés? [...]

AZEVEDO, Álvares de. *Lira dos vinte anos*.
São Paulo: Ateliê Editorial, 1999. p. 314.
(Fragmento).

> **De olho no *filme***
>
> **O poder da poesia**
>
> No filme *Mentes perigosas* (de John N. Smith, EUA, 1995), Lou-Anne Johnson é uma professora que procura inspirar seus alunos a desafiar os estereótipos sociais que lhes são impostos. Para motivá-los, ela promove a leitura da poesia lírica. Já na Antiguidade, o filósofo grego Platão propõe a expulsão dos poetas da República, sua cidade utópica, ao reconhecer como "subversivo" o poder da expressão de sentimentos e emoções. Você acha que a poesia pode inspirar as pessoas a questionar limites e regras? Por quê?

> **Você sabe o que é *rap*?**
>
> A palavra *rap*, nome de um gênero musical muito praticado atualmente, é a sigla para *rhythm and poetry*, ou seja, **ritmo e poesia**. É por isso que o *rap* tem sempre uma marcação rítmica muito forte.
>
>
>
> ▲ Apresentação do *rapper* 50 Cent e seu grupo G-Unit em um programa da MTV norte-americana, 2003.

Os versos do poema mantêm o mesmo esquema rítmico. Pela alternância de sílabas tônicas e átonas, percebemos a repetição de uma unidade sonora formada por duas átonas e uma tônica. Observe:

cavaLEIro das ARmas esCUras

onde VAIS pelas TREvas imPUras

com a esPAda sanGUENta na MÃO?

Quando o esquema rítmico apresenta o mesmo número de sílabas métricas (também chamadas de sílabas poéticas), os versos do poema são regulares. Se o número de sílabas for diferente, eles são irregulares ou livres.

> **Tome nota**
>
> O **metro** é o número de sílabas métricas de um verso. A contagem dessas sílabas chama-se **metrificação**. Quando contamos as sílabas em um verso, não devemos considerar as que ocorrem após a última sílaba tônica do verso.

No exemplo acima, as sílabas desconsideradas na contagem foram cortadas para facilitar sua identificação.

Como todos os versos apresentam nove sílabas métricas e a alternância entre átonas e tônicas acontece de modo idêntico, o efeito é imediatamente percebido pelo leitor. Se marcarmos com palmas as batidas das tônicas, veremos que o ritmo desse verso "martelado" é semelhante ao galope de um cavalo.

O número de sílabas métricas de um verso nem sempre corresponde ao número de sílabas gramaticais. Isso ocorre porque, para manter a regularidade do poema, podem ser feitas no momento da leitura a junção (elisão) de vogais finais e iniciais de palavras para formar uma única sílaba métrica ou a separação de ditongos para garantir a formação de duas sílabas métricas. Nos conhecidos versos de Casimiro de Abreu, vemos exemplos da elisão de vogais:

"Oh/ que/ sau/ da/ des/ que/ te/ nho

Da au/ ro/ ra/ da/ mi/ nha/ vi/ da,

Da/ mi/ nha in/ fân/ cia/ que/ ri/ da

Que os/ a/ nos/ não/ tra/ zem/ mais/!"

A junção das vogais finais e iniciais garante que todos os versos tenham sete sílabas métricas, mantendo a regularidade do poema.

O outro aspecto sonoro muito explorado na poesia é a rima.

> **Tome nota**
>
> **Rima** é a coincidência ou a semelhança de sons a partir da última vogal tônica no fim dos versos.

Nos versos de Álvares de Azevedo, observamos a ocorrência de rimas entre as palavras es**curas**/im**puras**, m**ão**/cora**ção**, ar**dentes**/fre**mentes**.

Conheça agora os diferentes tipos de rima e metro.

Aspectos estruturais da poesia

Tipos de estrofe

As estrofes costumam ser nomeadas a partir do número de versos que apresentam. Os tipos de estrofes mais comuns são:

Estrofe	Número de versos
Dístico	2
Terceto	3
Quarteto (ou quadra)	4
Quinteto (ou quintilha)	5
Sexteto (ou sextilha)	6

Estrofe	Número de versos
Sétima (ou septilha)	7
Oitava	8
Novena (ou nona)	9
Décima	10

Metrificação

Alguns metros, por serem muito comuns, recebem nomes especiais. Apresentamos a seguir os mais conhecidos metros utilizados na poesia:

Denominação do metro	Número de sílabas métricas
Redondilha menor	5
Redondilha maior	7

Denominação do metro	Número de sílabas métricas
Decassílabo	10
Alexandrino (ou dodecassílabo)	12

As redondilhas são também conhecidas como *medida velha*, uma vez que foram a estrutura métrica mais popular até a Idade Média. Com o surgimento, no Renascimento, dos versos decassílabos, instituiu-se a chamada *medida nova*.

> **Tome nota**
>
> Os demais metros recebem o nome referente ao número de sílabas que os constituem. Por isso, versos de quatro sílabas são chamados **tetra**ssílabos; de seis sílabas, **hexa**ssílabos; de oito, **octo**ssílabos e assim por diante.

Quando o poema não apresenta um esquema métrico regular, ou seja, quando os seus versos apresentam número diferente de sílabas métricas, diz-se que eles são **versos livres**. Estes serão muito adotados a partir do Modernismo.

Rimas

As rimas podem ser classificadas quanto à sua natureza e quanto à sua colocação.

• Natureza das rimas

As rimas são **pobres** quando as palavras rimadas pertencem a uma mesma classe gramatical. São **ricas** quando as palavras rimadas pertencem a classes gramaticais diferentes.

Contemplo o lado m**udo**	rima A
Que uma brisa estrem**ece**.	rima B
Não sei se penso em t**udo**	rima A
Ou se tudo me esqu**ece**.	rima B

PESSOA, Fernando. *Obra poética*. Rio de Janeiro: Nova Aguilar, 1983. p. 85. (Fragmento).

Nos versos de Fernando Pessoa, a rima entre estrem*ece* e esqu*ece* é pobre, porque os dois são verbos. Já a rima entre m*udo* e t*udo* é rica, porque o primeiro termo é um adjetivo e o segundo, um pronome.

Fala-se também em rimas toantes quando a semelhança sonora se restringe à coincidência entre vogais (Ex.: vivo / dia) e soantes (ou consoantes) quando ocorre uma coincidência sonora total a partir da vogal tônica. Todos os exemplos de rima no poema de Fernando Pessoa são consoantes.

• Disposição das rimas no poema

Quanto à distribuição das rimas nos poemas, elas são classificadas em *emparelhadas*, *intercaladas*, *cruzadas*, *encadeadas* ou *misturadas*.

- Emparelhadas ou paralelas: os versos rimam dois a dois (esquema: AABBCC...). No exemplo abaixo, as rimas A e C são emparelhadas.

Deus! Ó Deus! onde estás que não resp*ondes*?	rima A
Em que mundo, em qu'estrela tu t'esc*ondes*	rima A
Embuçado nos c*éus*?	rima B
Há dois mil anos te mandei meu gr*ito*,	rima C
Que embalde, desde então, corre o infin*ito*...	rima C
Onde estás, Senhor D*eus*?...	rima B

ALVES, Castro. Vozes d'África. In: IVO, Ledo (Sel. e apres.). *Os melhores poemas de Castro Alves*. 2. ed. São Paulo: Global, 1983. p. 101. (Fragmento).

- Intercaladas, interpoladas ou opostas: os versos dos dois extremos rimam entre si, e os do meio também, com rimas diferentes (esquema: ABBA).

Quando a valsa acabou, veio à jan*ela*,	rima A
Sentou-se. O leque abriu. Sorria e arf*ava*	rima B
Eu, viração da noite, a essa hora entr*ava*	rima B
E estaquei, vendo-a decotada e b*ela*.	rima A

OLIVEIRA, Alberto de. Cheiro de espádua. In: BARBOSA, Frederico. *Cinco séculos de poesia*. São Paulo: Landy, 2000. p. 259. (Fragmento).

- Cruzadas, entrecruzadas ou alternadas: as rimas se revezam nos versos de uma mesma estrofe (esquema: ABAB).

Cheguei. Chegaste. Vinhas fatig*ada*,	rima A
E triste, e triste e fatigado eu v*inha*.	rima B
Tinhas a alma de sonhos pov*oada*	rima A
E a alma de sonhos povoada eu t*inha*...	rima B

BILAC, Olavo. Nel mezzo del camin... In: BARBOSA, Frederico. *Cinco séculos de poesia*. São Paulo: Landy, 2000. p. 275. (Fragmento).

- Encadeadas (rimas em que o fim de um verso coincide com o interior do verso seguinte).

Quanto, ó Ninfa, é ventur*osa*
Essa r*osa* delic*ada*!
Invej*ada* no teu p*eito*,
Satisf*eito* a vê o Amor.

ALVARENGA, Manuel Inácio da Silva. A rosa. In: LUCAS, Fábio (Org.). *Glaura*. São Paulo: Companhia das Letras, 1996. p. 176. (Retratos do Brasil). (Fragmento).

- Misturadas: as rimas não se enquadram em nenhum dos esquemas apresentados.

Quando passo por diante de teus olhos,	rima A
Falando com a fingida animação,	rima B
Oculto na folhagem das palavras	rima C
A flor do coração.	rima B

KOLODY, Helena. Altivez. In: *Poemas do amor impossível*. Curitiba: Criar Edições, 2002. p. 47. (Fragmento).

Temos, por fim, que considerar a possibilidade de não ocorrer rima entre os versos de um poema. Nesse caso, diz-se que os versos são **brancos**.

Não há nunca testemunhas. Há desatentos. Curiosos, muitos.
Quem reconhece o drama, quando se precipita, sem máscara?
Se morro de amor, todos o ignoram
e negam. O próprio amor se desconhece e maltrata.
O próprio amor se esconde, ao jeito dos bichos caçados;
não está certo de ser amor, há tanto lavou a memória
das impurezas de barro e folha em que repousava. E resta,
perdida no ar, por que melhor se conserve,
uma particular tristeza, a imprimir seu selo nas nuvens.

ANDRADE, Carlos Drummond de. Tarde de maio. In: *Antologia poética*. 48. ed. Rio de Janeiro: Record, 2001. p. 233. (Fragmento).

TEXTO PARA ANÁLISE

Ainda assim, eu me levanto

Este poema, um dos mais famosos de Maya Angelou, aborda a questão do preconceito racial.

Você pode me riscar da História
Com mentiras lançadas ao ar.
Pode me jogar contra o chão de terra,
Mas ainda assim, como a poeira, eu vou me levantar.
[...]

Pode me atirar palavras afiadas,
Dilacerar-me com seu olhar,
Você pode me matar em nome do ódio,
Mas ainda assim, como o ar, eu vou me levantar.
[...]

Da favela, da humilhação imposta pela cor
Eu me levanto

De um passado enraizado na dor
Eu me levanto
Sou um oceano negro, profundo na fé,
Crescendo e expandindo-se como a maré.

Deixando para trás noites de terror e atrocidade
Eu me levanto
Em direção a um novo dia de intensa claridade
Eu me levanto
Trazendo comigo o dom de meus antepassados,
Eu carrego o sonho e a esperança do homem escravizado.
E assim, eu me levanto
Eu me levanto
Eu me levanto.

ANGELOU, Maya. *Still I rise*. Tradução de Mauro Catopodis. (Fragmento). Disponível em: <http://www.palavrarte.com/Poesia_Mundo_Trad/poepelomun_eua_maya_poemas.htm>. Acesso em: 22 set. 2009.

Nascida Marguerite Johnson, em Saint Louis, Missouri, em 4 de abril de 1928, **Maya Angelou** é, hoje, uma das mais populares e conhecidas poetas norte-americanas. É também produtora, diretora, apresentadora, atriz, cantora, militante dos direitos civis, além de realizar outras atividades relacionadas ao meio cultural.

Maya Angelou, 2003.

1. **Transcreva em seu caderno os versos em que o tema do poema esteja explicitado.**
   ▶ Como o eu lírico aborda esse tema? Justifique com versos do poema.

2. **Como o eu lírico reage ao preconceito? Que qualidades podem ser identificadas em seu comportamento?**
   ▶ Em seu caderno, associe as qualidades que você identificou a alguma(s) passagem(ns) do texto.

3. **É possível, a partir da leitura do poema, construir uma imagem do eu lírico. Que experiências pode ter tido alguém que diz coisas como essas?**
   ▶ Explique como você formou tal imagem.

4. **Explique os recursos de linguagem presentes no poema que marcam a resistência do eu lírico diante de seu interlocutor.**

5. **Releia.**

   "Sou um oceano negro, profundo na fé,
   Crescendo e expandindo-se como a maré.

   Deixando para trás noites de terror e atrocidade
   Eu me levanto
   Em direção a um novo dia de intensa claridade"

   ▶ Explique por que esses versos podem ser interpretados como um manifesto de orgulho pela própria raça e de esperança no futuro.

Jogo de ideias

Neste capítulo, além de estudar características da lírica, você viu como o conceito de herói se transformou ao longo do tempo. Observou também que essa transformação está relacionada ao contexto em que os poemas épicos e as narrativas foram concebidos. Se, na Antiguidade, o herói assume características sobre-humanas, do século XIX em diante, ele se humaniza para se aproximar mais dos leitores que acompanham suas aventuras.

E hoje, como se caracterizam nossos heróis? Em equipe, você vai fazer uma pesquisa em jornais e revistas para identificar as características do herói contemporâneo. Procure, no material consultado, respostas para as seguintes perguntas:

▶ que tipo de ação é vista, hoje, como "heroica"?
▶ que requisitos deve ter o herói contemporâneo (físicos, emocionais, sociais, etc.)?
▶ que aspectos o diferenciam e o aproximam dos perfis de herói "clássico" e "moderno" apresentados neste capítulo?

O resultado dessa pesquisa deverá ser registrado por escrito. Use esse registro para debater as questões em classe. Oralmente, trace com seus colegas um paralelo entre os heróis de ontem e de hoje.

CONEXÕES

❯❯❯ Para navegar

❯ **http://www.terra.com.br/voltaire/antiga/antiga.htm**

Site dedicado à história antiga e medieval, com algumas informações a respeito da guerra de Troia e da obra de Homero.

❯ **http://warj.med.br/cgi-bin/mapasite.htm**

Site sobre cultura grega na Antiguidade, permite que sejam feitas pesquisas sobre arte, cultura, filosofia, mitologia, geografia e história gregas, entre outros tópicos interessantes; destaque para os verbetes sobre poesia épica e lírica.

❯ **http://www.paideuma.net/eneida.htm**

Site sobre Virgílio, o poeta latino e autor da *Eneida*. Há uma biografia, resumo da *Eneida* e apresentação dos conteúdos dos cantos. Destaque para o artigo sobre a poesia épica latina.

❯ **http://www.releituras.com**

Site voltado para a apresentação de textos variados de escritores diversos. Destaque para as informações sobre os autores e textos selecionados. Textos dos maiores nomes da poesia brasileira podem ser encontrados aqui.

❯❯❯ Para ouvir

O selo Luz da Cidade reuniu, na coleção Poesia Falada, gravações famosas de alguns dos melhores poemas de autores brasileiros declamados pelos próprios poetas ou por atores conhecidos.

❯ ***O tom de Adélia Prado*.**
Belo Horizonte: Karmim, 2000.

Nesse CD, Adélia Prado declama poemas de seu livro *Oráculos de maio* acompanhada pela trilha sonora de Mauro Rodrigues.

❯ ***Vinícius de Moraes por Odete Lara*.**
Rio de Janeiro: Luz da Cidade, 1998.
(Poesia Falada, v. 5).

Destaque para os conhecidos sonetos de separação e de fidelidade, além do belíssimo poema "Pátria minha".

❯ ***Affonso Romano de Sant'anna por Tônia Carrero*.**
Rio de Janeiro: Luz da Cidade, 1998.
(Poesia Falada, v. 3).

Destaque para o poema "Epitáfio para o séc. XX", em que Affonso Romano faz uma releitura dos acontecimentos mais marcantes do século XX.

❯❯❯ Para ler e pesquisar

❯ ***Mitos gregos*, de Robert Graves.**
São Paulo: Madras, 2004.

Livro que aborda o universo mitológico dos deuses e heróis da Grécia Antiga, informando o leitor sobre os elementos fascinantes dessa cultura que nos influencia até hoje.

❯ ***Grécia e Roma*, de Pedro Paulo Abreu Funari.**
São Paulo: Contexto, 2001.
(Coleção Repensando a História).

Livro que discute a importância de estudarmos, hoje, a Antiguidade Clássica. O autor demonstra como a cultura greco-romana está muito presente em nosso cotidiano: no direito, na política, na estrutura de pensamento, na linguagem.

❯ ***Deuses e heróis da mitologia grega e latina*, de Odile Gandon.**
São Paulo: Martins Fontes, 2000.

❯ ***As mais belas histórias da Antiguidade Clássica*, de Gustav Schwab.**
São Paulo: Paz e Terra, 1996. 3 v.

Versões romanceadas dos mitos gregos e romanos, recontados pelo autor, um estudioso dos clássicos. Leitura fácil e instigante.

❯ ***A poesia lírica*, de Salete de Almeida Cara.**
São Paulo: Ática, 1985.

Livro que tem por objetivo apresentar o conceito de poesia lírica e suas transformações no decorrer da História.

❯ ***Versos, sons e ritmos*, de Norma Goldstein.**
São Paulo: Ática, 1985.

Livro que apresenta os principais recursos sonoros de que se vale o texto poético.

❯❯❯ Para assistir

❯ ***Troia*, de Wolfgang Petersen.**
EUA, 2004.

Adaptação para o cinema do poema épico de Homero. Em 1193 a.C., Páris, filho do rei de Troia, rapta Helena, esposa de Menelau, um dos reis gregos. Esse acontecimento dá início a uma sangrenta batalha que, por mais de uma década, opõe gregos e troianos.

❯ ***Matrix*, de Andy Wachowski e Larry Wachowski.**
EUA, 1999.

Filme de ficção científica que conta a história de Thomas Anderson, um jovem programador de computadores predestinado a ser o herói de uma saga fantástica. Ele seria o messias, anunciado em uma antiga profecia, único humano capaz de vencer a guerra contra a Matrix, um sistema de máquinas inteligentes que domina o mundo. Quando aceita a missão que lhe foi confiada, adota o nome de Neo e dá início à guerra contra as máquinas.

Capítulo 4
Literatura é gênero II: o dramático

OBJETIVOS

Ao final do estudo deste capítulo, você deverá ser capaz de:

1. Identificar as principais formas e recursos do **gênero dramático**.
2. Explicar as diferenças entre **tragédia** e **comédia** e entre **auto** e **farsa**.
3. Reconhecer funções desempenhadas pelos textos dramáticos.
4. Explicar as limitações do conceito de gênero literário.

Cena da peça *Gota d'água*, com Bibi Ferreira no papel de Joana. Texto de Chico Buarque e Paulo Pontes, direção de Gianni Ratto, Rio de Janeiro, 1975.

Todos nós, seres humanos, somos movidos por nossas emoções. Alegria, medo, tristeza, angústia, apreensão são forças que se escondem por trás de nossas ações mais sinceras ou menos compreensíveis. Desde a Antiguidade, o gênero dramático privilegia o estudo das emoções humanas.
É desse gênero que iremos tratar neste capítulo.

Leitura da imagem

1. Descreva, resumidamente, a foto que abre este capítulo.
2. Qual pode ser a relação entre essas pessoas? Justifique.
3. Pelo olhar da mulher e do menino, podemos deduzir que estão olhando para outra pessoa.
   a) Como pode ser descrito o olhar do menino?
   b) E o da mulher?
4. Que tipo de postura pode ser identificada no gesto e no olhar da mulher? Explique.
5. A foto mostra uma cena da montagem de 1975 da peça *Gota d'água*. Que situação parece estar sendo representada nessa cena?

> **Tome nota**
> Em uma representação teatral, cada **cena** é uma unidade de ação.

6. Observe os trajes e o cenário. O que esses elementos sugerem sobre a condição social das personagens? Justifique sua resposta.

Da imagem para o texto

A foto de *Gota d'água* nos ajuda a compreender o conceito de **encenação**, ou seja, a montagem de uma cena e os elementos que fazem parte dela.

Toda montagem se apoia em um texto. Nesse texto, o autor indica ao leitor (e a quem desejar encenar a peça) como a montagem foi concebida, ou seja, como imaginou o trabalho com cada um dos elementos da linguagem teatral. Vamos compreender melhor como se organizam os textos dramáticos a partir da leitura de uma cena extraída da peça *Gota d'água*.

Primeiro Ato

[...]

Apaga a luz do set das vizinhas; orquestra sobe;
JASÃO vai aparecendo no outro lado do palco;
JOANA, fazendo movimentos que corresponderão
à sua caminhada até em casa, começa a cantar.

JOANA   Quando meu bem-querer me vir
              Estou certa que há de vir atrás
              Há de me seguir por todos
              Todos, todos, todos os umbrais
[...]
No fim da canção, JASÃO e JOANA encontram-se frente a frente
JASÃO   Joana... (*Tempo*)
JOANA   Que é que veio fazer aqui, Jasão? (*Tempo*)

Uma Medeia brasileira

Cena da peça *Gota d'água*, de Chico Buarque e Paulo Pontes, em que Bibi Ferreira contracena com Francisco Milani, 1975.

Em 1975, Paulo Pontes e Chico Buarque adaptaram a tragédia grega *Medeia*, de Eurípedes, localizando-a em um subúrbio do Rio de Janeiro. Na tragédia carioca urbana, Medeia é Joana, companheira de Jasão, um sambista que a abandona para se casar com Alma, filha do poderoso empresário Creonte. Como vingança, Joana mata os filhos e se suicida. Ambientada em um conjunto habitacional, *Gota d'água* propõe, como pano de fundo para essa história, a vida difícil dos moradores da Vila do Meio-Dia.

Os elementos da linguagem teatral

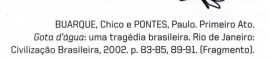

O ator Wagner Moura durante ensaio da peça *Hamlet*, 2008.

O teatro apresenta uma linguagem própria: iluminação, música, figurinos, cenários são elementos da **linguagem cênica** que contribuem, com o texto e a interpretação dos atores, para criar a ilusão de lugares, tempos e personagens nos espectadores. No momento de criar o texto teatral e combinar esses recursos, o autor pensa na plateia e no tipo de reação que deseja provocar. Percebe-se assim, nesse gênero literário, a participação mais direta do público como um dos agentes do discurso.

JASÃO   Como vai?
JOANA   Fala baixo que os meninos tão dormindo...
JASÃO   E você, como é que vai?...
JOANA   Ah, eu vou bem, vou muito bem, Jasão!...
JASÃO   Você remoçou um bocado... emagreceu... ficou mais bonita... Só tem uma coisa que tá meio esquisita... (*Vai a ela e solta seus cabelos, jeitosamente*) Pronto... assim... O que foi que lhe deu, hein, mulher? Parece uma menina...
JOANA   O que é que você quer, Jasão?... [...]
JASÃO   Joana, me escuta
você assim bonita, ainda moça, enxuta,
pode encontrar uma pessoa... Quer dizer,
você pode tranquilamente refazer
a vida... Quem sabe, talvez até voltar
pro seu marido, ele não cansa de esperar,
tá sempre ali...
JOANA   Sei... E o que mais?...
JASÃO   Como, o que mais?
Responde ao que eu tou falando... [...]
JOANA   Pois bem, você
vai escutar as contas que eu vou lhe fazer: [...]
Te dei cada sinal do teu temperamento
Te dei matéria-prima para o teu tutano
E mesmo essa ambição que, neste momento,
se volta contra mim, eu te dei, por engano
Fui eu, Jasão, você não se encontrou na rua
Você andava tonto quando eu te encontrei
Fabriquei energia que não era tua
pra iluminar uma estrada que eu te apontei
E foi assim, enfim, que eu vi nascer do nada
uma alma ansiosa, faminta, buliçosa,
uma alma de homem. Enquanto eu, enciumada
dessa explosão, ao mesmo tempo, eu, vaidosa,
orgulhosa de ti, Jasão, era feliz,
eu era feliz, Jasão, feliz e iludida [...]
Certo, o que eu não tenho, Creonte tem de sobra
Prestígio, posição... Teu samba vai tocar
em tudo quanto é programa. Tenho certeza
que a gota d'água não vai parar de pingar
de boca em boca... Em troca pela gentileza
vais engolir a filha, aquela mosca-morta,
como engoliu meus dez anos. Esse é o teu preço,
dez anos. Até que apareça uma outra porta
que te leve direto pro inferno. Conheço
a vida, rapaz. Só de ambição, sem amor,
tua alma vai ficar torta, desgrenhada,
aleijada, pestilenta... Aproveitador!
Aproveitador!...
[...]

BUARQUE, Chico e PONTES, Paulo. Primeiro Ato. *Gota d'água*: uma tragédia brasileira. Rio de Janeiro: Civilização Brasileira, 2002. p. 83-85, 89-91. (Fragmento).

7. Que elementos da linguagem teatral estão indicados no texto de *Gota d'água*?

8. Em torno de qual acontecimento se organiza a cena que você leu?

9. O comportamento e a fala das personagens nos permitem perceber seu estado de espírito durante a cena. Como você descreveria as emoções de Joana e de Jasão nesse diálogo?

10. Pelo diálogo entre Joana e Jasão, é possível imaginar o fato desencadeador da tragédia apresentada em *Gota d'água*. Explique que fato é esse.

11. A última fala de Joana oferece elementos capazes de aproximar o público da personagem? Explique.

O gênero dramático

Aristóteles observa, na *Poética*, que o termo **drama** (do grego *drân*: agir) faz referência ao fato de, nesses textos, as pessoas serem representadas "em ação".

Ao identificar o **drama** como um dos gêneros literários, Aristóteles considerou uma característica importante desses textos: eram feitos para ser **representados**, **dramatizados**.

> **Tome nota**
>
> Textos **dramáticos** são aqueles em que a "voz narrativa" está entregue às personagens, que contam a história por meio de diálogos e monólogos.

Origens do gênero dramático

Em diversas sociedades primitivas era comum a realização de danças ritualísticas. Como os participantes representavam diferentes papéis, há quem reconheça nessa atividade o germe da encenação teatral que define o gênero dramático.

Outra explicação para a origem do drama seriam os festivais anuais realizados, na Grécia Antiga, em honra ao deus Dionísio (ou Baco, para os romanos). Nesses festivais, bebia-se e cantava-se para louvar esse deus.

No início, havia apenas um coro que entoava os hinos, chamados **ditirambos**, narrando trechos da vida de Dionísio. Depois, esse coro foi dividido em perguntas e respostas coordenadas por um corifeu (o regente do coro). Mais tarde, surgiu o *hypokrités*, o ator protagonista, simbolizado por Téspis, um poeta grego. Nascia, assim, a **tragédia**.

A representação do ator protagonista provocava sentimentos no coro, que, nesse momento, transformava-se em plateia, porque avaliava o comportamento do protagonista. Cantando, o coro respondia a ele, para concordar ou discordar de suas ações.

Essa explicação para a origem do gênero dramático destaca dois elementos que, até hoje, são essenciais para esse tipo de texto: a importância do público e a possibilidade de desencadear emoções por meio da representação.

Tribo aborígene dança a tradicional Purlapa na comunidade Waripiri, Austrália.

Trilha sonora

O lamento de Joana

Capa do disco da peça *Gota d'água*, de Chico Buarque e Paulo Pontes, 1975.

Na peça de Chico Buarque e Paulo Pontes, a personagem Joana canta a música "Gota d'água". Essa canção pode ser vista como uma abordagem lírica equivalente à fala dramática de Joana? Por quê? O que mais pode representar o título dessa música? Após ouvir a música, pense no que você aprendeu sobre o gênero lírico e identifique com seus colegas as características desse gênero que estão presentes na letra da canção.

Mudança de sentido

Em grego, o termo *hypokrités* fazia referência ao intérprete de um sonho, de uma visão, e designava também um adivinho, um profeta, um ator. Hoje, por uma expansão do sentido original, o adjetivo *hipócrita* caracteriza o comportamento falso, dissimulado de uma pessoa.

Outros significados

Na língua portuguesa, o termo **drama** também faz referência a situações problemáticas, comoventes, de conflito (*Vivemos um drama quando papai perdeu o emprego.*). Pode, ainda, ser de uso mais coloquial para indicar o comportamento exagerado de alguém (*Ela adora fazer drama!*).

O gênero dramático na Grécia Antiga

O gênero dramático, na Grécia Antiga, desenvolveu-se por meio de duas modalidades: a tragédia e a comédia.

• A tragédia

No início, **drama** e **tragédia** eram praticamente sinônimos e faziam referência a uma encenação que apresentava ações humanas que simbolizavam a transgressão da ordem no contexto familiar ou social. O elemento trágico por definição era a paixão (*pathos*), que levava os seres humanos a portarem-se de modo violento e irracional e, dessa forma, ignorarem as leis humanas ou divinas que organizavam a vida.

Aristóteles estabelece, na *Poética*, que as tragédias desenvolvem certos temas, como as paixões humanas e os conflitos por elas desencadeados, e apresentam personagens nobres e heroicas (deuses, semideuses ou membros da aristocracia). Também esclarece que o objetivo da encenação de uma tragédia é desencadear, no público, terror ou piedade. A "purificação" de sentimentos da plateia, provocada por essa experiência estética, recebeu o nome de **catarse**.

Máscaras que representam a tragédia e a comédia.

Tragédia
- Transgressão da ordem social ou familiar
- Personagens nobres (deuses ou semideuses) movidas pelas paixões
- Temas sérios

> **Tome nota**
>
> A **tragédia** pode ser definida como uma peça teatral na qual figuram personagens nobres e que procura, por meio da ação dramática, levar a plateia a um estado de grande tensão emocional. Geralmente, as peças trágicas terminam com um acontecimento funesto.

Os conflitos encenados nas tragédias quase sempre tratavam de questões acerca da honra e do poder. Leia, como exemplo, um trecho de *Medeia*, de Eurípides. Escrita em 431 a.C., *Medeia* apresenta o drama vivido por uma mulher que comete as maiores loucuras por amor. A cena que você vai ler nos mostra o momento em que, depois de abandonada, Medeia se dá conta do quanto errou ao depositar sua confiança no coração traiçoeiro de Jasão.

José Mayer contracenando com Renata Sorrah na peça *Medeia*. Direção de Bia Lessa, Rio de Janeiro, 2005.

CORO

[...]
Idos são os tempos de respeito aos juramentos. A honra desapareceu da nobre Hélade. Não se encontra mais em toda a vastidão da nossa terra; voou além dos céus. Não tens mais espaço na casa de teus pais, pobre de ti; era teu porto, o teu abrigo seguro para as tempestades da existência. E aqui teu leito foi ocupado por outra mais ditosa, teu lar tem outra rainha.

(Entra Jasão)

JASÃO

Não é a primeira vez que noto, muitas vezes notei, a desgraça que é um temperamento exacerbado. Por exemplo, agora, bem poderias permanecer neste país e nesta casa, se soubesses obedecer à vontade dos que te são superiores. Quem te expulsa de Corinto não somos nós, até condescendentes. São tuas palavras insensatas. A mim essas palavras não me dizem nada. Pode continuar apregoando ao mundo que Jasão é o mais vil dos homens. Mas, depois do que gritas contra o soberano, o banimento é até uma punição bastante generosa. [...]

MEDEIA
(Soberba)
A única expressão que minha língua encontra para definir teu caráter, tua falta de virilidade, é *o mais baixo dos canalhas*. Vieste a mim, estás aqui, para quê, tu, ser odiado pelos deuses, odiado por mim e por toda a humanidade? Não é prova de coragem nem de magnanimidade olhar na cara os ex-amigos, na esperança de que esqueçam todo o mal que lhes fizeste. A isso se chama cinismo, e vem com as piores doenças do caráter humano — a falta de pudor, a ausência de vergonha.

[...] Abandonei pai e pátria e vim contigo para Iolco; meu amor era maior que a minha prudência.

Depois provoquei a morte de Pélias do modo mais terrível: nas mãos das próprias filhas. E assim te livrei de todos os temores. Tudo isso eu fiz por ti, e, vil traidor, procuraste uma nova esposa, embora já tivéssemos procriado dois filhos. Se eu não houvesse te dado descendência, teria perdoado tua busca de um novo leito.

Já morreu em mim há muito tempo toda e qualquer confiança em tuas juras. [...] Céus, a que coração traiçoeiro confiei minha esperança.
[...]

CORIFEU
Há algo terrível e incurável, acima de qualquer compreensão mortal, no ódio que nasce entre próximos e amados.

EURÍPIDES. *Medeia*. Tradução de Millôr Fernandes. Rio de Janeiro: Civilização Brasileira, 2004. p. 32-37. (Fragmento).

Hélade: Grécia.
Exacerbado: exagerado.
Magnanimidade: generosidade, bondade.

Paixão e ódio

Medeia, apaixonada por Jasão, líder dos argonautas, usa seus poderes de feiticeira para ajudá-lo a conquistar o velocino de ouro, que pertencia a seu pai, o rei de Cólquida. Após trair sua família e sua pátria, Medeia foge com Jasão, com quem tem dois filhos.

Anos depois, em troca de poder, Jasão decide abandoná-la para se casar com a filha de Creonte, rei de Corinto. A vingança de Medeia é terrível: além de fazer com que Creonte e a filha morram queimados, ela mata os próprios filhos e amaldiçoa Jasão, para em seguida fugir.

Representação de Jasão com o velocino de ouro num vaso grego, cerca de 330 a.C.

A cena é introduzida pelo coro que anuncia: "Idos são os tempos de respeito aos juramentos. A honra desapareceu da nobre Hélade". Com essa fala, aponta a transgressão da ordem familiar e social, característica que faz parte da definição de tragédia.

Sem poder retornar para a casa dos pais, Medeia não tem para onde ir. Resta a essa mulher, consumida pelo ódio, apenas o desejo de vingar-se. Mais uma vez, o público é advertido sobre a insensatez de se deixar levar pelas paixões ("Há algo terrível e incurável, acima de qualquer compreensão mortal, no ódio que nasce entre próximos e amados.").

• A comédia

A origem da comédia é a mesma da tragédia: os festivais realizados em honra a Dionísio. Alguns dos festejos ocorriam durante a primavera e costumavam apresentar um cortejo de mascarados. Esses cortejos recebiam o nome de *komos* e deles deriva o nome **comédia** (*komoidía: komos*, "procissão jocosa" + *oidé*, "canto"). A pé ou em carros, eles percorriam os campos dançando, cantando e recitando poemas jocosos em que satirizavam personalidades e acontecimentos da vida pública.

Quando Esparta derrotou Atenas na Guerra do Peloponeso, a democracia chegou ao fim, comprometendo a liberdade de expressão dos autores de textos cômicos. As comédias, então, abandonaram a crítica política e passaram a satirizar comportamentos e costumes das pessoas comuns.

Assim, enquanto a tragédia desenvolve temas sérios, apoiados na ação mitológica, e as personagens são deuses e semideuses, a comédia se caracteriza por sua leveza e alegria, aborda episódios cotidianos e as personagens são seres humanos e reais.

A influência do teatro na educação grega

A importância do teatro na educação de um grego era tão grande que, em Atenas, o comércio chegava a ser suspenso durante os festivais dramáticos. Essa importância é explicada pela função pedagógica que as peças deveriam cumprir: fazer com que, através das fortes emoções experimentadas, o público refletisse sobre as paixões e os vícios humanos.

Comédia
- Aborda fatos do cotidiano
- Temas alegres, leves
- Personagens humanos, reais

> Figurino do personagem Arlequim, da *commedia dell'arte*. Gravura da obra de Alfredo Marquerie, com mesmo título, de 1577.

O gênero dramático na Idade Média

Devido à forte influência da religião católica, as peças de teatro medieval passaram a enfocar cenas bíblicas e episódios da vida de santos. Duas modalidades dramáticas tornaram-se bastante populares nesse período: o **auto** e a **farsa**.

O **auto** era uma peça curta, em geral de cunho religioso. As personagens representavam conceitos abstratos, como a bondade, a virtude, a hipocrisia, o pecado, a gula, a luxúria. Isso fazia com que os autos tivessem um conteúdo fortemente simbólico e, muitas vezes, moralizante.

A **farsa** era também uma pequena peça, só que seu conteúdo envolvia situações ridículas ou grotescas. Tinha como objetivo a crítica aos costumes.

O fim da Idade Média traz, para o teatro, um período de intensa atividade. A Itália vê nascer, no século XVI, a ***commedia dell'arte***, gênero que procurava resgatar as tradições da comédia clássica.

Na Inglaterra, nesse mesmo período, o dramaturgo William Shakespeare escreve inúmeras peças, entre tragédias e comédias, que se transformam em clássicos do teatro universal.

De lá para cá, o gênero dramático continua oferecendo elementos para a representação da ampla gama de emoções do ser humano.

Um retrato da aristocracia francesa

▲ Nobre casal francês representado em gravura do século XVIII. Autor desconhecido.

As ligações perigosas são, nas palavras do seu autor, uma coletânea "que contém as cartas de toda uma camada social". A obra apresenta um retrato dos membros da aristocracia que, em poucos anos, será destituída do poder pela Revolução Francesa. Nesse romance epistolar, Laclos simbolizou o mundo que morria através das personagens da marquesa De Merteuil e do visconde De Valmont, ao mesmo tempo que anunciou, através da personagem Danceny e da presidenta De Tourvel, os novos ideais românticos – sinceridade, honestidade de caráter e de sentimentos – que chegavam ao poder juntamente com a burguesia.

As limitações dos gêneros literários

Os textos apresentados, neste capítulo e no anterior, ilustram bem a definição dos gêneros épico/narrativo, lírico e dramático, por apresentarem características típicas dos gêneros que representam. Mas será que todos os textos literários já escritos "cabem" em um desses três gêneros?

Leia um trecho de *As ligações perigosas*, do francês Choderlos de Laclos, publicado em 1782, pouco antes de eclodir a Revolução Francesa.

Carta IV

Do visconde De Valmont à marquesa De Merteuil, em Paris

[...] Depositária de todos os segredos de meu coração, quero confiar-vos o maior projeto que um conquistador haja podido conceber. [...]

Conheceis a presidenta De Tourvel, sua devoção, seu amor conjugal, seus princípios austeros. Eis o que ataco, eis o inimigo digno de mim, eis a meta que pretendo atingir [...].

[...]

O presidente, cumpre que o saibais, está na Borgonha por motivo de uma grande causa (espero fazê-lo perder outra mais importante). Sua inconsolável metade deverá permanecer aqui durante todo o tempo dessa aflitiva viuvez. [...]

[...] Só tenho uma ideia; penso nela durante o dia, sonho com ela à noite. Tenho necessidade de possuir essa mulher para redimir-me do ridículo de estar enamorado dela. [...]

Do Castelo de ..., neste 5 de agosto de 17**.

Carta V

Da marquesa De Merteuil ao visconde De Valmont

Sabeis, visconde, que vossa carta é de uma insolência rara e que eu bem poderia ter-me zangado? Mas ela provou-me claramente que tínheis perdido a cabeça, e somente isso vos salvou de minha indignação. Amiga generosa e sensível, esqueço a injúria para me ocupar tão somente de vosso perigo, e, por aborrecido que seja chamar alguém à razão, cedo à necessidade que tendes disso neste momento.

Vós, possuirdes a presidenta De Tourvel! Mas que capricho ridículo! Reconheço nisso vossa teimosia, que só sabe desejar o que acredita não poder obter. Que é, afinal, essa mulher? Traços regulares, concordo, mas nenhuma expressão; passavelmente benfeita, mas sem graça; sempre ridiculamente vestida, com seus punhados de fichus sobre o colo e um busto que sobe até o queixo! Digo-vos como amiga: não seria preciso duas mulheres como essa para perderdes toda a vossa reputação. [...] Vamos, visconde, envergonhai-vos e recobrai a razão. Prometo-vos guardar segredo. [...]

Paris, neste 7 de agosto de 17**.

LACLOS, Choderlos de. *As ligações perigosas ou Cartas recolhidas numa sociedade e publicadas para instrução de algumas outras*. Tradução de Sérgio Milliet. São Paulo: Círculo do Livro. p. 20-23. (Fragmento).

Fichus: tecidos leves, de formato triangular, com o qual as mulheres cobriam os ombros.

No texto que você acabou de ler, é possível identificar um emissor e um destinatário; além disso, há a referência a uma data e a um local. Esses são aspectos característicos da estrutura das cartas pessoais.

Como se trata de cartas, não existe a voz de um narrador, **componente definidor dos textos do gênero narrativo**. Também não há, nesse momento, como saber se essas pessoas são reais ou se foram criadas pela imaginação de um autor. Levando em consideração esses critérios, não se pode definir o texto como uma narrativa.

No entanto, cabe perguntar: será que são "apenas" cartas? Aparentemente, não. Lidas em sequência, essas cartas começam a contar uma história sobre as pessoas que são mencionadas nelas: o visconde De Valmont, a marquesa De Merteuil e a presidenta De Tourvel.

O que o texto revela vai além de um conjunto de cartas: são informações sobre a vida, o caráter e as intenções das pessoas/personagens que as escreveram. Trata-se, portanto, de uma narrativa, apesar de não apresentar um narrador nem dar aos leitores certeza sobre o caráter real ou fictício dos autores das cartas. Textos como o de Choderlos de Laclos costumam ser definidos como **narrativa epistolar**, ou seja, uma narrativa feita por meio de cartas.

A análise de um exemplo como esse mostra a dificuldade de encontrar, nos textos literários, todos os elementos que caracterizam cada um dos três gêneros apresentados.

Além disso, o estudo dos gêneros permite perceber melhor como os diferentes agentes do discurso participam da construção do texto. Quando tratamos da evolução do gênero épico para o narrativo, vimos como alterações significativas do contexto desencadearam transformações na própria estrutura dos textos literários. Ao estudarmos o gênero dramático, constatamos que a criação dos textos é influenciada, entre outros fatores, pelo perfil de público que o dramaturgo pretende atingir e pelo tipo de reação que pretende desencadear em sua plateia.

Esses exemplos ilustram de que maneira o estudo dos gêneros oferece ferramentas que podem esclarecer muito da construção e do sentido dos textos literários.

De olho no *filme*

O jogo da sedução

No filme *Ligações perigosas*, uma adaptação do romance de Laclos para o cinema, o visconde De Valmont deseja conquistar uma bela jovem recém-casada, completamente fiel ao marido. A marquesa De Merteuil tenta demovê-lo desse objetivo. Os planos fogem ao controle do visconde e ele se apaixona pela jovem que deveria enganar. As consequências desse sentimento serão trágicas.

John Malkovich e Michelle Pfeiffer em cena do filme *Ligações perigosas*, de Stephen Frears, EUA, 1988.

As cartas de Werther

A mais conhecida das narrativas epistolares é a novela *Os sofrimentos do jovem Werther*, de Goethe, publicada em 1774. Esse livro foi o primeiro grande sucesso da literatura europeia e foi tão apreciado que as roupas usadas pelo protagonista — casaca azul, colete e calção amarelo — tornaram-se moda entre os jovens.

Azulejos do século XVIII retratam trajes que se tornaram moda com a publicação de *Os sofrimentos do jovem Werther*.

TEXTO PARA ANÁLISE

> Releia os trechos de *Gota d'água* e *Medeia* para responder às questões de 1 a 5.

1. Nas duas cenas transcritas, Jasão vai ao encontro da mulher que abandonou (Joana ou Medeia). O que ele diz a essas mulheres tem o mesmo sentido, nas duas cenas? Explique.

2. A condição social das personagens centrais em *Medeia* e *Gota d'água* é a mesma? Justifique.

3. Nos dois textos, a razão pela qual Jasão abandona a mulher com quem vivia é a mesma: sua ambição.
   a) De que maneira essa ambição se manifesta nas duas peças?
   b) Em *Gota d'água*, um subúrbio carioca foi o espaço escolhido para a adaptação do drama grego. Explique por que essa mudança de espaço desencadeia a necessidade de adequar a forma como a ambição de Jasão se manifesta.

4. O coro, na ação dramática, representa a "voz da reflexão". Que "reflexões" o coro apresenta ao público no trecho de *Medeia*?

5. O elemento trágico na ação dramática é a paixão.
   a) Tanto Medeia quanto Joana podem ser definidas, nesse sentido, como personagens trágicas? Explique.
   b) Poderíamos afirmar que o comportamento e as ações das duas personagens desencadeiam, no público, os sentimentos de piedade e terror. Por quê?

Jogo de ideias

Ao estudar as modalidades do gênero dramático na Grécia Antiga, você viu que tanto a tragédia quanto a comédia tinham uma função pedagógica. Através das peças encenadas, o público era levado a refletir sobre as paixões e os vícios humanos. As grandes questões da sociedade em que viviam acabavam tendo, como espaço de discussão, o teatro.

Hoje, embora o teatro continue existindo, nem todos têm acesso a ele.

Um outro gênero, também escrito para ser encenado, ganhou o gosto popular: as telenovelas. Grandes questões da sociedade brasileira, como a reforma agrária, a corrupção política, o racismo, entre outras, acabam, hoje, sendo tematizadas em produções deste gênero.

São muitas as novelas memoráveis que discutem grandes questões do cenário brasileiro. Dentre elas, *Roque Santeiro* (1985) e *O rei do gado* (1996) merecem destaque: a primeira por desenvolver uma trama que faz uma sátira ao culto de mitos e a necessidade de mantê-los para garantir os lucros que eles trazem; a segunda por tratar da questão dos sem-terra e da reforma agrária.

Para promover uma reflexão sobre como, na atualidade, as telenovelas acabaram por assumir uma função semelhante à do teatro na Grécia Antiga, propomos que você e seus colegas, em equipe, escolham uma cena de *Roque Santeiro* ou de *O rei do gado* para ser representada para a sala. É importante que as cenas escolhidas tematizem alguma questão moral ou social significativa da sociedade brasileira.

▲ Cena da novela *Roque Santeiro*, 1986.

Depois da encenação, será o momento de refletir sobre o gênero dramático com base no que vocês aprenderam no capítulo e na análise das cenas apresentadas pelas equipes. Apresentamos a seguir algumas questões para auxiliar vocês nessa reflexão. Discuta-as com seus colegas:

▶ Que elementos estruturais permitem afirmar que as cenas apresentadas pertencem ao gênero dramático?
▶ De que forma as cenas escolhidas, embora pertençam a telenovelas, desempenham função semelhante à do teatro na Grécia Antiga?
▶ Que temas significativos para a sociedade brasileira foram abordados nas cenas selecionadas? Qual a importância desse tipo de abordagem? Por quê?

CONEXÕES

Para navegar

> **http://greciantiga.org**
>
> *Site* sobre cultura grega na Antiguidade. Permite que sejam feitas pesquisas sobre arte, cultura, filosofia, mitologia, geografia e história gregas, entre outros tópicos interessantes. Destaque para os verbetes sobre tragédia clássica e comédia antiga.

> **http://www.pagebuilder.com.br/proscenio/bibliote.htm**
>
> O *site* da Biblioteca do Fórum Virtual de Teatro Brasileiro dispõe de vários textos dramáticos na íntegra. Destaque para *Hamlet*, de W. Shakespeare, em tradução de Millôr Fernandes.

> **http://virtualbooks.terra.com.br/freebook/traduzidos/edipo_rei.htm**
>
> Mais um bom *site* com acervo digital de textos dramáticos para *download*. Destaque para *Édipo Rei*, de Sófocles.

> **http://educaterra.terra.com.br/voltaire/cultura/tragedia_grega4.htm**
>
> *Site* sobre a cultura e o pensamento gregos, com verbetes interessantes sobre a tragédia grega, o surgimento da tragédia, o culto a Dionísio e a filosofia grega à época da tragédia.

> **http://educaterra.terra.com.br/voltaire/artigos/hamlet.htm**
>
> *Site* em que se encontram informações detalhadas sobre a vida e a obra de William Shakespeare. Destaque para o texto que traz uma análise bastante completa da peça *Hamlet*.

> **http://www.chicobuarque.com.br**
>
> *Site* oficial do cantor e compositor Chico Buarque de Hollanda, com informações sobre a peça *Gota d'água* e as letras das canções do espetáculo.

Para ler e pesquisar

> ***Shakespeare: o mundo é um palco***, de Bill Bryson. Tradução de José Rubens Siqueira. São Paulo: Companhia das Letras, 2008.
>
> Obra que apresenta o cotidiano da Inglaterra no período em que Shakespeare viveu e procura ainda elucidar alguns dos mistérios relacionados a ele.

> ***O que é teatro***, de Fernando Peixoto. São Paulo: Brasiliense, 2003.
>
> Livro introdutório que apresenta o teatro e discute algumas de suas características principais.

> ***Iniciação ao teatro***, de **Sábato Magaldi**. São Paulo: Ática, 1998.
>
> Livro que aborda as questões básicas relacionadas ao teatro, desde as artísticas até as econômicas.

Para assistir

> ***10 coisas que eu odeio em você***, de Gil Junger. EUA, 1999.
>
> Adaptação moderna da peça *A megera domada*, de William Shakespeare. Bianca é a filha mais nova da família Stratford e deseja encontrar um namorado, mas seu pai não permite que ela saia com garotos. A solução é conseguir que a irmã mais velha, Katharina, também comece a namorar. Só que ela é uma verdadeira "megera" e não parece muito interessada nos rapazes da escola.

> ***Shakespeare apaixonado***, de John Madden. EUA, 1998.
>
> Shakespeare passa por um bloqueio artístico e somente uma musa inspiradora poderá ajudá-lo. Surge a encantadora Lady Viola, por quem o jovem dramaturgo se apaixona. Destaque para as cenas em que são feitos ensaios das peças de Shakespeare, que recriam os bastidores do teatro na Inglaterra elizabetana.

> ***Hamlet***, de Kenneth Branagh. EUA, 1996.
>
> Adaptação para o cinema do texto clássico de William Shakespeare.

> ***Romeu e Julieta***, de Baz Luhrmann. EUA, 1996.
>
> Adaptação para o cinema da peça *Romeu e Julieta*. Nesta versão para os dias atuais, a história de amor dos jovens Romeu Montéquio e Julieta Capuleto tem como cenário Verona Beach. A rivalidade entre as famílias determina o fim trágico desse amor, como anuncia uma apresentadora de televisão nesse Shakespeare modernizado.

> ***Romeu e Julieta***, de Franco Zefirelli. EUA, 1968.
>
> A escolha de dois jovens atores desconhecidos para os papéis de Romeu e Julieta (Olivia Hussey, de 15 anos, e Leonard Whiting, de 17), um texto bastante fiel ao original, as locações no cenário original (Itália) e a trilha sonora de Nino Rota foram determinantes do grande sucesso alcançado pelo filme, até hoje a mais popular adaptação de uma peça de Shakespeare para o cinema.

Material complementar Moderna PLUS
http://www.modernaplus.com.br
Exercícios adicionais.

Capítulo 5

Literatura é expressão de uma época

OBJETIVOS

Ao final do estudo deste capítulo, você deverá ser capaz de:

1. Identificar os elementos de um texto que revelam informações sobre o momento em que foi escrito.
2. Definir **estilo de época**.
3. Explicar o que é **historiografia literária** e reconhecer os diferentes movimentos literários.
4. Compreender por que as sociedades humanas, em diferentes momentos da história, promovem a releitura de alguns temas literários básicos.

LICHTENSTEIN, R. *Takka Takka*. 1962. Magna sobre tela, 173 × 143 cm. A imagem usa recursos da linguagem dos quadrinhos para tratar do tema da guerra.

Aliteratura nos revela como viveram e o que pensaram as pessoas em diferentes épocas e sociedades. Essas informações, que ficam registradas nos textos literários e sobrevivem à passagem do tempo, ajudam a entender quem fomos e a avaliar quem somos. É dessa possibilidade de leitura do tempo pela literatura que trata este capítulo.

Leitura da imagem

1. Que elementos compõem a tela de Roy Lichtenstein?
   ▶ Que sentido pode ser atribuído ao título *Takka Takka*?

2. O quadro apresenta uma imagem de guerra. Que tipo de reação ele pode provocar no observador? Por quê?

3. Embora se trate de um quadro, o conjunto formado por texto e imagem é muito semelhante ao gênero história em quadrinhos. Explique.

4. As HQs são um exemplo da cultura de massa. O uso da linguagem dos quadrinhos por Lichtenstein sugere, para o observador, o contexto em que a tela foi pintada. Por quê?

5. Agora observe uma miniatura feita para um manuscrito francês do século XIV.

▲ Miniatura medieval representando a Batalha de Najera, 1367. Autor desconhecido.

▶ Repare que a batalha já começou para os combatentes a pé, enquanto os cavaleiros aguardam a ordem de entrar em ação. Que imagem da guerra é transmitida nessa cena?

6. A comparação entre o quadro de Lichtenstein e a miniatura revela duas visões muito diferentes da guerra.
   a) Quais são essas diferenças?
   b) O momento em que as obras foram produzidas influencia o tratamento que os artistas deram ao tema? Explique.

Arte para todos

A arte *pop* foi um movimento que surgiu na década de 1950 na Inglaterra e teve seu auge nos Estados Unidos, na década de 1960. Ela pretendia promover a popularização da arte, substituindo os temas grandiosos por elementos da vida cotidiana, aproximando assim a cultura de elite e a popular. Os artistas desse movimento, como Roy Lichtenstein, Andy Warhol e Richard Hamilton, incorporaram à pintura elementos de outras linguagens (publicidade, televisão, história em quadrinhos, cinema, fotografia) como forma de tornar a arte acessível às massas.

▲ WARHOL, A. *Campbell's soup*. 1962. Serigrafia, 91 × 61 cm.

André Malraux (1901-
-1976), escritor e político
francês, desde jovem se
interessou pelos movimentos revolucionários. O livro *A esperança* evoca o início da Guerra Civil Espanhola, da qual participou como chefe da esquadrilha *España*, constituída por aviadores estrangeiros. No trecho ao lado, "governistas" refere-se aos republicanos que se opunham aos "fascistas", termo que designa os integrantes das forças de direita que queriam tomar o poder na Espanha.

Da imagem para o texto

7. Leia um fragmento do romance *A esperança*, de André Malraux, que tem como pano de fundo a Guerra Civil Espanhola de 1936.

O silêncio, já profundo, aprofundou-se ainda mais: Guernico teve a impressão de que, daquela vez, o céu estava cheio. Não era aquele barulho de carro de corrida que, em geral, identifica um avião; era uma vibração muito ampla, cada vez mais profunda, sustentada como uma nota grave. O barulho dos aviões que ele tinha ouvido até então era como que alternado, subia e descia; dessa vez, os motores eram numerosos o suficiente para que tudo se misturasse, em um avanço implacável e mecânico.

A cidade estava quase sem luzes; como os aviões de caça governistas, ou o que restava deles, poderiam encontrar os fascistas naquela escuridão? E aquela vibração profunda e grave que enchia o céu e a cidade como se enchesse a noite, irritando Guernico e percorrendo seus cabelos, tornava-se intolerável, pois as bombas não caíam.

Por fim, uma explosão abafada veio da terra, como uma mina distante e, de repente, três explosões de extrema violência. Outra explosão surda; mais nada. Mais uma: acima de Guernico e todas ao mesmo tempo, as janelas de um grande apartamento se abriram.

Ele não acendeu sua lanterna elétrica; os milicianos estavam sempre prontos a acreditar em sinais luminosos. Sempre o barulho dos motores, mas nada de bombas. Naquela escuridão completa, a cidade não via os fascistas, e os fascistas mal viam a cidade.

Guernico tentou correr. As pedras acumuladas o faziam tropeçar sem parar, e a escuridão muito densa tornava impossível seguir a calçada. Um carro passou em velocidade, os faróis azulados. Cinco novas explosões, alguns tiros de fuzil, uma vaga rajada de metralhadora. As explosões pareciam vir da terra, e os estrondos, de uma dezena de metros acima dela. Nenhum raio de luz: janelas se abriam, empurradas de dentro. Numa explosão mais próxima, vidros se espatifaram, caíram de muito alto no asfalto. Com o barulho, Guernico se deu conta de que só enxergava até o primeiro andar. Como um eco do vidro quebrado, um som de sirene tornou-se perceptível, aproximou-se, passou diante dele, perdeu-se no negror: a primeira de suas ambulâncias. Chegou finalmente à Central Sanitária; a rua se encheu de gente na escuridão.

Médicos, enfermeiras, organizadores, cirurgiões se juntavam, ao mesmo tempo que ele, a seus colegas de serviço. Finalmente havia ambulâncias. Um médico era o responsável pela parte sanitária do trabalho, Guernico, pela organização do socorro. [...]

MALRAUX, André. Sangue de esquerda. *A esperança*.
Tradução de Eliana Aguiar.
Rio de Janeiro: Record, 2000. p. 317-318.

A Guerra Civil Espanhola

▲ Guernica bombardeada, maio de 1937.

Pouco tempo depois da eleição de um governo republicano, em 1936, a Espanha enfrentou uma guerra civil. As forças de direita (nacionalistas, religiosos e monarquistas), apoiadas pelos governos da Alemanha e da Itália, lutavam para derrubar o governo republicano, considerado de esquerda e apoiado pela polícia, pelos carabineiros e pelas milícias operárias. Como aliados dos republicanos, apareciam ainda a União Soviética, a Grã-Bretanha, o México, a França e as Brigadas Internacionais, formadas por 35 mil voluntários de 50 países.

a) Qual é o acontecimento central da cena?

b) No início, parece que Guernico está fugindo dos aviões, mas a sua intenção é outra. Para onde ele corre e por quê?

8. Quais são as referências feitas no texto que podem ajudar o leitor a identificar que o episódio narrado ocorreu no século XX?

9. Releia.

"[...] dessa vez, os motores eram numerosos o suficiente para que tudo se misturasse, em um avanço *implacável* e *mecânico*."

▶ Os dois adjetivos destacados levam o leitor a refletir sobre a violência da guerra? Por quê?

10. A descrição do ataque noturno explora diferentes elementos sensoriais.

a) Destaque alguns desses elementos.

b) De que modo o uso desses elementos contribui para transmitir ao leitor as sensações que tomam conta de Guernico?

De olho na *arte*

Um manifesto contra a guerra

▲ PICASSO, P. *Guernica*. 1937. Óleo sobre tela, 349,3 × 776 cm. Peça do Acervo do Museu Rainha Sofia, em Madri.

No dia 26 de abril de 1937, a população da pacata Guernica, uma cidadezinha no norte da Espanha, foi surpreendida pelo ataque de aviões alemães, que apoiavam as forças de direita que queriam tomar o poder. Durante três dias, a cidade não parou de queimar e, ao final, os números revelam o tamanho da tragédia: dos 7.000 moradores, cerca de 1.600 estavam mortos e mais de 800 feridos.

A destruição da cidade inspirou Picasso a criar sua tela mais famosa. *Guernica* permanece até hoje como um dos manifestos mais contundentes contra os horrores da Guerra Civil Espanhola. O quadro ilustra magistralmente a visão que Picasso tinha da pintura como "uma arma de ataque e defesa contra o inimigo".

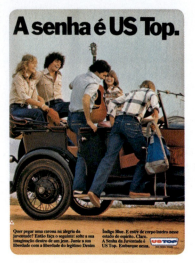

▲ Outras linguagens também registram valores e temas de uma época, como é o caso da propaganda. Neste anúncio do *jeans* US Top, o corte dos cabelos, as roupas e o violão como símbolo de alegria retratam o gosto dos jovens da metade dos anos 1970.

Estilo de época

Os artistas revelam em suas obras um olhar marcado pelo contexto em que viveram. As representações mostram uma concepção de mundo caracterizada por valores e julgamentos que se manifestam na abordagem dos temas escolhidos.

Assim, a representação do avião atingido e do piloto, no quadro de Lichtenstein, permite ao observador fazer algumas hipóteses sobre a visão que o artista tinha da guerra, das armas e de seu poder de destruição. A miniatura retrata uma batalha em que cavaleiros esperam o momento de entrar em ação. O texto de Malraux revela o impacto da guerra nos seres humanos. Embora tenham um tema em comum – a guerra –, cada uma das três obras o trata de modo bem distinto.

Na tela de Lichtenstein, as cores utilizadas, a onomatopeia e o tipo de letra caracterizam um uso específico da linguagem que definiu a arte *pop*.

A intenção de garantir um registro de natureza mais histórica fica evidente na miniatura medieval. Seu autor se preocupa em caracterizar, por meio dos detalhes da roupa e das bandeiras, a filiação dos exércitos. A paisagem, ao fundo, funciona quase como um cenário para conter a cena principal: o momento em que os cavaleiros entrarão na batalha.

No trecho de *A esperança*, a linguagem direta, marcada pela referência aos elementos sensoriais, revela um estilo que caracterizou a literatura do pós-guerra, quando os textos apresentavam um uso mais objetivo da linguagem.

O reconhecimento dessas características ajuda a identificar os elementos do contexto de produção dessas obras e o estilo adotado pelos artistas.

> **Tome nota**
>
> A constatação de traços comuns na produção de uma mesma época identifica um **estilo de época**. O estudo da literatura depende do reconhecimento dos padrões e das semelhanças que constituem um estilo de época.
>
> O uso particular que um escritor ou poeta faz dos elementos que distinguem uma estética define o **estilo individual** de um autor, sempre marcado pelo olhar específico que dirige aos temas característicos de um período e pelo uso singular que faz dos recursos de linguagem associados a uma determinada estética literária.

Além disso, o contato com essas obras também possibilita a construção de um novo olhar para os temas abordados. E esta é uma das funções da arte: provocar a reflexão, seja ela sobre acontecimentos passados, presentes ou futuros.

> **De olho no *filme***
>
> **Um clássico de Shakespeare no cinema**
>
> O filme *Henrique V*, de Kenneth Branagh, é a adaptação de uma peça de Shakespeare e conta a história do rei da Inglaterra, que decide invadir a França para reivindicar o trono francês, ao qual tinha direito. As cenas da batalha são grandiosas e mostram como se dava o ritual da guerra naquele momento.
>
>
>
> Emma Thompson e Kenneth Branagh em cena do filme *Henrique V*, de Kenneth Branagh, Inglaterra, 1989.

TEXTO PARA ANÁLISE

Texto 1

À mesma

Neste soneto, Bocage fala sobre os prazeres vividos pelos amantes em um cenário acolhedor.

Se é doce no recente, ameno Estio
Ver toucar-se a manhã de etéreas flores,
E, lambendo-se as areias, e os verdores,
Mole e queixoso deslizar-se o rio:

Se é doce no inocente desafio
Ouvirem-se os voláteis amadores,
Seus versos modulando, e seus ardores
Dentre os aromas do pomar sombrio:

Se é doce mares, céus ver anilados
Pela quadra gentil, de Amor querida,
Que esperta os corações, floreia os prados:

Mais doce é ver-te de meus ais vencida,
Dar-me em teus brandos olhos desmaiados
Morte, morte de amor, melhor que a vida.

BOCAGE, Manuel Maria Barbosa du. *Obras de Bocage*.
Porto: Lello & Irmão Editores, 1968. p. 423.

Texto 2

Doçura de, no estio recente,

Manuel Bandeira reelabora, neste poema, o soneto de Bocage.

Doçura de, no estio recente,
Ver a manhã toucar-se de flores
E o rio
    mole
        queixoso
Deslizar, lambendo areias e verduras;

Doçura de ouvir as aves
Em desafio de amores
        cantos
        risadas
Na ramagem do pomar sombrio.

Doçura de ver mar e céus
Anilados pela quadra gentil
Que floreia as campinas
Que alegra os corações.

Doçura muito maior
De te ver
Vencida pelos meus ais
Me dar nos teus brandos olhos desmaiados
Morte, morte de amor, muito melhor do que a vida,
puxa!

Estio: verão.
Toucar-se: enfeitar-se.
Anilados: azulados.

BANDEIRA, Manuel. *Poesia completa e prosa*. Rio de Janeiro: Nova Aguilar, 1985. p. 78.
© dos textos de Manuel Bandeira, do Condomínio dos proprietários dos direitos intelectuais de Manuel Bandeira (In: *Itinerário de Pasárgada*, publicado pela Ed. Nova Fronteira) — Direitos cedidos por Solombra — Agência Literária. (solombra@solombra.org).

1. O que há de comum entre os dois poemas?

2. Em termos formais, em que eles se diferenciam?

Tradição medieval

Nas cortes europeias do século XIV, os nobres se divertiam acompanhando verdadeiros duelos poéticos entre trovadores. Eram os **desafios**, forma de poesia dialogada em que um trovador compunha uma estrofe, geralmente de quatro versos rimados, e outro tentava superá-lo com uma resposta. Hoje, a tradição dos desafios permanece viva nos **repentes** nordestinos, em que o que conta é a capacidade de improvisar, com versos ritmados e rimados. Vence essa batalha poética o repentista que conseguir "destruir" o oponente apenas com a força do discurso.

Repentistas em Olinda, PE, 2002.

3. As três primeiras estrofes do soneto de Bocage introduzem um raciocínio baseado em hipóteses. A conclusão desse raciocínio é apresentada na última estrofe do soneto.
   a) Que raciocínio é esse?
   b) Qual a conclusão a que chega o eu lírico?

4. A linguagem é um elemento fundamental da releitura que Bandeira faz do soneto de Bocage. Por quê?

5. O poema de Bandeira apresenta palavras organizadas de forma diferente. O que essa disposição sugere ao leitor?

6. Considere, agora, as diferenças identificadas.
   a) Com base nelas é possível afirmar que o segundo poema é mais moderno do que o primeiro? Explique.
   b) A interjeição *puxa!*, presente no final do poema de Bandeira, ajuda a caracterizar um olhar mais atual para o tema do amor? Por quê?

Historiografia literária

Um estilo de época pode ser associado a uma **escola literária** ou a um **movimento literário**.

O estudo e a descrição das características estéticas de diferentes escolas ou movimentos literários recebem o nome de **historiografia literária**.

Quando estudamos os estilos de época e os movimentos literários, conhecemos os temas e os recursos expressivos preferidos dos autores. À medida que vamos tendo contato com uma maior quantidade de textos, observamos que há um número limitado de temas e recursos expressivos que, de tempos em tempos, são retomados por autores de diferentes épocas.

Às vezes, o resgate de um tema é feito para questionar abordagens anteriores (um exemplo é o **índio** na literatura brasileira, idealizado pelos românticos e tratado de modo mais realista pelos autores do século XX).

Outras vezes, ele é reafirmado, como acontece com a ideia de valorização do momento presente (*carpe diem*) defendida por poetas gregos, na Antiguidade, por Camões, no século XVI, e pelos árcades, no XVIII.

Além dos temas, as formas literárias também são retomadas. Quando assistimos, hoje, a uma novela de televisão, vemos um folhetim do século XIX retratado de maneira mais moderna. E, a cada vez que uma forma é recuperada, ela é também transformada, porque sofre as adaptações necessárias para se tornar "atual", ou seja, para expressar as características do momento em que é produzida.

Essas retomadas e recorrências estabelecem importantes diálogos entre autores de momentos diversos, criando uma **tradição** no interior da produção literária local e universal.

Quando começarmos a tratar das estéticas literárias, vamos sempre trazer alguns exemplos de textos que, ao "conversarem" entre si, criam uma tradição e revelam as conexões entre passado e presente.

Observe, na página seguinte, as características básicas das escolas literárias tradicionalmente estudadas e os escritores que nelas se destacaram.

Além dessas escolas, a produção literária contemporânea tem sido associada a um novo estilo de época: o **Pós-modernismo**. Entre as suas características, a principal seria a ausência de uma estética unificadora da produção artística.

Estética	Trovadorismo	Classicismo	Barroco	Neoclassicismo	Romantismo	Realismo/Naturalismo	Simbolismo	Modernismo	Pós-modernismo
Início	Século XII	Século XVI	Meados do século XVI	Século XVIII	Século XIX	Meados do século XIX	Fim do século XIX	Século XX	Século XX
Características	Teocentrismo, arte gótica, ambiente palaciano, produção oral (para ser acompanhada de instrumentos musicais), cantigas trovadorescas, novelas de cavalaria e hagiografias (biografias de santos).	Antropocentrismo, arte renascentista, recuperação de modelos da Antiguidade, separação entre literatura e música, clareza, harmonia e equilíbrio.	Retomada dos valores cristãos, tensão, angústia, instabilidade, arte das formas, rebuscamento, cultismo (jogos de palavras, de construções e imagens), conceptismo (valorização dos conceitos, ideias e argumentos).	Iluminismo, retomada de uma postura racional, equilíbrio entre razão e sentimento, arte como imitação da Natureza, recuperação dos modelos clássicos, simplicidade de formal.	Arte romântica, predomínio da emoção e do subjetivismo, nacionalismo, evocação da Idade Média, gosto pelo exótico, idealização amorosa, fascínio pela morte.	Arte realista, predomínio da razão, objetividade, cientificismo, denúncia dos vícios e corrupções sociais, determinismo, análise minuciosa.	Arte simbolista e impressionista, predomínio da subjetividade, fascínio pela morte e pelo sonho, valorização das sensações, vaguidão.	Arte moderna, retomada das questões sociais, visão crítica da realidade, originalidade, humor, ruptura com o passado, liberdade formal e expressiva.	Arte *pop*, Guerra Fria, crise de valores ideológicos e estéticos, multiculturalidade, intertextualidade, experimentações com a linguagem, denúncia social, paródia, humor
Alguns autores	Arnault Daniel, Raimbaut d'Aurenga, Bernart de Ventadorn, Chrétien de Troyes	Petrarca, Miguel de Cervantes, William Shakespeare, Luís de Camões	John Donne, John Milton, Luís de Góngora, Lope de Vega, Quevedo, Pe. Antônio Vieira	Jean Racine, Voltaire, Molière, Jonathan Swift	Jean-Jacques Rousseau, Goethe, William Blake, Emily Dickinson, Charles Dickens, Alexandre Dumas, Victor Hugo, Honoré de Balzac, José de Alencar, Castro Alves	Gustave Flaubert, Fiódor Dostoiévsky, Leon Tolstoi, Émile Zola, Machado de Assis	Charles Baudelaire, Arthur Rimbaud, Paul Verlaine, Stéphane Mallarmé	Marcel Proust, Rainer Maria Rilke, Franz Kafka, Fernando Pessoa, Pablo Neruda, Ernest Hemingway	Virginia Woolf, James Joyce, João Guimarães Rosa, Clarice Lispector, Gabriel García Márquez, Italo Calvino, José Saramago, Jorge Luis Borges, Ferreira Gullar
Obras representativas	CIMABUE, G. *Madona no trono.* c. 1260-80. Têmpera sobre painel, 385 × 223 cm.	DA VINCI, L. *Virgem das Rochas.* 1503-06. Óleo sobre tábua, 189 × 120 cm.	CARAVAGGIO, M. *Enterro de Cristo.* 1602-66. Óleo sobre tela, 300 × 203 cm.	VERMEER, J. *Moça com brinco de pérola.* 1665-66. Óleo sobre tela, 53 × 61 cm.	FRIEDRICH, C. *Andarilho sobre um mar de névoa.* 1818. Óleo sobre tela, 94,8 × 74,8 cm.	MILLET, J. *A caminho do trabalho.* 1851. Óleo sobre tela, 55,9 × 45,7 cm.	DEGAS, E. *Bailarina em cena.* 1878. Pastel sobre tela, 58 × 42 cm.	KLEE, P. *Bairro florentino.* 1926, 45,72 × 63,5 cm.	BASQUIAT, J. *Sem título.* 1981. Acrílico e técnica mista sobre tela, 28 × 40 cm.

◂ Apesar de o quadro acima ser bastante resumido, observa-se que podemos dividir as estéticas de acordo com o momento histórico em que se manifestam. O Trovadorismo manifesta-se na Idade Média; Classicismo, Barroco e Neoclassicismo ocorrem durante a Idade Moderna; e Romantismo, Realismo, Simbolismo, Modernismo e Pós-modernismo, na Idade Contemporânea.

Capítulo 5 · Literatura é expressão de uma época

Um mesmo tema: diferentes olhares, diferentes linguagens

Uma forma de estudar a literatura através dos tempos é acompanhar como um mesmo tema foi trabalhado em momentos diversos.

Alguns dos temas mais abordados pela literatura são o amor, a natureza, a mulher, a morte, a pátria e o fazer literário.

Veremos, agora, como dois escritores que viveram em sociedades e épocas muito diferentes trataram o tema do amor.

18 de agosto

Por que aquilo que representa a felicidade do homem acaba se transformando, um dia, na fonte de sua desdita? Por que tem de ser assim?

O sentimento intenso, cálido pela natureza palpitante, que me inundava de felicidade, transformando em paraíso o mundo ao meu redor, tornou-se agora para mim um suplício insuportável, um tormento que me persegue por toda parte. Outrora, quando, do alto do rochedo, para além do riacho, via o vale fértil estendendo-se até as colinas, e tudo germinava e frondejava em torno de mim; [...] quando, aos zunidos e movimentos ao redor, meus olhos se voltavam para o chão, e o musgo que extrai seu alimento da rocha dura, os arbustos que crescem na encosta da colina arenosa, tudo isso me revelava a vida interior, ardente e sagrada da natureza: com quanta ternura abrigava todo este universo no meu coração amoroso! Tomado pela emoção transbordante, sentia-me como um deus, e as imagens maravilhosas deste mundo infinito invadiam e vivificavam a minha alma. [...]

Meu irmão, a lembrança daquelas horas me faz bem. Até mesmo o esforço de evocar aqueles sentimentos indizíveis e expressá-los traz alento à minha alma, mas faz com que, em seguida, sinta duplamente a angústia do estado em que me encontro agora.

É como se um véu se tivesse rasgado diante da minha alma, e o palco da vida infinita transforma-se, para mim, no abismo de um túmulo eternamente aberto. [...] E assim sigo meu caminho inseguro, amedrontado. Em torno de mim, o céu, a terra e suas forças ativas: nada vejo além de um monstro eternamente devorador, um ruminante eterno.

GOETHE, Johann Wolfgang von. *Os sofrimentos do jovem Werther*. Tradução de Marion Fleischer. 2. ed. São Paulo: Martins Fontes, 1998. p. 64-66. (Fragmento).

[**Desdita:** infortúnio, desgraça.
Frondejava: cobria-se de folhas.
Vivificavam: reviviam.]

Nesse texto, o amor aparece como uma paixão que consome o indivíduo e se transforma em força vital, necessária à sua sobrevivência. A separação da mulher amada, segundo essa concepção de amor, será insuportável.

A linguagem utilizada ajuda os leitores a perceberem a força do sentimento. Os adjetivos, os advérbios e as generalizações criam a imagem da natureza exuberante vista pelos olhos apaixonados de Werther.

Na carta, Werther caracteriza a angústia desencadeada pela impossibilidade de concretizar seu amor. A natureza, antes fonte de inspiração para o jovem apaixonado, agora perdeu o encanto: o que era belo torna-se monstruoso. A diferença entre esses dois momentos está na ilusão de que poderia conquistar o amor de Carlota e a certeza de que ela irá mesmo casar-se com Alberto, como já estava determinado.

O amor romântico é um sentimento vital, libertador. Sua presença alegra o apaixonado; sua ausência torna a sobrevivência um tormento que só é aliviado pela morte: desesperado com o casamento de Carlota e Alberto, Werther se suicida.

Em uma sociedade marcada pela convenção e moderação de comportamentos, que idolatrava a racionalidade, o livro *Os sofrimentos do jovem Werther* provocou uma verdadeira revolução.

O público leitor se reconheceu no romance, porque naquele momento predominava a visão de que os sentimentos eram forças verdadeiras e libertadoras.

O sucesso de um herói atormentado

Em *Os sofrimentos do jovem Werther*, Goethe conta a história do jovem Werther, que, ao mudar-se para um vilarejo alemão, apaixona-se perdidamente por Carlota, moça já prometida em casamento a Alberto. As cartas escritas por Werther a seu amigo Wilhelm contam a história de um amor arrebatado que se transformará no paradigma do amor romântico.

Ao longo da história, muitos foram os escritores que, como Goethe, desenvolveram o tema do amor e, ao fazê-lo, trataram do sofrimento provocado pela separação dos amantes. Os versos de Pablo Neruda, apresentados a seguir, abordam de modo diferente a mesma situação.

> Posso escrever os versos mais tristes esta noite.
> Escrever, por exemplo: "A noite está estrelada
> e tiritam, azuis, os astros, ao longe".
> [...]
>
> Posso escrever os versos mais tristes esta noite.
> Eu a amei, e às vezes ela também me amou.
>
> Em noites como esta eu a tive entre os meus braços.
> Beijei-a tantas vezes sob o céu infinito.
> [...]
>
> Posso escrever os versos mais tristes esta noite.
> Pensar que não a tenho. Sentir que a perdi.
>
> Ouvir a noite imensa, mais imensa sem ela.
> E o verso cai na alma como no pasto o orvalho.
> [...]
>
> A mesma noite que faz branquear as mesmas árvores.
> Nós, os de então, já não somos os mesmos.
> [...]
>
> Já não a amo, é verdade, mas talvez a ame.
> É tão curto o amor, e é tão longo o esquecimento.
>
> Porque em noites como esta eu a tive entre os meus braços,
> a minha alma não se contenta com tê-la perdido.
>
> Ainda que esta seja a última dor que ela me causa,
> e estes sejam os últimos versos que lhe escrevo.

NERUDA, Pablo. *Antologia poética*. Tradução de Eliane Zagury. 19. ed. Rio de Janeiro: José Olympio, 2004. p. 57-59. (Fragmento).

Nesse poema, o eu lírico fala sobre seus sentimentos após a separação da mulher amada. Procura analisar os diferentes estágios por que passou esse amor ("Eu a amei, e às vezes ela também me amou", "Já não a amo, é verdade, mas talvez a ame").

O uso da linguagem é diferente nos dois textos. O eu lírico do poema faz referência aos versos "mais tristes" que escreverá, mas esse sentimento não contamina as palavras utilizadas no texto. De modo geral, os adjetivos utilizados identificam características próprias dos elementos da natureza que aparecem nos versos. A noite é "estrelada", os astros "azuis" tiritam ao longe, o céu é "infinito".

Esse uso mais controlado dos adjetivos traduz para os leitores uma impressão geral de tristeza do eu lírico, mas em nenhum momento se identifica o seu sentimento como desesperado, arrebatador. O tom geral do texto é de aceitação de um fato: o amor acabou.

Em *Os sofrimentos do jovem Werther*, o leitor toma contato com as ideias correntes na Europa do século XVIII e de parte do XIX. Como homem do século XX, Neruda não tem mais a necessidade de tratar os sentimentos como uma força libertadora do indivíduo.

O estudo dos textos literários – e das obras de arte em geral – não apenas revela diferentes concepções de mundo, mas também permite indagar como elas foram construídas, o que sugerem sobre pessoas que viveram em outras sociedades, em outras épocas. Sua leitura nos transforma, porque, ao olhar para o passado, modificamos o modo como vemos o presente e como construímos o futuro.

De olho no *filme*

Cinco séculos de história pelos olhos de um imortal

Connor MacLeod é um guerreiro escocês que vive nas terras altas (Highlands), no século XV. Ele descobre, em meio a um combate com guerreiros de um clã rival, que não pode morrer. Assim começa uma aventura que atravessa os séculos, sempre marcada pelo duelo entre os imortais até sobrar apenas um. Enquanto assistimos à eterna luta entre o bem e o mal, vemos também as transformações pelas quais passa a sociedade entre os séculos XV e XX.

▲ *Highlander, o guerreiro imortal*, de Russel Mulcahy. EUA, 1986.

Pablo Neruda (1904-1973) é um dos autores contemporâneos mais admirados no cenário mundial. Prêmio Nobel de Literatura em 1971, o poeta chileno reúne, em sua obra, a poesia engajada nas causas da liberdade e alguns dos mais belos poemas líricos, que encantam inúmeros leitores pela sensibilidade incomparável.

▲ Pablo Neruda, out. 1971.

TEXTO PARA ANÁLISE

> O texto a seguir refere-se às questões de 1 a 3.

Texto 1

A um poeta

O fazer poético é o tema deste soneto de Olavo Bilac.

Longe do estéril turbilhão da rua,
Beneditino, escreve! No aconchego
Do claustro, na paciência e no sossego,
Trabalha, e teima, e lima, e sofre, e sua!

Mas que na forma se disfarce o emprego
Do esforço; e a trama viva se construa
De tal modo, que a imagem fique nua,
Rica mas sóbria, como um templo grego.

Não se mostre na fábrica o suplício
Do mestre. E natural, o efeito agrade,
Sem lembrar os andaimes do edifício:

Porque a Beleza, gêmea da Verdade,
Arte pura, inimiga do artifício,
É a força e a graça na simplicidade.

BILAC, Olavo. *Poesias*. São Paulo: Martins Fontes, 1996. p. 336. (Coleção Poetas do Brasil).

Beneditino: membro da ordem religiosa dos beneditinos. Por extensão, passou a designar alguém que se devota incansavelmente a um trabalho muito meticuloso.

Claustro: local de recolhimento, de meditação.

1. O que os versos de Bilac sugerem sobre o trabalho do poeta para produzir um texto?
   a) Esse trabalho se baseia na razão ou na emoção? Justifique.
   b) Quais são as condições necessárias, segundo o eu lírico, para que se possa escrever um bom poema?
   c) De que maneira essas condições contribuem para obter a forma perfeita no poema?

2. Na segunda estrofe, o eu lírico compara o resultado a ser alcançado pelo poeta a um templo grego.
   a) Que qualidades comuns haveria entre o poema ideal e um templo grego?
   b) Copie no caderno outros trechos do texto em que a mesma ideia é reforçada.

3. Na terceira estrofe, é utilizada a metáfora do andaime e do edifício para representar o poema. Explique como esses elementos se associam à criação de um poema.

Olavo Bilac (1865-1918) é o autor de alguns dos mais conhecidos poemas brasileiros. Foi o primeiro a ser eleito "príncipe dos poetas" em um concurso realizado pela revista *Fon-Fon*, em 1907. Em 1888, publicou *Poesias*, em que se encontram os seus poemas mais famosos. Entre eles, destaca-se "Profissão de fé", no qual o autor apresentou o seu "credo estético", caracterizado pelo culto do estilo, pela pureza da forma e da linguagem como resultado do trabalho poético.

> O texto a seguir refere-se às questões de 4 a 6.

Texto 2

Poesia

Drummond tematiza, no poema, a dificuldade de transformar em verso a poesia do momento.

Gastei uma hora pensando um verso
que a pena não quer escrever.
No entanto ele está cá dentro
inquieto, vivo.
Ele está cá dentro
e não quer sair.
Mas a poesia deste momento
inunda minha vida inteira.

ANDRADE, Carlos Drummond de. *Obra completa*. São Paulo: Aguilar, 1964. p. 65. Carlos Drummond de Andrade © Graña Drummond (www.carlosdrummond.com.br).

▲ Caricatura de Olavo Bilac por Loredano para o livro *Alfabeto literário*, Rio de Janeiro: Capivara, 2002.

4. O poema de Drummond também aborda o *fazer poético*. Como ele é caracterizado no texto?

   a) Nesse poema, o fazer poético pode ser entendido como uma ação racional? Explique.

   b) O eu lírico afirma que "a poesia *deste momento* inunda minha vida inteira". O que sugere a expressão destacada?

5. Releia e compare: a visão do fazer poético expressa no poema de Bilac é semelhante à do poema de Drummond? Por quê?

6. Os poemas foram produzidos em épocas distintas. Que elementos, na forma e no tratamento dado ao tema, permitem associar os dois poemas a diferentes estilos de época? Justifique.

Material complementar Moderna PLUS http://www.modernaplus.com.br
Exercícios adicionais.

Jogo de ideias

Neste capítulo, você viu como é possível identificar, em cada época, um conjunto de características e aspectos que marcam o estilo das criações artísticas. A seleção de temas, o modo como são tratados, a linguagem utilizada, os recursos expressivos, tudo isso contribui para definir o estilo de uma época. As marcas desse estilo podem ser encontradas na literatura, na pintura, na escultura, na dança e também na música.

Para refletir sobre isso, propomos que você e seus colegas, em equipe, tragam para a sala de aula algumas músicas brasileiras que possam representar um dos seguintes momentos: década de 1920, de 1960, de 1970, de 1990 e do ano 2000 aos dias de hoje. Em seguida, cada equipe selecionará uma ou duas músicas do período pesquisado, discutindo quais são os aspectos mais importantes do estilo daquele momento.

Feita a seleção, a equipe deverá discutir as seguintes questões:

▶ De que fala cada uma das músicas selecionadas? Como cada uma trata o tema?

▶ A linguagem utilizada nas músicas das décadas trabalhadas é diferente? Em quê?

▶ As músicas dessas décadas também identificam de que forma o público influencia na produção musical? Por quê?

▶ A mudança nos veículos de circulação das músicas (rádio, disco, CD, mp3) também interfere em sua produção e circulação? Como?

Ao fim da discussão, sua equipe deverá organizar uma apresentação das músicas selecionadas para os demais colegas e explicar como o estilo de época se manifesta em cada uma delas.

Dica

Quando você e seus colegas forem pesquisar as músicas, escolham, primeiro, um tema (por exemplo, a imagem da mulher ou a relação entre pais e filhos). Isso vai facilitar a comparação entre as músicas produzidas em diferentes épocas. Outra sugestão é fazer um levantamento das imagens que são usadas nas letras para representar o tema. É importante observar se elas refletem o olhar característico do momento em que foram criadas.

Carlos Drummond de Andrade (1902-1987), mineiro de Itabira, é considerado o mais importante poeta brasileiro do século XX. Ele tematizou a vida cotidiana e os acontecimentos do mundo em versos que focalizam o ser humano, a família, as questões sociais, a existência e a própria poesia. Muitos de seus livros foram traduzidos para o espanhol, inglês, francês, italiano, alemão, sueco, tcheco, entre outras línguas.

Carlos Drummond de Andrade, Rio de Janeiro, anos 1980.

CONEXÕES

Para navegar

> http://www.lichtensteinfoundation.org/

Site da Fundação Roy Lichtenstein (em inglês). Destaque para a reprodução de todas as obras do pintor norte-americano e para o conjunto de artigos publicados em revistas sobre sua vida e seu trabalho.

> http://www.starnews2001.com.br/literatura.html

Site sobre a vida e obra de Johann W. Goethe. Destaque para as informações sobre a novela *Os sofrimentos do jovem Werther* e sobre o movimento *Sturm und Drang* (Tempestade e Ímpeto), que está nas origens da estética romântica.

Para ler e pesquisar

Como este capítulo trata da literatura como expressão de uma época, achamos interessante sugerir uma coletânea de contos que abordam um mesmo tema ao longo de várias épocas. Assim, você terá a oportunidade de, durante a leitura, refletir um pouco mais sobre essa questão.

> *13 dos melhores contos de amor da literatura brasileira*, organização de Rosa Amanda Strausz.
> Rio de Janeiro: Ediouro, 2003.

A obra, como o título indica, traz 13 contos escritos sobre o tema do amor. Há desde autores do século XIX, como Machado de Assis e Raul Pompeia, a escritores contemporâneos, como Luis Fernando Verissimo, Lya Luft e Lygia Fagundes Telles. Destaque para o belo texto "O amor acaba", de Paulo Mendes Campos.

Para assistir

> *Orgulho e preconceito*, de Joe Wright.
> Inglaterra/França/EUA, 2005.

Essa adaptação do romance de Jane Austen revela a força da literatura como expressão dos costumes de uma época. Na Inglaterra do século XVIII, as irmãs Bennet foram educadas para o casamento, por ser esse o papel estabelecido para as mulheres na sociedade. A jovem Elizabeth Bennet, porém, tem uma natureza independente e se revolta ao ver sua irmã mais velha ser desprezada pelo vizinho rico, Sr. Bingley. O principal obstáculo à união dos amantes é o Sr. Darcy, amigo de Bingley, a quem Elizabeth jura desprezar por toda a eternidade, mas a cujo fascínio parece incapaz de resistir.

> *Kate e Leopold*, de James Mangold.
> EUA, 2001.

Stuart Besser é um pesquisador norte-americano que descobre um portal do tempo e viaja para o passado. Quando volta para o presente, é seguido por Leopold, o Duque de Albany, nobre do século XIX que tem sérias dificuldades para se adaptar à vida em Nova York no século XXI. Quando conhece Kate, Leopold apaixona-se pela bela publicitária e tem início uma divertida comédia romântica. O filme explora o confronto entre as diferentes visões que um nobre do século XIX e uma nova-iorquina do século XXI têm do amor e do papel da mulher na sociedade.

Material complementar Moderna PLUS http://www.modernaplus.com.br
Exercícios adicionais.

UNIDADE 2

Origens europeias

Foram os gregos, e depois os romanos, que lançaram as bases de toda a tradição cultural do Ocidente. Da Idade Média ao Renascimento, essa tradição gerou, na Europa, um conjunto de obras decisivo para nossa civilização. A produção artística, que se concentrava nas mãos da Igreja, sai dos mosteiros, ganha as cortes e as ruas. As cantigas, o teatro, a poesia renovam suas formas e se multiplicam nas páginas geradas pela invenção de Gutenberg.

Toda essa produção continuará inspirando o futuro das artes. Saiba, nesta unidade, como isso aconteceu.

Capítulo 6 Literatura na Idade Média, *86*

Capítulo 7 Humanismo, *108*

Capítulo 8 Classicismo, *126*

Michelangelo. *Davi*. 1501-1504. Mármore, 5,17 m.

UMA VIAGEM NO TEMPO

Primeiras leituras

O contato com a produção artística nos abre uma janela para o passado e permite conhecer um pouco como eram as pessoas que viveram em diferentes momentos. Os textos e as imagens desta seção foram selecionados para que você possa conversar com seus colegas sobre os autores que os produziram. Quem eram essas pessoas? Como viam o mundo em que viviam? Tinham interesses e preocupações semelhantes aos nossos? Essas são somente algumas das questões que podem inspirar a conversa de vocês.

Canção

O tempo vai e vem e vira
Por dias, por meses, por anos,
Mas o desejo que me tira
A vida e dá só desenganos
É sempre o mesmo, eu nunca mudo:
Só quero a ela, mais que tudo,
A ela que só me dá tormento.

[...]

A ninguém mais posso culpar
Senão a mim e a minha mente —
Só servir e nada ganhar
É coisa própria de um demente,
E se ela a mim não me castiga
A loucura faz que eu prossiga:
Loucos não têm discernimento.

[...]

A alegria é só aparência,
Por dentro estou estraçalhado.
Onde se viu dar penitência
A alguém, antes de ter pecado?
Mais eu peço, mais ela é dura:
Ah, se ela não tiver brandura
Eu vou morrer, já não aguento.

[...]

Não a abandono — é a minha vida —
Enquanto esteja salvo e são.
Mesmo depois de revestida
A espiga ao vento ainda é canção.
Por mais que seja desalmada
Jamais direi que ela é culpada,
Só lhe peço um pouco de alento.

Ah, doce dama tão querida,
Corpo benfeito, fino pão,
Ah, cara face colorida,
Que Deus formou de sua mão,
Todo esse tempo desejada,
Nenhuma outra mais me agrada,
De outro amor não me alimento.

Formosa dama bem dotada,
Quem vos formou tão bem formada
Há de aplacar meu sofrimento.

VENTADORN, Bernart de. *Verso reverso controverso*. Tradução de Augusto de Campos. São Paulo: Perspectiva, 1978. p. 89-93. (Fragmento).

Trovador tocando um alaúde, xilogravura do início do século XIII.

Iluminura em pergaminho representando Deus como o arquiteto do universo (1252-1270). Essa miniatura faz parte da Bíblia em três volumes que São Luís, rei da França, deu a Fernando III de Leão e Castela.

Cantiga de amor

A dona que eu sirvo e que muito adoro
mostrai-ma, ai Deus! pois que vos imploro,
   se não, dai-me a morte.

Essa que é a luz destes olhos meus
por quem sempre choram, mostrai-ma, ai Deus!
   se não, dai-me a morte.

Essa que entre todas fizestes formosa,
mostrai-ma, ai Deus! onde vê-la eu possa,
   se não, dai-me a morte.

A que me fizestes mais que tudo amar,
mostrai-ma onde possa com ela falar,
   se não, dai-me a morte.

BONAVAL, Bernardo de.
In: CORREIA, Natália (Sel., intr. e notas).
Cantares dos trovadores galego-portugueses.
2. ed. Lisboa: Editorial Estampa, 1978. p. 85.

▲ Dama coloca o capacete em Schenk von Limburg (c. 1250), poeta de família nobre alemã. Iluminura em pergaminho, c. 1310-1340.

Cantiga de amor de refrão

Já nem prazer já nem pesar me acodem,
que nunca mais, senhora, algum senti
depois que dos meus olhos vos perdi.
E sem prazer ou sem pesar não podem,
senhora, meus sentidos estremar
o bem do mal, o prazer do pesar.

Por nada mais prazer posso sentir,
ou pesar, se de vós me separei.
E se não mais no mundo os sentirei,
não vejo como possam conseguir,
senhora, meus sentidos estremar
o bem do mal, o prazer do pesar.

Se de vós me afastei e desde então
perdi quer o pesar quer o prazer
que me destes outrora a conhecer;
se ambos perdi, como é que poderão,
senhora, meus sentidos estremar
o bem do mal, o prazer do pesar.

DINIS, D. In: CORREIA, Natália (Sel., intr. e notas).
Cantares dos trovadores galego-portugueses.
2. ed. Lisboa: Editorial Estampa, 1978. p. 245.

▲ Frontispício do livro *A consolação da filosofia*, de Boécio, escrito por volta do ano 524.

Capítulo 6

Literatura na Idade Média

OBJETIVOS

Ao final do estudo deste capítulo, você deverá ser capaz de:

1. Compreender a relação entre a Igreja e a produção e circulação de bens culturais na Idade Média.

2. Reconhecer e justificar as relações entre o **projeto literário do Trovadorismo** e o perfil do público, as condições de produção e de circulação dos textos na Europa medieval.

3. Explicar de que modo a literatura trovadoresca reflete as **relações de vassalagem**.

4. Identificar temas e estruturas associados às diferentes **cantigas líricas** (de amor e de amigo) e **satíricas** (de escárnio e de maldizer).

5. Explicar o que são **novelas de cavalaria** e identificar temas e personagens associados aos ciclos clássico, arturiano e carolíngio.

6. Analisar de que modo textos literários produzidos em diferentes momentos promovem a releitura de temas medievais.

Miniatura representando o jardim do amor, do manuscrito do *Romance da rosa*, de Guillaume de Lorris e Jean de Meun, 1490-1500.

Reis, castelos, nobres cavaleiros lutando em torneios para merecer a atenção de formosas damas são alguns dos elementos que compõem uma certa representação da Idade Média. Essa imagem foi, em parte, construída com base nos textos dos trovadores e das novelas de cavalaria. Eles divulgaram os ideais de um comportamento cortês que se tornou um modelo até hoje explorado pela literatura ocidental. Conheça um pouco da produção dessa época neste capítulo.

Leitura da imagem

1. A imagem de abertura foi retirada do manuscrito do *Romance da rosa*, poema francês medieval. Descreva o cenário e as roupas das pessoas retratadas.
   - Com base nesses elementos, a qual segmento da sociedade você imagina que essas pessoas pertenciam? Justifique sua resposta.

2. Ao fundo, alguém toca o que parece ser um alaúde, instrumento tipicamente medieval. Outras pessoas têm textos nas mãos. Com base nesses elementos, indique o que elas parecem estar fazendo.
   - A situação retratada parece compatível com o segmento da sociedade que você identificou? Por quê?

Da imagem para o texto

O texto a seguir, uma cantiga medieval, poderia estar sendo lido pelas pessoas na imagem que você viu.

Se eu não a tenho, ela me tem

Se eu não a tenho, ela me tem
o tempo todo preso, Amor,
e tolo e sábio, alegre e triste,
eu sofro e não dou troco.
É indefeso quem ama.
Amor comanda
à escravidão mais branda
e assim me rendo,
sofrendo,
à dura lida
que me é deferida.
[...]

É tal a luz que dela vem
que até me aqueço nessa dor
sem outro sol que me conquiste,
mas no sol ou no fogo
não digo quem me inflama.
O olhar me abranda,
só os olhos têm vianda,
e a ela vendo
vou tendo
mais distendida
minha sobrevida.
[...]

Eu sei cantar como ninguém
mas meu saber perde o sabor
se ela me nega o que me assiste.
Vejo-a só, não a toco,
mas sempre que me chama
para ela anda
meu corpo, sem demanda,
e sempre atendo,
sabendo
que ela me olvida
a paga merecida.
[...]

DANIEL, Arnaut. In: CAMPOS, Augusto de. *Invenção*. São Paulo: Arx, 2003. p. 90-93. (Fragmento).

Os rituais do amor

O *Romance da rosa*, de Guillaume de Lorris e Jean de Meun, é um poema francês medieval no qual um jovem sonha que está no Jardim das Delícias (representação do ambiente da corte) e, após encontrar o deus do Amor, apaixona-se por um botão de rosa (símbolo do amor perfeito). Foi um verdadeiro *best-seller* na Europa de fins da Idade Média, quando se transformou em uma espécie de "enciclopédia" sobre o amor.

▲ Detalhe da miniatura do manuscrito do *Romance da rosa*. A imagem retrata um suplicante no portão do jardim do amor.

Deferida: concedida.
Vianda: alimento.
"O que me assiste": aquilo a que tenho direito.
Olvidar: esquecer.

Um dos mais importantes trovadores provençais do século XII, **Arnaut Daniel** foi um grande artista da palavra, explorando a sonoridade, os metros e as rimas em um estilo que ficou conhecido como *trobar ric*, caracterizado pela grande riqueza e complexidade formal dos versos. A esse estilo se opunha o *trobar clus*, que privilegiava o conteúdo das cantigas. Podemos identificar, nessa oposição, a origem das vertentes *cultista* e *conceptista* que, alguns séculos mais tarde, marcarão a produção literária do Barroco.

▲ Miniatura do manuscrito das *Cantigas de Santa Maria*, de Alfonso X, século XII. Observe os instrumentos musicais com que os trovadores compunham e tocavam suas cantigas.

3. O primeiro verso resume a relação existente entre o eu lírico e a dama sobre a qual ele fala. Que relação é essa?

▶ Com base no texto, como você caracterizaria o eu lírico? E a dama?

4. O termo destacado no trecho a seguir assume dois sentidos diferentes. Quais são eles? Explique.

> "É tal a luz que dela vem
> que até me aqueço nessa dor
> sem outro *sol* que me conquiste,
> mas no *sol* ou no fogo
> não digo quem me inflama."

▶ Um trovador, denominação de quem compunha cantigas, não poderia nunca revelar o nome da dama a quem dedicava suas canções. Transcreva no caderno os versos do trecho acima que mostram que isso foi cumprido.

5. Quais as três metáforas presentes na segunda estrofe?

▶ Como essas metáforas ajudam a caracterizar a posição de submissão do eu lírico em relação à dama?

6. Na terceira estrofe, o eu lírico afirma sua superioridade. Transcreva no caderno o verso em que isso ocorre.

a) Sua condição superior é tratada como algo positivo ou negativo? Por quê?

b) Em dois momentos, nessa estrofe, o eu lírico fala do papel que a mulher deve exercer no jogo do amor. Transcreva-os no caderno e explique em que consiste esse papel.

Idade Média: entre o mosteiro e a corte

A Idade Média é um período que tem início com a conquista de Roma, capital do Império Romano do Ocidente, pelos comandantes germânicos no ano de 476 (século V), e termina com a queda de Constantinopla, capital do Império Romano do Oriente, tomada pelos turcos em 1453.

Uma das heranças do período de dominação romana na Europa durante a Idade Média foi o cristianismo. Aos poucos, a Igreja Católica cresceu, acumulou vastas extensões de terra, enriqueceu e concentrou um grande poder religioso e secular. Essa herança conviveu com mudanças na ordem social que tiveram expressão significativa na literatura do período.

O poder da Igreja

No período conhecido como Alta Idade Média (séculos XII e XIII), o poder da Igreja medieval era tão grande que o papa Inocêncio III (1198-1216) afirmou:

Os príncipes têm poder na terra, os sacerdotes, sobre a alma. E assim como a alma é muito mais valiosa do que o corpo, assim também mais valioso é o clero do que a monarquia [...]. Nenhum rei pode reinar com acerto a menos que sirva devotamente ao vigário de Cristo.

PERRY, Marvin. *Civilização ocidental*: uma história concisa. São Paulo: Martins Fontes, 1985. p. 218. (Fragmento).

Poder secular

A palavra "secular" vem do latim *saecularis* (relativo a mundo, mundano). Nesse sentido, faz referência a tudo aquilo que é profano, que se distancia do espírito e, portanto, não está subordinado à religião. Na Idade Média, a expressão **poder secular** designava a autoridade que príncipes, reis e imperadores recebiam do papa para fazer cumprir, no mundo profano, a vontade de Deus.

O clero estimulava as pessoas a acreditar que eram imperfeitas e inferiores e a buscar a redenção na total submissão à Igreja, que representava, no mundo, a vontade de Deus. Essa postura servil perante Deus e a Igreja é denominada **teocêntrica**.

> **Tome nota**
>
> A palavra **teocentrismo** (derivado do termo grego *théos*: deus ou divindade) se refere a uma visão de mundo cristã, que afirma a perfeição e a superioridade de Deus, centro de todas as coisas, e vê o ser humano como imperfeito e pecador.

• Religião e cultura

Uma importante manifestação do poder da Igreja medieval era seu controle quase absoluto da produção cultural. Em uma época em que apenas 2% da população europeia era alfabetizada, a escrita e a leitura estavam praticamente restritas aos mosteiros e abadias. Os religiosos reproduziam ou traduziam textos sagrados do cristianismo e obras de grandes filósofos da Antiguidade, como Platão e Aristóteles, que não representassem uma ameaça ao poder da Igreja.

Como a circulação dos textos dependia da sua reprodução manuscrita, quase sempre feita sob encomenda, a divulgação da cultura tornava-se ainda mais difícil, porque o número de cópias em circulação era bem pequeno.

O uso do latim como língua literária, outra herança do longo período de dominação romana na Europa, também contribuía para dificultar o acesso aos textos. Poemas e canções eram compostos em latim por monges eruditos que vagavam de feudo em feudo e, desse modo, divulgavam suas composições. A maior parte dessa produção abordava temas religiosos.

Uma nova organização social

A morte do imperador Carlos Magno, em 814, desencadeou o enfraquecimento do poder central e obrigou a sociedade medieval a se reorganizar em torno dos grandes proprietários de terra, os **senhores feudais**.

Uma pequena corte passou a se reunir em torno do senhor feudal. Dela faziam parte membros empobrecidos da nobreza, cavaleiros, camponeses livres e servos. Estavam unidos por uma relação de dependência pessoal: a **vassalagem**.

As relações entre nobres, cavaleiros e senhores feudais eram regidas por um código de cavalaria baseado na lealdade, na honra, na bravura, na cortesia.

O servilismo dos vassalos ao seu suserano e dos fiéis a Deus dá origem ao princípio básico da literatura medieval: a afirmação da total subserviência de um trovador à sua dama (no caso da poesia) ou de um cavaleiro à sua donzela (no caso das novelas de cavalaria). É o que veremos a seguir.

O Trovadorismo: poesia e cortesia

No século XII, o período das grandes invasões na Europa havia passado e isso permitiu o ressurgimento das cidades, o progresso econômico e o intercâmbio cultural. Os cavaleiros viram-se de uma hora para a outra sem função social. Era preciso criar para eles um novo papel.

A solução desse quadro veio com a idealização de um código de comportamento amoroso, que ficou conhecido como **amor cortês**. Quem o idealizou foi Guilherme IX, nobre e senhor de um dos mais poderosos feudos da Europa. Esse código transferia a relação de vassalagem entre cavaleiros e senhores feudais para o louvor às damas da sociedade.

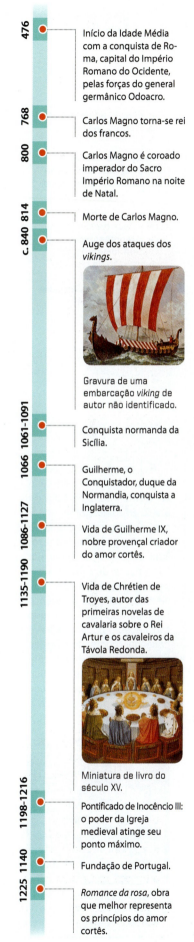

476 — Início da Idade Média com a conquista de Roma, capital do Império Romano do Ocidente, pelas forças do general germânico Odoacro.

768 — Carlos Magno torna-se rei dos francos.

800 — Carlos Magno é coroado imperador do Sacro Império Romano na noite de Natal.

814 — Morte de Carlos Magno.

c. 840 — Auge dos ataques dos *vikings*.

Gravura de uma embarcação *viking* de autor não identificado.

1061-1091 — Conquista normanda da Sicília.

1066 — Guilherme, o Conquistador, duque da Normandia, conquista a Inglaterra.

1086-1127 — Vida de Guilherme IX, nobre provençal criador do amor cortês.

1135-1190 — Vida de Chrétien de Troyes, autor das primeiras novelas de cavalaria sobre o Rei Artur e os cavaleiros da Távola Redonda.

Miniatura de livro do século XV.

1198-1216 — Pontificado de Inocêncio III: o poder da Igreja medieval atinge seu ponto máximo.

1140 — Fundação de Portugal.

1225 — *Romance da rosa*, obra que melhor representa os princípios do amor cortês.

Projeto literário do Trovadorismo

- Literatura oral para entreter os homens e as mulheres da nobreza
- Redefinição do papel dos cavaleiros nas cortes
- Criação de estruturas literárias equivalentes às da relação de vassalagem
- Sociedade: subserviência total a Deus (teocentrismo), representada literariamente pela submissão do trovador à dama (poesia) ou do cavaleiro à donzela (novelas de cavalaria)

O projeto literário do Trovadorismo

Quando consideramos o contexto de produção e de circulação das cantigas dos trovadores, o perfil do público a que se destinava e a linguagem utilizada nos textos literários, podemos identificar um dos mais importantes elementos definidores de seu projeto literário: a legitimação, por meio da literatura, de uma nova ordem que redefine as funções sociais dos cavaleiros na corte do senhor feudal.

Os agentes do discurso

Nas cortes dos senhores feudais, centros de atividade artística da Europa medieval, se exibiam os jograis: recitadores, cantores e músicos ambulantes que eram contratados pelo senhor para divertir a corte. As cantigas apresentadas pelos jograis eram compostas, quase sempre, por nobres que se denominavam **trovadores**, porque praticavam a arte de trovar.

Assim, enquanto nos mosteiros e nas abadias circulavam os textos escritos em latim, nos castelos e nas cortes circulava a literatura oral, produzida em língua local, voltada para o deleite dos homens e das mulheres da nobreza e para legitimar o novo papel social assumido pelos cavaleiros. As regras de conduta social expressas no código de cavalaria passaram a definir o fazer literário medieval. Foi assim que os princípios básicos desse código – subordinação a Deus e às damas – tornaram-se o centro dos textos literários do período.

• O Trovadorismo e o público

A lírica trovadoresca é uma poesia de sociedade. O seu forte convencionalismo pode ser mais bem entendido se nos lembrarmos da interação constante entre um trovador e seu público.

Como testemunhas do comportamento do trovador e da dama a quem ele dirigia seus galanteios, os membros da corte julgavam o comportamento social de ambos. Era função da dama reconhecer e recompensar o trovador que cumprisse todas as regras do amor cortês. Se não fizesse isso, o trovador tinha o direito de denunciá-la publicamente por meio de cantigas satíricas. Outros trovadores também podiam censurar, em suas cantigas, o comportamento inadequado de trovadores que não seguissem as regras do amor cortês.

As regras da conduta amorosa

Segundo o código do amor cortês, um trovador deveria expressar seus elogios e súplicas a uma mulher da nobreza, casada, que tivesse uma posição social reconhecida. Essa posição social era necessária para que fosse criada, nos textos literários, uma estrutura lírica equivalente à da relação de vassalagem. Por esse motivo, os termos que definiam as relações feudais foram transpostos para as cantigas, caracterizando a linguagem do Trovadorismo: a mulher era a **senhora**, o homem era o seu **servidor**; prezava-se a generosidade, a lealdade e, acima de tudo, a cortesia.

O amor e a sátira no Trovadorismo

As cantigas de amor do Trovadorismo desenvolvem um mesmo tema: o sofrimento provocado pelo amor não correspondido – a **coita de amor**. Como o princípio do amor cortês é a idealização da dama por seu trovador, os textos não manifestam a expectativa de que esse amor se concretize.

Rei dos francos, **Carlos Magno** recebeu do papa Leão III o título de imperador do Sacro Império Romano. Assim, o poder real se uniu ao poder da Igreja, o que consolidou de modo definitivo sua liderança e deu início a um período de grande desenvolvimento cultural. Enquanto foi imperador, Carlos Magno fortaleceu o poder central e conseguiu conter as invasões bárbaras que ameaçavam a sociedade europeia. Sua morte deu início a um período de instabilidade política e reorganização social.

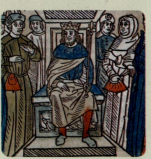

Carlos Magno e sua corte. Manuscrito francês de 1514.

As cantigas satíricas abordam uma variedade de temas, sempre expressando um olhar crítico para a conduta de nobres (homens e mulheres) nas esferas individual ou social. Assim, os trovadores podem ridicularizar um nobre que se envolve com uma serviçal ou aqueles que não percebem a traição da esposa.

A linguagem da vassalagem amorosa

Unindo poesia e música, os textos medievais eram divulgados de forma oral. Esse modo de circulação determinou algumas de suas principais características estruturais, como o emprego de metros regulares e a presença constante de rimas, por facilitarem a memorização das cantigas.

Outra característica dessa produção literária era a obediência a algumas regras no uso de termos que definiam a vassalagem amorosa. Uma série de expressões era utilizada para nomear a dama (*senhor, mia senhor, senhor fremosa*, etc.) em função da posição que ela ocupava socialmente.

Também é frequente identificarmos, nas cantigas de amor, a referência aos principais valores da sociedade cortês. Assim, o trovador fala da *mesura* (mérito, valor) de sua dama, pede que ela reconheça sua *cortezia* (ou *prez*) e lhe garanta o *galardam* (prêmio) a que tem direito por seguir as regras da vassalagem amorosa.

TEXTO PARA ANÁLISE

Canção

Nessa cantiga de amor provençal, Bernart de Ventadorn nos oferece um bom exemplo da coita de amor.

Ao ver a ave leve mover
Alegres as alas contra a luz,
Que se olvida e deixa colher
Pela doçura que a conduz,
Ah! tão grande inveja me vem
Desses que venturosos vejo!
É maravilha que o meu ser
Não se dissolva de desejo.

Ah! tanto julguei saber
De amor e menos que supus
Sei, pois amar não me faz ter
Essa a que nunca farei jus.
A mim de mim e a si também
De mim e tudo o que desejo
Tomou e só deixou querer
Maior e um coração sobejo.
[...]

Bem feminino é o proceder
Dessa que me roubou a paz.
Não quer o que deve querer
E tudo o que não deve faz.
Má sorte enfim me sobrevém,
Fiz como um louco numa ponte,
E tudo me foi suceder
Só porque quis mais horizonte.

Piedade já não pode haver
No universo para os mortais.
Se aquela que a devia ter
Não tem, quem a terá jamais?
Ah! como acreditar que alguém
De olhar tão doce e clara fronte
Deixe que eu morra sem beber
Água de amor em sua fonte?
[...]

VENTADORN, Bernart de. *Verso reverso controverso*. Tradução de Augusto de Campos. São Paulo: Perspectiva, 1978. p. 83-87. (Fragmento).

Alas: asas (forma arcaica).
Venturosos: felizes, afortunados.
Sobejo: audaz, ousado.

As regras do amor

Escrito no final do século XII por André Capelão, o *Tratado do amor cortês* codificou as regras da arte de amar. O texto teve grande circulação e contribuiu para consolidar o amor cortês na Europa. Algumas das regras podem ser identificadas nas cantigas dos trovadores.
- O amor sempre abandona o domicílio da avareza. [...];
- A conquista fácil torna o amor sem valor; a conquista difícil dá-lhe apreço. [...];
- Todo amante deve empalidecer em presença da amante. [...];
- Só a virtude torna alguém digno de ser amado. [...];
- Quem é atormentado por cuidados de amor come menos e dorme pouco.

CAPELÃO, André. *Tratado do amor cortês*. Tradução de Ivone Castilho Benedetti. São Paulo: Martins Fontes, 2000. p. 261-262. (Coleção Gandhara). (Fragmento).

Alegoria do jogo do amor cortês que mostra o amante dividido entre o amor e a cortesia. Iluminura do século XV.

1. Qual é o estado de espírito do eu lírico?
   a) Que imagem se opõe ao seu estado?
   b) De que maneira o uso dessa imagem contribui para caracterizar o sofrimento do eu lírico? Explique.

2. Na cantiga, o eu lírico caracteriza o objeto de seu amor. Que imagem de mulher é apresentada?
   ▶ Explique de que maneira essa imagem é fundamental para caracterizar o amor cortês.

3. Releia.

   "Piedade já não pode haver
   No universo para os mortais."

   a) Por que o eu lírico faz tal afirmação?
   b) De que maneira essa afirmação comprova a relação de subordinação dele em relação à dama que louva?

4. Como mostra a linha do tempo, a Europa viveu um período de muitas disputas territoriais. Discuta com seus colegas a relação entre as invasões e o aparecimento da produção literária do Trovadorismo mais de 500 anos após o início da Idade Média.

O nascimento da literatura portuguesa

Em 1140, Portugal se separou do reino de Leão e Castela para se tornar um estado independente. Essa separação política não rompeu seus profundos laços econômicos, sociais e culturais com o resto da península Ibérica. O mais forte desses laços era a língua: o galego-português.

O nascimento da literatura portuguesa coincide com o do próprio país. É nas cortes dos reis e dos magnatas portugueses, galegos e castelhanos que o lirismo galego-português germina. Os trovadores galego-portugueses desenvolvem sua lírica amorosa claramente influenciados pela literatura provençal.

Acredita-se que o primeiro texto literário galego-português seja a "Cantiga da Ribeirinha" (também conhecida como "Cantiga da Guarvaia"), que se supõe ter sido composta em 1198.

◀ Trovadores com violino e guitarra do saltério da Rainha Maria, c. 1300. Os violinos usados nessa época deram origem aos violinos atuais.

No mundo non me sei parelha,
mentre me for' como me vay,
ca ja moiro por vos – e¡ ay
mia senhor branca e vermelha,
queredes que vos retraya
quando vus eu vi em saya!
¡Mao dia me levantei,
que vus enton non vi fea!

E, mia senhor, des aquel di', ¡ay!
me foi a mi muyn mal,
e vos, filha de don Paay
Moniz, e ben vus semelha
d'aver eu por vós guarvaya,
pois eu, mia senhor, d'alfaya
nunca de vos ouve nem ei
valía dũa correa.

Não há no mundo ninguém que se compare a mim em infelicidade, enquanto a minha vida continuar assim, porque morro por vós e, ai, minha senhora branca e de faces rosadas, quereis que vos retrate quando vos vi sem manto. Mau dia foi esse em que me levantei, porque vos vi tão bela (ou seja: melhor seria se vos tivesse visto feia).

E, minha senhora, desde aquele dia, ai, tudo para mim foi muito mal, mas vós, filha de D. Paio Moniz, parece-vos muito bem que eu tenha de vós uma garvaia [manto de luxo] quando nunca recebi de vós o simples valor de uma correia.

Tradução livre.

TAVEIROOS, Paay Soares de. In: VASCONCELOS, Carolina Michaëlis de. *Cancioneiro da Ajuda*. Reimpressão da edição de Halle (1904). Lisboa: Imprensa Nacional/Casa da Moeda, 1990. v. I. p. 82.

A "Cantiga da Ribeirinha" ilustra o tema mais frequente dessa produção literária: a coita de amor. Nela, o eu lírico masculino fala de seu sofrimento, que teve início no dia em que avistou, sem seu manto luxuoso, a bela senhora. Desde então, suspira por ela sem receber qualquer recompensa.

As cantigas galego-portuguesas se dividem em **líricas** e **satíricas**, dependendo do tema que desenvolvem.

As cantigas líricas

As cantigas líricas são divididas em **cantigas de amor** e **cantigas de amigo**.

• Cantigas de amor

Como as cantigas provençais, das quais se originam, as cantigas de amor galego-portuguesas exprimem a paixão infeliz, o amor não correspondido que um trovador dedica a sua senhora, como na "Cantiga da Ribeirinha".

Aspectos formais e de conteúdo

A cantiga de amor pode ser identificada por alguns elementos característicos. O eu lírico é sempre masculino e representa o trovador que dirige os elogios a uma dama. O trovador, que sofre com frequência, se autodenomina *coitado, cativo, aflito, enlouquecido, sofredor*. A dama é identificada por termos que destacam suas qualidades físicas (*fremosa, delgada, de bem parecer*), morais (*bondade, lealdade, comprida de bem*), sociais (*bom sen, falar mui ben*). Ao comparar sua dama às outras da mesma corte, o eu lírico a apresenta como superior. As comparações também são utilizadas para acentuar as características do trovador: sua dor é maior do que a de todos os outros e seus talentos superam os de seus rivais.

> **Os cancioneiros medievais**
>
> As cantigas foram preservadas graças às coletâneas manuscritas, conhecidas como **cancioneiros**:
> - *Cancioneiro da Ajuda*: acredita-se que tenha sido compilado na corte de D. Alfonso X, no final do século XIII. Contém apenas cantigas de amor dos poetas mais antigos.
> - *Cancioneiro da Vaticana*: compilação encontrada na biblioteca do Vaticano (daí o nome que recebeu). Inclui cantigas de amor, de amigo e de escárnio e maldizer galego-portuguesas.
> - *Cancioneiro da Biblioteca Nacional*: o mais completo dos cancioneiros. Contém um pequeno tratado de poética trovadoresca, a "Arte de trovar".

Página do cancioneiro *Cantigas de Santa Maria*, século XIII. Na miniatura da página o rei Alfonso é representado com músicos e escrivãos durante audiência pública.

Os trovadores galego-portugueses utilizavam versos com sete sílabas métricas (redondilha maior). O refrão é uma inovação em relação aos provençais.

Cantiga d'amor de refran

Quantos an gran coita d'amor
eno mundo, qual og' eu ei,
querrian morrer, eu o sei,
o averian én sabor.
Mais mentr' eu vos vir', mia senhor,
sempre m'eu querria viver,
e atender e atender!

Pero ja non posso guarir,
ca ja cegan os olhos meus
por vos, e non me val i Deus
nem vos; mais por vos non mentir,
enquant' eu vos, mi senhor, vir',
sempre m'eu querria viver,
e atender e atender!

E tenho que fazen mal-sen
quantos d'amor coitados son
de querer sa morte, se non
ouveron nunca d'amor ben,
com' eu faç'. E, senhor, por én
sempre m'eu querria viver,
e atender e atender!

GARCIA DE GUILHADE, João. In: CORREIA, Natália (Sel., intr. e notas). *Cantares dos trovadores galego-portugueses*. 2. ed. Lisboa: Editorial Estampa, 1978. p. 124.

Cantiga de amor de refrão

Quantos o amor faz padecer
penas que tenho padecido,
querem morrer e não duvido
que alegremente queiram morrer.
Porém enquanto vos puder ver,
vivendo assim eu quero estar
e esperar, e esperar.

Sei que a sofrer estou condenado
e por vós cegam os olhos meus.
Não me acudis; nem vós, nem
[Deus.
Mas, se sabendo-me abandonado,
ver-vos, senhora, me for dado,
vivendo assim eu quero estar
e esperar, e esperar.

Esses que veem tristemente
desamparada sua paixão,
querendo morrer, loucos estão.
Minha fortuna não é diferente;
porém eu digo constantemente:
vivendo assim eu quero estar
e esperar, e esperar.

CORREIA, Natália (Adap.). *Cantares dos trovadores galego-portugueses*. 2. ed. Lisboa: Editorial Estampa, 1978. p. 125.

Definição do tema: o sofrimento (coita) de amor.

Vassalagem amorosa: os termos utilizados para identificar a dama fazem referência às relações de vassalagem da sociedade feudal.

Refrão: os versos repetidos no fim de cada estrofe reforçam a subordinação do eu lírico a sua senhora. Ele vive à espera de uma nova possibilidade de vê-la.

Cegueira do olhar: desdobramento da temática do sofrimento amoroso. Após ver a amada, o eu lírico fica "cego" para todas as outras pessoas.

Desejo de morrer: associado nessa cantiga ao comportamento de outros trovadores, também é uma expressão da coita de amor.

Comparação com os demais trovadores: procedimento frequente nas cantigas de amor, como recurso expressivo para ressaltar uma prova de maior cortesia do eu lírico, porque ele sofre mais que todos os outros pelo amor de sua dama, ou está disposto a fazer o que ninguém mais faz. No caso dessa cantiga: continuar esperando ser recompensado com um olhar da dama.

O servilismo amoroso é simbolizado, no texto, pela expressão *mia senhor*, presente em todas as produções do gênero. A coita de amor, nomeada no primeiro verso, é caracterizada principalmente pela declaração do desejo de morrer que toma conta dos amantes não correspondidos. O eu lírico dessa cantiga considera viver sem o amor de sua senhora um castigo pior que a morte. Afirma, por isso, a determinação de permanecer vivo, sofrendo, somente pela possibilidade de continuar vendo sua senhora.

• Cantigas de amigo

De modo geral, as cantigas de amigo falam de uma relação amorosa concreta que acontece entre pessoas simples, que vivem no campo. O tema central dessas cantigas é a **saudade**.

Aspectos formais e de conteúdo

As personagens, o ambiente e a linguagem presentes nas cantigas líricas fazem com que elas representem diferentes universos da sociedade medieval.

Se, nas cantigas de amor, todas as referências dizem respeito aos membros da corte, à vida nos palácios, às damas sofisticadas e ricas, nas cantigas de amigo, elas dizem respeito aos sentimentos e à vida campesina, às moças simples que vivem nas aldeias e nos campos.

O eu lírico das cantigas de amigo é sempre feminino e representa a voz de uma mulher (amiga) que manifesta a saudade pela ausência do amigo (namorado ou amante). Como o trovador que compõe essas cantigas é um homem, a adoção de um eu lírico feminino acaba por apresentar, para os membros da corte, aquilo que os compositores consideravam a visão feminina da saudade e do amor.

O cenário é muito importante nesses textos e sempre caracteriza um ambiente campesino. Várias personagens participam do "universo amoroso" criado na cantiga de amigo, além da donzela e de seu amante: mãe, amigas, damas de companhia. Essas personagens são testemunhas do amor que a *amiga* dedica ao seu namorado. A mãe, às vezes, representa um obstáculo para a realização dos encontros entre os amigos.

O tom das cantigas de amigo é mais positivo e otimista que o das cantigas de amor, porque, embora falem da saudade, tratam de um amor que é real e ocorre entre pessoas de condição social semelhante. Por esse motivo, a amiga se define frequentemente como alegre (*leda*).

Essas canções sempre apresentam refrão. Os versos utilizados nessas composições costumam ter cinco sílabas métricas (redondilha menor). A organização dos versos e das estrofes das cantigas de amigo é muito mais regular que a das outras cantigas. Os trovadores utilizam versos muito semelhantes em estrofes diferentes, criando assim uma estrutura com paralelismo.

Como o refrão é repetido ao final de todas as estrofes, ele não sofre as alterações de posição que criam o paralelismo entre os versos da cantiga:

> Levad', amigo, quer dormides as manhãas frias; — A
> todas-las aves do mundo d'amor diziam: — B
>   leda m'and'eu.
>
> Levad', amigo, que dormide'-las frias manhãas; — A'
> todas-las aves do mundo d'amor cantavam: — B'
>   leda m'and'eu.'
>
> Toda-las aves do mundo d'amor dizian; — B''
> do meu amor e do voss'en ment'avian:
>   leda m'and'eu. ——————— Refrão

TORNEOL, Nuno Fernandes. In: CORREIA, Natália (Sel., int. e notas). *Cantares dos trovadores galego-portugueses*. 2. ed. Lisboa: Editorial Estampa, 1978. p. 218. (Fragmento).

Paralelismo: repetição do verso inicial, com uma ligeira alteração de sua **parte final**. O objetivo é manter o paralelismo sem alterar muito os sentidos dos versos.

Leixa-pren: tipo especial de paralelismo no qual ocorre a repetição do **último verso da estrofe** anterior ou de parte dele.

Os tipos de cantigas de amigo

Como as cantigas de amigo desenvolvem uma série de cenários nos quais o tema da saudade se manifesta, elas costumam ser agrupadas de acordo com o tema paralelo que apresentam:

- *Cantigas de romaria*: a amiga convida as irmãs ou amigas para irem com ela a uma capela, onde encontrará seu amigo, ou as convida para bailarem em frente à igreja.
- *Cantigas de barcarola ou marinha*: a amiga dirige-se ao mar, como confidente a quem fala sobre a ausência do seu amado.
- *Cantigas de alba*: relaciona o tema do amor ao amanhecer do dia.

A cantiga de Nuno Fernandes Torneol é um exemplo de estrutura paralelística perfeita e demonstra a grande habilidade do trovador para intercalar os versos, garantindo equivalência de estrutura e de sentido entre as estrofes.

As cores diferentes mostram como a estrutura paralelística é construída na cantiga.

Cantiga d'amigo

Levad', amigo, que dormides as manhãas frias;
todas-las aves do mundo d'amor dizian:
    leda m'and'eu.

Levad', amigo, que dormide'-las frias manhãas;
todas-las aves do mundo d'amor cantavan:
    leda m'and'eu.

Todas-las aves do mundo d'amor dizian;
do meu amor e do voss'en ment'avian:
    leda m'and'eu.

Todas-las aves do mundo d'amor cantavan;
do meu amor e do voss'i enmentavan:
    leda m'and'eu.

Do meu amor e do voss'en ment'avian;
vós lhi tolhestes os ramos em que siian:
    leda m'and'eu.

Do meu amor e do voss'i enmentavan;
vos lhis tolhestes os ramos en que pousavan:
    leda m'and'eu.

Vós lhi tolhestes os ramos em que siian
e lhis secastes as fontes em que bevian:
    leda m'and'eu.

Vós lhi tolhestes os ramos em que pousavan
e lhis secastes as fontes u se banhavan:
    leda m'and'eu.

TORNEOL, Nuno Fernandes.
In: CORREIA, Natália (Sel., int. e notas).
Cantares dos trovadores galego-portugueses.
2. ed. Lisboa: Editorial Estampa, 1978. p. 218-220.

Cantiga de amigo (alba)

Ergue-te, amigo que dormes nas manhãs frias!
Todas as aves do mundo, de amor, diziam:
    alegre eu ando.

Ergue-te, amigo que dormes nas manhãs claras!
Todas as aves do mundo, de amor, cantavam:
    alegre eu ando.

Todas as aves do mundo, de amor, diziam;
do meu amor e do teu se lembrariam:
    alegre eu ando.

Todas as aves do mundo, de amor, cantavam;
do meu amor e do teu se recordavam:
    alegre eu ando.

Do meu amor e do teu se lembrariam;
tu lhes tolheste os ramos em que eu as via:
    alegre eu ando.

Do meu amor e do teu se recordavam;
tu lhes tolheste os ramos em que pousavam:
    alegre eu ando.

Tu lhes tolheste os ramos em que eu as via;
e lhes secaste as fontes em que bebiam:
    alegre eu ando.

Tu lhes tolheste os ramos em que pousavam;
e lhes secaste as fontes que as refrescavam:
    alegre eu ando.

CORREIA, Natália (Adap.).
Cantares dos trovadores galego-portugueses.
2. ed. Lisboa: Editorial Estampa,
1978. p. 219-221.

As cantigas satíricas

As cantigas de caráter satírico apresentavam críticas ao comportamento social de seus pares, difamavam alguns nobres ou denunciavam as damas que deixavam de cumprir seu papel no jogo do amor cortês. Elas podem ser de **escárnio** ou de **maldizer**.

• Cantigas de escárnio

Nas cantigas de escárnio, o trovador critica alguém por meio de palavras de duplo sentido, para que não sejam facilmente compreendidas. O efeito satírico que caracteriza essas cantigas é obtido por meio de ironias, trocadilhos e jogos semânticos. De modo geral, ridicularizam o comportamento de nobres ou denunciam as mulheres que não seguem o código do amor cortês.

Cantiga de escárnio

Ai, dona fea, fostes-vos queixar
que vos nunca louv'en (o) meu cantar;
mais ora quero fazer un cantar
    en que vos loarei toda via;
e vedes como vos quero loar:
    dona fea, velha e sandia!

Dona fea, se Deus mi pardon,
pois avedes (a) tan gran coraçon
que vos eu loe, en esta razon
    vos quero já loar toda via;
e vedes qual será a loaçon:
    dona fea, velha e sandia!

Dona fea, nunca vos eu loei
en meu trobar, pero muito trobei;
mais ora já un bon cantar farei,
    en que vos loarei toda via;
e direi-vos como vos loarei:
    dona fea, velha e sandia!

GARCIA DE GUILHADE, João. In: CORREIA, Natália (Sel., int. e notas).
Cantares dos trovadores galego-portugueses. 2. ed. Lisboa: Editorial Estampa, 1978. p. 136.

> **"Que vos nunca louv'en (o) meu cantar":** que nunca vos louvei em meu cantar.
> **Loarei:** louvarei.
> **Sandia:** louca.
> **"Se Deus mi pardon":** que Deus me perdoe.
> **Coraçon:** vontade.
> **Loaçon:** elogio, louvação.

O trovador, nessa cantiga, manifesta seu descontentamento por uma senhora ter-se queixado, dizendo que ele não a elogiava em suas composições.

Para revidar a ofensa sofrida, ele promete louvá-la e diz que ela é feia, velha e louca. Não há, no texto, a nomeação da mulher a quem o eu lírico se dirige e, embora a linguagem seja ofensiva, o trovador opta por utilizar mais a ironia do que termos grosseiros.

• Cantigas de maldizer

Nas cantigas de maldizer, o trovador faz suas críticas de modo direto, explícito, identificando a pessoa satirizada. Essas cantigas costumam apresentar linguagem ofensiva e palavras de baixo calão. Muitas vezes, tratam das indiscrições amorosas de nobres e membros do clero.

TEXTO PARA ANÁLISE

> O texto a seguir refere-se às questões de 1 a 5.

Texto 1

As principais características das cantigas de amor galego-portuguesas aparecem nesta Cantiga d'amor de refran.

Cantiga d'amor de refran

Ir-vus queredes, mia senhor,
e fiq' end' eu con gran pesar,
que nunca soube ren amar
ergo vós, des quando vus vi.
E pois que vus ides d'aqui,
    senhor fremosa, que farei?

E que farei eu, pois non vir'
o vosso mui bon parecer?
Non poderei eu mais viver,
se me Deus contra vos non val.
Mais ar dizede-me vos al:
    senhor fremosa, que farei?

E rogu' eu a Nostro Senhor
que, se vos vus fordes d'aquen,
que me dê mia morte por én,
ca muito me será mester.
E se mi-a el dar non quiser':
    senhor fremosa, que farei?

Pois mi-assi força voss' amor
e non ouso vusco guarir,
des quando me de vos partir',
eu que non sei al ben querer,
querria-me de vos saber:
    senhor fremosa, que farei.

TORNEOL, Nuno Fernandes. In: CORREIA, Natália (Sel., intr. e notas). *Cantares dos trovadores galego-portugueses.* 2. ed. Lisboa: Editorial Estampa, 1978. p. 216.

Cantiga de amor de refrão

Se em partir, senhora minha,
mágoas haveis de deixar
a quem firme em vos amar
foi desde a primeira hora,
se me abandonais agora,
    ó formosa! que farei?

Que farei se nunca mais
contemplar vossa beleza?
Morto serei de tristeza.
Se Deus me não acudir,
nem de vós conselho ouvir,
    ó formosa! que farei?

A Nosso Senhor eu peço
quando houver de vos perder,
se me quiser comprazer,
que a morte me queira dar.
Mas se a vida me poupar,
    ó formosa! que farei?

Vosso amor me leva a tanto!
Se, partindo, provocais
quebranto que não curais
a quem de amor desespera,
de vós conselho quisera:
    ó formosa! que farei?

CORREIA, Natália (Adap.). *Cantares dos trovadores galego-portugueses.* 2. ed. Lisboa: Editorial Estampa, 1978. p. 217.

1. Qual é o tema tratado na cantiga?

2. Que elementos estruturais permitem classificar o texto como uma cantiga de amor?

3. Transcreva no caderno o refrão da cantiga. Que sentimento do eu lírico ele reforça?

4. Uma das principais características das cantigas de amor é a relação entre o eu lírico e sua amada. Que forma de tratamento o eu lírico usa para se referir à mulher?

   ▶ O que esse tratamento revela a respeito da relação entre eles?

5. Você acredita ser possível, hoje, existir um sofrimento amoroso semelhante? Por quê?

> O texto a seguir refere-se às questões de 6 a 8.

Texto 2

Fico assim sem você

As questões amorosas continuam ocupando grande espaço na música. Veja como esse tema é desenvolvido em uma canção atual.

Avião sem asa, fogueira sem brasa
Sou eu assim sem você
Futebol sem bola,
Piu-Piu sem Frajola
Sou eu assim sem você

Por que é que tem que ser assim
Se o meu desejo não tem fim
Eu te quero a todo instante
Nem mil alto-falantes
vão poder falar por mim
[...]

Tô louco pra te ver chegar
Tô louco pra te ter nas mãos
Deitar no teu abraço
Retomar o pedaço
Que falta no meu coração

Eu não existo longe de você
E a solidão é o meu pior castigo
Eu conto as horas
Pra poder te ver
Mas o relógio tá de mal comigo

Por quê? Por quê?

Neném sem chupeta
Romeu sem Julieta
Sou eu assim sem você
Carro sem estrada
Queijo sem goiabada
Sou eu assim sem você
[...]

Eu não existo longe de você
E a solidão é o meu pior castigo
Eu conto as horas pra poder te ver
Mas o relógio tá de mal comigo

Por quê?

ABDULLAH e MORAES, Cacá. Intérprete: Adriana Calcanhotto.
In: *Adriana Partimpim*, 2004. Rio de Janeiro: Sony Music. Disponível em:
<http://www.adrianacalcanhotto.com/discografia/index.php>. Acesso em: 20 nov. 2004.
© 2001 by SONY MUSIC EDIÇÕES MUSICAIS LTDA. – Av. das Américas, 3434
– Bloco 4 – Salas 519 a 521 – Barra da Tijuca – RJ.

6. Qual é o tema desenvolvido em "Fico assim sem você"?

  a) Que elementos indicam que se trata de um texto atual?

  b) Poderíamos dizer que ele desenvolve um tema semelhante ao da cantiga de Nuno Fernandes Torneol? Por quê?

7. Quais são os sentimentos que o eu lírico expressa pela mulher amada?

  ▶ A relação entre o eu lírico e sua amada se dá do mesmo modo que na cantiga de amor? Explique.

8. Que elementos formais e de conteúdo da canção permitem compará-la a uma cantiga de amor?

As novelas de cavalaria

As **novelas de cavalaria** são os primeiros **romances**, ou seja, longas narrativas em verso, surgidas no século XII. Elas contam as aventuras vividas pelos cavaleiros andantes e tiveram origem no declínio do prestígio da poesia dos trovadores. Tiveram intensa circulação pelas cortes medievais e ajudaram a divulgar os valores e a visão de mundo característicos da sociedade desse período.

Estão organizadas em três ciclos, de acordo com o tema que desenvolvem e com o tipo de herói que apresentam:

- **Ciclo Clássico**: novelas que narram a guerra de Troia e as aventuras de Alexandre, o Grande. O ciclo recebe essa denominação porque seus heróis vêm do mundo clássico mediterrâneo.
- **Ciclo arturiano** ou **bretão**: histórias envolvendo o rei Artur e os cavaleiros da Távola Redonda. Nessas novelas podem ser identificados vários núcleos temáticos: a história de Percival, a história de Tristão e Isolda, as aventuras dos cavaleiros da corte do rei Artur e a demanda do Santo Graal.

De olho no *filme*

A dura jornada do cavaleiro

▲ Cena do filme *Cruzada*, de Ridley Scott. Inglaterra/Espanha/Alemanha/EUA, 2005.

"Não demonstre medo diante de seus inimigos. Seja bravo e justo, e Deus o amará. Diga sempre a verdade, mesmo que isso custe a sua vida. Proteja os mais fracos e seja correto. Este é o seu juramento." Com essas palavras, Godfrey de Ibelin eleva seu filho bastardo, o ferreiro Balian, à condição de cavaleiro cruzado. Neste épico, o diretor inglês Ridley Scott faz uma cuidadosa reconstituição da Jerusalém medieval e tematiza os conflitos e interesses individuais que estavam por trás de muitos atos cometidos em nome de Deus.

Uma demanda sem fim

Em *A demanda do Santo Graal* são narradas as façanhas dos cavaleiros do rei Artur em busca do cálice sagrado. Lancelote, Tristão, Percival, Galaaz e outras personagens lendárias participam da busca do Graal, o cálice em que teria sido recolhido o sangue de Cristo crucificado.

Galaaz, filho de Lancelote, é o herói da demanda por apresentar todas as qualidades e virtudes adequadas ao simbolismo religioso dessa narrativa. Ele encarna a figura do cavaleiro a serviço de Deus e por ele abençoado por sua pureza de alma e de corpo.

- **Ciclo carolíngio** ou **francês**: histórias sobre o rei Carlos Magno e os 12 pares de França.

Dos três ciclos, o arturiano permanece como um dos temas literários mais explorados, sendo objeto de romances, poemas, filmes e óperas até hoje.

Cronicões, nobiliários e hagiografias

Textos de caráter mais documental foram produzidos na Idade Média. Eram conhecidos como cronicões e nobiliários. Os cronicões registravam os acontecimentos marcantes da vida dos nobres e dos reis em ordem cronológica. Os nobiliários registravam os nascimentos, os casamentos e as mortes de uma determinada família de nobres. Outros textos que circulavam pelas cortes medievais eram as hagiografias, relatos da vida dos santos.

TEXTO PARA ANÁLISE

No trecho a seguir, extraído de A demanda do Santo Graal, *Galaaz chega à Távola Redonda.*

[...]

Como Galaaz entrou no paço e acabou o assento perigoso. Eles [...] olharam e viram que todas as portas do paço se fecharam e todas as janelas, mas não escureceu por isso o paço, porque entrou um tal raio de sol, que por toda a casa se estendeu. E aconteceu então uma grande maravilha, não houve quem no paço não perdesse a fala; e olhavam-se uns aos outros e nada podiam dizer, e não houve alguém tão ousado, que disso não ficasse espantado; mas não houve quem saísse do assento, enquanto isto durou. Aconteceu que entrou Galaaz armado de loriga e brafoneiras e de elmo e de duas divisas de veludo vermelho; e, depois ele, chegou o ermitão, que lhe rogara que o deixasse andar com ele, e trazia um manto e uma garnacha de veludo vermelho em seu braço.

Mas tanto vos digo que não houve no paço quem pudesse entender por onde Galaaz entrara, que em sua vinda não abriram porta nem janela. Mas do ermitão não vos digo, porque o viram entrar pela porta grande. E Galaaz, assim que chegou ao meio do paço, disse de modo que todos ouviram:

— A paz esteja convosco.

E o homem bom pôs as vestes que trazia sobre um tapete, e foi ao rei Artur e disse-lhe:

— Rei Artur, eu te trago o cavaleiro desejado, aquele que vem da alta linhagem do rei Davi e de José de Arimateia, pelo qual as maravilhas desta terra e das outras terão fim.

E com isto que o homem bom disse, ficou o rei muito alegre. E disse:

— Se isto é verdade, sede bem-vindo. E bem seja vindo o cavaleiro, porque este é o que há de dar cabo às aventuras do santo Graal. Nunca foi feita nesta corte tanta honra como lhe nós faremos; e quem quer que ele seja, eu quereria que lhe fosse muito bem, pois de tão alta linhagem vem como dizeis.

— Senhor, disse o ermitão, cedo o vereis em bom começo.

Então fê-lo vestir os panos que trazia e foi assentá-lo no assento perigoso. E disse:

— Filho, agora vejo o que muito desejei, quando vejo o assento perigoso ocupado.

[...]

O cavaleiro de quem Merlim e todos os profetas falaram. O rei, assim que viu no assento perigoso o cavaleiro de quem Merlim e todos os profetas falaram na Grã-Bretanha, então bem soube que aquele era o cavaleiro por quem seriam acabadas as aventuras do reino de Logres, e ficou com ele tão alegre e tão feliz, que bendisse a Deus:

— Deus, bendito sejas tu que te aprouve de tanto viver eu que, em minha casa, visse aquele de quem todos os profetas desta terra e das outras profetizaram, tão longo tempo há já.

[...]

A demanda do Santo Graal: manuscrito do século XIII. Texto sob os cuidados de Heitor Megale. São Paulo: T. A. Queiroz: Editora da Universidade de São Paulo, 1988. p. 35-36. (Fragmento).

Paço: habitação luxuosa para a realeza, palácio.
Loriga: tipo de couraça usada na Idade Média para proteção em combate.
Brafoneiras: peças da armadura que cobriam a parte superior dos braços dos cavaleiros.
Garnacha: hábito ou traje longo, usado por monges, magistrados, etc.
Assento perigoso: cadeira da Távola Redonda destinada ao cavaleiro escolhido por Deus para pôr fim a todas as maravilhas do reino de Logres. Qualquer outra pessoa que se sentasse nessa cadeira era imediatamente fulminada.
Logres: reino governado por Artur onde se situava a cidade de Camelot, sede de seu reinado.

1. Na cena transcrita há um acontecimento central.
  a) Qual é ele?
  b) Que fatos extraordinários, relacionados a esse acontecimento, surpreendem os cavaleiros?

2. Galaaz é o herói de *A demanda do Santo Graal*.
  a) Que elementos do trecho sugerem que ele será o escolhido para completar a busca do cálice sagrado? Explique.
  b) Que indícios deixam claro que Galaaz está destinado a realizar feitos maravilhosos em nome de Deus? Justifique.

3. *A demanda do Santo Graal* é uma versão cristianizada da mais famosa aventura vivida pelos cavaleiros da Távola Redonda.
  a) Que elementos vinculam essa narrativa à religião cristã?
  b) De que maneira a presença desses elementos ilustra a perspectiva teocêntrica característica da literatura medieval?

4. Por que a grande popularidade de *A demanda do Santo Graal*, nas cortes medievais, contribuía para fortalecer o poder da Igreja?

Conteúdo digital Moderna PLUS http://www.modernaplus.com.br
Tema animado: Literatura na Idade Média.
Material complementar Moderna PLUS http://www.modernaplus.com.br
Palavra de Mestre: Michel Pastoreau.

Jogo de ideias

Cantadas pelos trovadores e narradas nas novelas de cavalaria, as aventuras vividas pelas personagens medievais sobrevivem até hoje no cinema e nos RPGs (*Role Playing Games*) ou jogos de interpretação.

Para que você possa "viver" uma dessas aventuras e (re)descobrir a Idade Média e os ideais de comportamento desse período, propomos que, em equipe, você e seus colegas elaborem um RPG medieval. Vocês deverão criar uma aventura em que cada jogador assumirá a identidade de uma personagem (rei, cavaleiro, dama, trovador, vilão) da história inventada, que será contada e mediada por um narrador (ou mestre do jogo, como preferem os jogadores de RPG). Para cumprir essa tarefa, vocês deverão seguir os seguintes passos:

▶ identificar, no capítulo, comportamentos característicos das personagens criadas (quais são seus valores e regras de conduta?);
▶ assistir a filmes inspirados na Idade Média, como os que foram apresentados na seção "Conexões" (*Tristão e Isolda*, *Coração de cavaleiro* e *Excalibur*);
▶ pesquisar (em livros especializados ou na internet) como uma aventura de RPG é estruturada e qual o processo de criação de personagens desse jogo.

O RPG *Dungeons & Dragons* (abreviado como D&D), de fantasia medieval, foi desenvolvido originalmente por Gary Gygax e Dave Arneson e publicado pela primeira vez em 1974, nos EUA. Em D&D, considerado como a origem dos RPGs modernos, os jogadores criam personagens que embarcam em aventuras imaginárias em que enfrentam poderosos inimigos, buscam tesouros ou salvam reinos. O sucesso desse RPG é tão grande que inspirou duas produções cinematográficas: *Dungeons & Dragons*: a aventura começa agora (2000) e *Dungeons & Dragons 2*: o poder maior (2005).

▲ Cartaz do filme *Dungeons & Dragons 2: o poder maior*, de Gerry Lively. Lituânia e EUA, 2005.

A tradição da *literatura medieval*

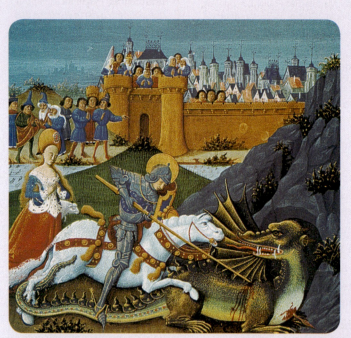

Representação de cavaleiro matando o dragão para salvar a donzela. Miniatura do *Livro das Horas* da escola de Tours, de 1450.

Idade Média: os primeiros passos de uma longa história de amor

Guilherme IX deu início, com a criação do amor cortês, a uma longa tradição que permanece viva até hoje: um **eu lírico masculino** que assume uma posição suplicante e fala do sofrimento provocado pelo amor que sente por uma mulher inacessível, idealizada, de pureza angelical.

Para completar o quadro da dedicação amorosa, entra em cena a figura heroica do cavaleiro andante, que vaga pelo mundo ajudando os necessitados e resgatando donzelas em perigo.

Humanismo: a consolidação das cantigas

Com o fim da Idade Média, poesia e música se separaram. Mesmo assim, a tradição das cantigas de amor permaneceu forte. O amor continua a ser apresentado como um sentimento que provoca sofrimento e dor, que torna a vida do apaixonado dependente de seu amor.

Cantiga

A vida, sem ver-vos,
é dor e cuidado
que sinto dobrado
querendo esquecer-vos;
porque, sem querer-vos,
já não poderia
viver um só dia.

Já tanta paixão
valer não pudera,
se vos não tivera
em meu coração;
sem tal difensão,
meu bem, um só dia
viver não queria.

VIMIOSO, Conde de. In: SILVEIRA, Francisco Maciel. *Poesia clássica*. São Paulo: Global, 1988. p. 31. (Fragmento).

WATERHOUSE, J. W. *A bela e impiedosa dama*. 1893. Óleo sobre tela, 112 × 81 cm. Os pintores românticos contribuíram para a retomada de temas medievais ao retratar os idílios dos cavaleiros e suas belas damas.

Romantismo: o renascimento da visão medieval de amor

Os românticos encontraram nas donzelas e nos cavaleiros medievais os modelos perfeitos para representar os valores que pretendiam divulgar na sociedade burguesa: honestidade, esforço individual, bravura diante do perigo, devoção religiosa e amorosa.

No Brasil, a impossibilidade de resgatar uma Idade Média histórica levou os romancistas a criar personagens que se comportam como cavaleiros, mesmo que sejam índios e vivam em meio à selva.

Em Peri o sentimento era um culto, espécie de idolatria fanática, na qual não entrava um só pensamento de egoísmo; amava Cecília não para sentir um prazer ou ter uma satisfação, mas para dedicar-se inteiramente a ela, para cumprir o menor dos seus desejos, para evitar que a moça tivesse um pensamento que não fosse imediatamente uma realidade.

Ao contrário dos outros, ele não estava ali, nem por um ciúme inquieto, nem por uma esperança risonha; arrostava a morte unicamente para ver se Cecília estava contente, feliz e alegre; [...].

ALENCAR, José de. *O guarani*. 17. ed. São Paulo: Ática, 1992. p. 52. (Fragmento).

Os trovadores contemporâneos

Um outro terreno em que a estrutura da lírica amorosa é revisitada com frequência é o da música popular brasileira. Compositores como Chico Buarque de Hollanda emprestam voz contemporânea à temática do serviço amoroso.

Cecília

[...]

Quantos poetas
Românticos, prosas
Exaltam suas musas
Com todas as letras
Eu te murmuro
Eu te suspiro
Eu, que soletro
Teu nome no escuro

[...]

Mas nem as sutis melodias
Merecem, Cecília, teu nome
Espalhar por aí
Como tantos poetas
Tantos cantores
Tantas Cecílias
Com mil refletores
Eu, que não digo
Mas ardo de desejo
Te olho
Te guardo
Te sigo
Te vejo dormir

RAMOS, Luiz Cláudio e BUARQUE, Chico. Intérprete: Chico Buarque. In: *As cidades*. 1998. Disponível em: <http://www.chicobuarque.com.br>. Acesso em: 18 nov. 2009. © by 1998 MAROLA EDIÇÕES MUSICAIS LTDA. – 50% referente à parte de Chico Buarque. Todos os direitos reservados.

A idealização da mulher louvada é tão grande quanto a apresentada em uma cantiga medieval: "Mas nem as sutis melodias / Merecem, Cecília, teu nome / Espalhar por aí". O tipo de relação também se mostra desigual, porque Cecília existe em um plano superior ao do eu lírico, que arde de desejo, mas não o realiza. A comparação entre o eu lírico e os outros poetas, própria da lírica medieval, afirma a devoção maior que ele dedica à sua amada.

Dos trovadores medievais aos cantores contemporâneos, os papéis representados no jogo do amor permanecem os mesmos. A linguagem pode se atualizar, os cenários se modificam, mas músicos e poetas continuam a cantar o sofrimento causado pela saudade e pelo amor não correspondido.

DALÍ, S. *Nu subindo a escada*. 1973. Bronze patinado, 212 × 139 × 117 cm. A escultura dá destaque ao feminino.

CONEXÕES

» Para ler e pesquisar

› **Fremosos cantares: antologia da lírica medieval galego-portuguesa, de Lênia Márcia Mongelli.**
São Paulo: WMF Martins Fontes, 2009.

Essa excelente antologia de cantares dos trovadores galego-portugueses traz uma introdução que aborda a origem da lírica medieval e explica como essa produção se caracterizou em Portugal, além de tratar dos desdobramentos temáticos e formais observados nas cantigas. Cada texto é acompanhado por um comentário explicativo do seu significado, o que ajuda muito no primeiro contato com a lírica trovadoresca. Além disso, a obra traz um extenso glossário de termos galego-portugueses e uma pequena nota biográfica dos mais conhecidos trovadores.

› **A Idade Média explicada aos meus filhos, de Jacques Le Goff. Tradução de Hortencia Lencastre.**
Rio de Janeiro: Agir, 2007.

Organizado sob a forma de perguntas e respostas este livro ilumina importantes aspectos do período. Alguns capítulos merecem destaque: "Os cavaleiros, a dama e Nossa Senhora", em que Le Goff explica a função da cavalaria, discute o mito do Santo Graal, trata da importância das damas e das novelas de cavalaria para a cultura do período; "As pessoas da Idade Média", que nos ajuda a compreender a estrutura social que organizava a vida nas cidades e feudos.

› **Camelot 3000, de Mike Barr e Brian Bolland.**
São Paulo: Mythos, 2006.

Reelaboração da história do Rei Artur e dos cavaleiros da Távola Redonda para o formato dos quadrinhos. Nessa minissérie passada no futuro, um jovem descobre o túmulo do rei Artur quando a Terra é invadida por alienígenas. Essa divertida transposição da história do rei Artur para o ano 3000 ilustra bem o fascínio que as novelas arturianas exercem até hoje.

› **Tristão e Isolda, de Hannah Closs. Tradução de Raul de Sá Barbosa.**
Rio de Janeiro: Nova Fronteira, 1990.

Releitura da lenda de Tristão e Isolda, aproxima o leitor moderno da atmosfera de encanto desta história de amor proibido. Apesar de suprimir alguns elementos fantásticos da narrativa medieval — como o dragão ou o filtro do amor dado à princesa para que fosse feliz no casamento —, o romance consegue recriar o universo medieval através de belíssimas imagens e interpretações perspicazes da constituição da personalidade do herói Tristão de Lionês.

› **A vida cotidiana no tempo dos cavaleiros da Távola Redonda, de Michel Pastoureau.**
São Paulo: Companhia das Letras/Clube do Livro, 1989.

A partir da análise de alguns romances arturianos escritos nos séculos XII e XIII, o autor apresenta as características da vida na sociedade medieval, tratando desde os hábitos alimentares até as vestimentas utilizadas no período. Destaque para a pequena antologia de textos extraídos das novelas de cavalaria.

» Para navegar

› **http://www.cervantesvirtual.com/bib_autor/Codax/**

Além de artigos e críticas, é possível acessar na fonoteca deste *site* as letras e músicas do trovador Martin Codax (séc. XIII). Em espanhol.

› **http://www.cirp.es/bdo2/index.html**

Site do *Centro Ramón Piñeiro para a Investigación en Humanidades* que apresenta, em seu banco de dados (destinado a pesquisadores e professores), uma antologia de cantigas galego-portuguesas profanas organizada por professores da Universidade de Santiago de Compostela. Para ter acesso ao conteúdo da Antologia, é necessário fazer um registro (o que é bastante simples). Depois, é possível obter dados sobre as cantigas dos trovadores galego-portugueses, com informações detalhadas das composições e dos aspectos históricos e biográficos dos trovadores do período.

› **http://alfarrabio.di.uminho.pt/vercial/medieval.htm**

Site do Projeto Vercial (Portugal) com algumas cantigas de amigo, amor, escárnio e maldizer de trovadores galego-portugueses.

› **http://alfarrabio.di.uminho.pt/vercial/bgrafica/medieval.htm**

Imagens medievais de trovadores e suas damas, além de páginas de textos dos cancioneiros e livros de crônicas.

› **http://www.mundocultural.com.br**

Site com biblioteca *on-line*, análises literárias e verbetes enciclopédicos. Destaque para o verbete **Trovadorismo**, que pode ser acessado através do sistema de busca do *site*. Apresenta as características gerais da produção dos trovadores galego-portugueses.

Para assistir

Tristão e Isolda, de Kevin Reynolds. EUA, 2006.

Versão cinematográfica da lenda de origem celta "Tristão e Isolda", produzida por Ridley Scott. Esta narrativa da Idade Média inspirou muitos poetas e escritores ao longo dos tempos, e pode ter influenciado William Shakespeare na criação de sua mais famosa peça, *Romeu e Julieta*. Conta a história do amor proibido entre Tristão, sobrinho e cavaleiro da corte do rei Marcos da Cornualha, e Isolda, princesa irlandesa, futura rainha e esposa de Marcos. Conquistada, em nome do rei Marcos, pelo nobre cavaleiro Tristão, num torneio na corte de Irlanda, Isolda se apaixona pelo herói e é correspondida.

Coração de cavaleiro, de Brian Helgeland. EUA, 2001.

Desde menino William sonha em mudar seu destino, superar sua origem humilde e tornar-se cavaleiro. A oportunidade chega com a morte inesperada de *Sir* Ector, nobre para quem William trabalhava como escudeiro. Participando de vários torneios sob a identidade falsa de *Sir* Ulrich von Lichtenstein, o jovem demonstra que firmeza de caráter e sentimento valem mais do que uma linhagem nobre. A inovação do filme fica por conta da trilha sonora contemporânea.

O nome da rosa, de Jean-Jacques Annaud. Alemanha, 1986.

Adaptação do romance de Umberto Eco, no qual William de Baskerville, um monge franciscano, investiga uma série de estranhas mortes ocorridas em um mosteiro medieval. O filme cria um interessante quadro da sociedade medieval e mostra o alcance do poder da Igreja Católica ao tematizar a disputa entre franciscanos e dominicanos sobre a opção de Cristo pela pobreza. Além disso, ilustra o contexto de produção e circulação da cultura, quando retrata o mundo dos monges copistas medievais.

Excalibur, de John Boorman. EUA, 1981.

Nesse filme, a fantástica narrativa das aventuras do rei Artur e dos cavaleiros da Távola Redonda ganha vida na tela com seus elementos mais impressionantes. Excalibur, a espada de poder, que daria o título de rei àquele que a removesse da rocha em que estava cravada, é retirada dali pelo jovem Artur, ainda um simples escudeiro. A partir daí, a formação de Camelot, a causa nobre da Távola Redonda na busca pelo Graal e a disputa pelo poder entre Merlim e Morgana vão sendo apresentadas aos olhos do espectador.

Para ouvir

Carmina Burana, de Carl Orff. Hamburgo: Deutsche Gramophon, 1990.

Compostas por monges eruditos, as canções profanas de *Carmina Burana* exploram um símbolo da Antiguidade: a Roda da Fortuna (sorte, destino), que, ao girar constantemente, traz boa e má sorte. Essas canções apresentam uma parábola profana da mudança frequente que caracteriza a vida humana. O conhecido arranjo feito por Carl Orff serviu de trilha sonora para muitos filmes ambientados na Idade Média.

Medievo-Nordeste. Cantigas e Romances, do Grupo Música Antiga da UFF.

Trazidas pelas caravelas, as narrativas inspiradas nas cantigas trovadorescas se incorporaram à cultura popular brasileira, sobretudo na região nordeste, e até hoje ainda influenciam a literatura de cordel. Neste CD, o Grupo Música Antiga da UFF, que realiza já há vários anos um minucioso trabalho de pesquisa de músicas e cantigas medievais ibéricas, explora esta relação entre a música da cultura popular nordestina e a tradição trovadoresca.

Cantoria 1, de Elomar, Geraldo Azevedo, Vital Farias e Xangai. Rio de Janeiro. Kuarup, 1984.

Gravado ao vivo no Teatro Castro Alves, em Salvador (BA), esse álbum traz a música "Cantiga de amigo", que evoca as cantigas trovadorescas. Na releitura feita por Elomar, o eu lírico masculino lamenta ter sido enganado pelas juras de amor feitas pela sua "amiga". O tema do desencontro dos amantes permanece como causa do sofrimento amoroso.

Conteúdo digital Moderna PLUS http://www.modernaplus.com.br
Música: trecho de "Ductia", *Sinnliches Mittelalter*, de J. Wolf.
Música: trecho de "Fortuna Imperatrix Mundi: O Fortuna", *Carmina Burana*, de Carl Orff.

UMA VIAGEM NO TEMPO

Primeiras leituras

O contato com a produção artística nos abre uma janela para o passado e permite conhecer um pouco como eram as pessoas que viveram em diferentes momentos. Os textos e as imagens desta seção foram selecionados para que você possa conversar com seus colegas sobre os autores que os produziram. Quem eram essas pessoas? Como viam o mundo em que viviam? Tinham interesses e preocupações semelhantes aos nossos? Essas são somente algumas das questões que podem inspirar a conversa de vocês.

Canto III

Os dois poetas [Dante e Virgílio] passam a porta com a inscrição ameaçadora, e encontram, no vestíbulo do Inferno, uma multidão em gritos e correria: eram os tíbios e covardes, aguilhoados por moscas e vespas. Chegam, em seguida, às margens do rio Aqueronte.

"Por mim se vai à cidadela ardente,
por mim se vai à sempiterna dor,
por mim se vai à condenada gente.

Só justiça moveu o meu autor;
sou obra dos poderes celestiais,
da suma sapiência e primo amor.

Antes de mim não foi coisa jamais
criada senão eterna, e, eterna, duro.
Deixai toda a esperança, ó vós, que entrais."

Estas palavras, num letreiro escuro,
eu li gravadas no alto de uma porta.
"Mestre", falei, "delas não me asseguro".

E ele, como quem cerce o medo corta:
"Aqui toda suspeita é bom deixar,
qualquer tibieza aqui não se comporta.

Pois já somos chegados ao lugar
onde se vê a sofredora gente
que a luz do bem não soube conservar."
[...]

ALIGHIERI, Dante. *A divina comédia*. Tradução de Cristiano Martins. 4. ed. Belo Horizonte/Brasília: Itatiaia/Instituto Nacional do Livro/Fundação Nacional Pró-Memória, 1994. p. 120. (Fragmento).

Tíbio: fraco, débil.
Aguilhoado: picado.
Sempiterna: contínua, eterna, infinita.
Primo: primeiro.
Tibieza: fraqueza, debilidade.

DALÍ, S. *A cascata de Flagétonte*. 1960-1964. Xilogravura, 30 × 25 cm.

BLAKE, W. *Inscrição na porta do Inferno*. 1824-1827. Aquarela.

Canto VII

Os poetas contemplam, no Círculo quarto, os avaros e os pródigos, que rolam pesos enormes e se injuriam mutuamente; e, passando ao Círculo quinto, encontram os iracundos, mergulhados no lago Estige.

[...]
Ah justiça de Deus! Por que és tão dura,
que tantas penas crias, como eu vi?
Se o pecado, com isto, ainda perdura?

Como a vaga a se alterar no Caridi,
que na outra bate, e gira, na corrente,
estava a gente a rodopiar ali.

Tantos inda eu não vira, certamente.
Vinham, aos peitos nus impulsionando
pesos enormes, esforçadamente.
[...]

"Mestre", indaguei, "qual é o mal desta gente?
Clérigos não serão os tonsurados,
à nossa esquerda, na tarefa ingente?"

"Foram", tornou-me, "todos afetados
na existência anterior por uma tara,
que nos gastos os fez imoderados.

É o que na própria voz se lhes declara,
quando à linha vêm ter invulnerada
onde a culpa antagônica os separa.

Foram clérigos, de fato, os que raspada
têm a cabeça, cardeais e prelados,
sujeitos à avareza exagerada."
[...]

"Podes, meu filho, aqui ver a ironia
da Fortuna, e dos bens em que consiste,
pelos quais gente tanta em vão porfia.

Pois o ouro todo que na terra existe
poder não tem de a paz proporcionar
a uma só dentre as almas que tu viste."
[...]

E cruzamos o Círculo, saindo
rente a pequena fonte que fervia,
e por um fosso ao lado ia fluindo.

Negra era a água que dali corria;
nós lhe seguimos o ondular viscoso
e abaixo fomos por estranha via.
[...]

Em tudo em torno atento e reparando,
divisei no paul seres imundos,
escuros, nus, raivosos, urros dando.

Batiam-se uns nos outros, furibundos,
co'as mãos, e mais a fronte, o peito e os pés,
a dentadas trocando golpes fundos.

"Filho", a Virgílio ouvi, "as almas vês
dos que estiveram dominados de ira;
e ainda te digo, certo de que o crês,

que mais gente há no fundo, que suspira,
e traz acima um frêmito silente,
ali, onde a água tumultua e gira. [...]"
[...]

ALIGHIERI, Dante. *A divina comédia*. Tradução de Cristiano Martins. 4. ed. Belo Horizonte/Brasília: Itatiaia/Instituto Nacional do Livro/Fundação Nacional Pró-Memória, 1994. p. 158-164. (Fragmento).

Gravura em água-forte de Gustave Doré, *Os iracundos* para *A divina comédia*, 1892.

Pródigo: perdulário, gastador, esbanjador.
Iracundo: cheio de raiva, furioso, colérico.
Tonsurado: que recebeu a tonsura (corte redondo dos cabelos no topo da cabeça, comum a membros da Igreja).
Prelado: título honorífico de alguns dignitários eclesiásticos, como bispos e abades.
Porfia: luta, disputa.
Paul: pântano.
Frêmito: ondulação, movimento de oscilação.
Silente: silencioso.

Capítulo 7

Humanismo

DI MICHELINO, D. *Dante iluminando Florença com seu poema*. 1465. Têmpera sobre madeira.

OBJETIVOS

Ao final do estudo deste capítulo, você deverá ser capaz de:

1. Compreender as mudanças socioeconômicas, iniciadas no século XIII, que transformaram a Europa medieval e favoreceram o surgimento de uma mentalidade humanista.

2. Reconhecer as características da **produção literária humanista**.

3. Explicar em que diferem a **poesia palaciana** e a **trovadoresca**.

4. Identificar temas e estruturas associados à poesia palaciana.

5. Compreender a importância das crônicas de Fernão Lopes para a história de Portugal.

6. Explicar de que modo as peças de Gil Vicente assumem um **caráter moralizante**.

7. Reconhecer aspectos característicos do teatro de Gil Vicente e identificar temáticas e gêneros recorrentes.

Entre os séculos XIV e XV, uma mudança significativa passa a ocorrer na Europa medieval. O ser humano começa a se libertar do poder centralizador da Igreja e a desenvolver uma nova mentalidade em que cabem preocupações e prazeres mais humanos. O que levou a esse questionamento do poder de Deus e à valorização do ser humano? A seguir, procuraremos responder a essa questão.

Leitura da imagem

1. Em primeiro plano, no quadro de Domenico di Michelino, aparece o poeta Dante Alighieri (1265-1321), autor de *A divina comédia*. Descreva de modo resumido como Dante foi representado.

2. Ao fundo do quadro vemos a montanha do purgatório, local para onde vão as almas que precisam expiar seus pecados antes de chegar ao paraíso. Que outros símbolos da religião católica podem ser identificados na pintura?

3. O que a posição de destaque e a relação de tamanho entre a representação de Dante e os outros elementos do quadro sugerem ao observador sobre sua importância?
   ▶ O destaque dado a um ser humano, no quadro, é compatível com a visão teocêntrica que marcou a Idade Média? Por quê?

> **Domenico di Michelino** (1417-1491) nasceu em Florença e adotou o nome artístico "Di Michelino" em homenagem a seu professor, um escultor conhecido pelas peças feitas em marfim e osso. Como pintor, tornou-se conhecido pelas cenas bíblicas, que compunha segundo o estilo de Fra Angelico. Sua obra mais famosa, *Monumento a Dante e à Divina comédia*, encontra-se no domo da igreja de Santa Maria del Fiore.

Da imagem para o texto

4. *A divina comédia*, de Dante Alighieri, ilustra o olhar humanista para a religião e o desejo de compreender e explicar as coisas do mundo, da vida e da morte que caracterizam a literatura no Humanismo. Leia um trecho dessa obra.

Canto IV

*Após cruzarem o rio Aqueronte e entrarem no Limbo,
o primeiro círculo do Inferno, Dante e Virgílio encontram
as almas dos grandes mestres gregos e romanos.*

[...]
A vista descansada então lançando
em derredor, olhei detidamente,
a ver onde me achava, e como, e quando.

[...]

Bem à distância estávamos, mas não
tanto que eu não pudesse ver em parte
que a gente ali mostrava distinção.

"Ó tu, que glorificam ciência e arte,
quem são estes", falei, "com dignidade
tal que os conserva assim dos mais à parte?"

Disse-me, então: "A notabilidade
deles, que soa lá onde tens vida,
do céu lhes houve a justa prioridade."
[...]

Notabilidade: atributo de pessoa que é notável, admirável.

Lucano: poeta épico latino, que viveu entre os anos 39 e 65 d.C. Escreveu *Farsália*, em que narra episódios da guerra civil romana.

O meu bom mestre prosseguiu, falando:
"Olha o que à mão aquela espada traz,
à frente dos demais, como em comando:

É Homero, cantor alto e capaz:
Com Horácio, o satírico, ali vem;
Ovídio logo após, Lucano atrás.

E porque cada um comigo tem
este nome em comum que a voz entoa,
disto me orgulho, e a nada aspiro além."

Assim reunida a bela escola e boa
eu vi do mestre altíssimo do canto,
que sobre os outros, como a águia, revoa.

Depois de terem conversado a um canto,
volveram-se e fitaram-me, acenando:
e meu mestre sorriu de favor tanto.

E honra maior me foram demonstrando,
tal, que acolhido em sua companhia,
eu era o sexto aos mais ali somando.
[...]

ALIGHIERI, Dante. *A divina comédia*. Tradução de Cristiano Martins. 6. ed. Belo Horizonte: Villa Rica, 1991. p. 128-134. v. 1. (Fragmento).

"Deixai toda esperança, vós que entrais!"

A grande preocupação medieval com a vida após a morte inspirou o poeta Dante Alighieri a escrever um poema narrativo que se tornou uma obra-prima da literatura universal: *A divina comédia*. O poema narra a viagem de Dante aos três destinos reservados à alma humana, segundo o imaginário católico: inferno, purgatório e paraíso. Em sua odisseia, Dante é guiado pelo poeta romano Virgílio no Inferno e no Purgatório. Ao chegar ao Céu, é recebido pela amada Beatriz. Até hoje *A divina comédia* influencia a representação que fazemos do inferno, sendo relida e reinterpretada por artistas importantes como Sandro Botticelli, William Blake, Auguste Rodin e Salvador Dalí.

▲ *Dante*, 1960-1964, xilogravura colorida de Salvador Dalí para o Canto I de *A divina comédia*.

a) No catolicismo, as almas das pessoas não batizadas são encaminhadas ao Limbo, pois não podem permanecer em presença de Deus sem ter sido purificadas do pecado original. De quem são as almas que Dante e Virgílio encontram no Limbo?

b) De que modo Dante apresenta essas personagens?

5. Dante pergunta a Virgílio por que razão os poetas gregos e latinos encontram-se separados das outras almas que estão no Limbo. Que explicação ele recebeu de seu mestre?

6. Além de chamar Virgílio de "mestre", Dante revela, nessa passagem de *A divina comédia*, que o considera superior aos outros poetas identificados. Transcreva no caderno os versos que comprovam essa afirmação.

a) O que a referência à "bela escola e boa" revela sobre a importância desses poetas na visão de Dante?

b) Qual é a "maior honra" vivida por Dante nesse momento? Explique.

7. Que elementos desse trecho ilustram a tentativa, característica do Humanismo, de conciliar a religião católica e as influências da cultura greco-latina? Por quê?

Um mundo em mudança

O quadro de Domenico Di Michelino destaca a figura do poeta Dante Alighieri. Vai mais além: sugere que sua obra, *A divina comédia*, contém a explicação para a vida e a morte. Essa nova maneira de representar a importância do ser humano sinaliza o surgimento de uma nova mentalidade. Outras transformações começam a ocorrer na Europa do fim da Idade Média: a vida nas cidades é retomada e o comércio se intensifica, provocando maior interação entre pessoas de diferentes segmentos da sociedade.

O surgimento da burguesia

Na Itália do século XIII, as cidades-Estado que se desenvolveram no norte do país tornaram-se prósperos centros comerciais e bancários. Roma, Milão, Florença, Veneza, Mântua, Ferrara, Pádua, Bolonha e Gênova dominavam o comércio marítimo com o Oriente e controlavam a economia mercantil. A riqueza passou a ser associada ao capital obtido pelo comércio e não mais à terra, como ocorria na sociedade feudal.

Muitos camponeses, atraídos pelas promessas de prosperidade, transferiram-se para os burgos, onde começaram a trabalhar como pequenos mercadores. Surgia, assim, a **burguesia**.

Uma cultura leiga

Enriquecida com as atividades comerciais, a burguesia necessitava de uma formação cultural mais sólida, que a ajudasse a administrar a riqueza acumulada. O burguês passa a investir em cultura, algo que até então só era feito pela Igreja e pelos grandes soberanos. Aos poucos, os leigos começam a conquistar um papel importante na produção e circulação da cultura.

A busca por uma formação levou à redescoberta de textos e autores da Antiguidade clássica, considerada uma fonte de saber a respeito do ser humano.

O Humanismo: um novo olhar para o mundo

O Humanismo foi um movimento artístico e intelectual que surgiu na Itália no final da Idade Média (século XIV) e alcançou plena maturidade no Renascimento. O foco dos humanistas era o ser humano, o que os afastava do teocentrismo medieval. Resgatava-se, assim, a visão **antropocêntrica** característica da cultura greco-latina.

> **Tome nota**
>
> **Antropocentrismo** é a atitude ou doutrina que considera o ser humano o centro ou a medida de todas as coisas.

O projeto literário do Humanismo

O Humanismo representa um momento de transição entre o mundo medieval e o moderno. Por esse motivo, o projeto literário humanista não tem características completamente definidas: o velho e o novo convivem, provocando uma tensão que se evidencia na produção artística e cultural.

Em linhas gerais, essa produção será marcada pelo abandono da subordinação absoluta à Igreja Católica e pelo resgate dos valores clássicos. Como consequência do estudo das obras greco-latinas, ganha força um olhar mais racional para o mundo, que procura na Ciência uma explicação para fenômenos até então atribuídos a Deus.

A obra de Dante Alighieri (1265-1321) e de Francesco Petrarca (1304-1374), poetas italianos, constituiu a base para o desenvolvimento da literatura no período humanista e serviu de inspiração para artistas de outros países europeus.

De burgo a burguesia

▲ Vista aérea do burgo medieval de Carcassonne, França, c. 1995.

Na Idade Média, **burgo** era o nome dado à muralha edificada em torno das vilas ou cidades para proteção de seus moradores. O termo passou a denominar a própria cidade fortificada. Desse termo derivou a palavra **burguesia**, que designava originalmente o segmento da sociedade formado pelos homens livres que moravam nos burgos, dedicavam-se ao comércio e desfrutavam de uma situação econômica confortável.

Projeto literário do Humanismo
- Resgate de valores clássicos
- Olhar de modo mais racional para o mundo

▲ Gravura do século XIX representa Gutenberg verificando prova de impressão.

Os agentes do discurso

O **contexto de produção** da literatura humanista é o mesmo do Trovadorismo: as cortes e os palácios. A função principal da literatura é promover a diversão e o prazer da aristocracia.

Por volta de 1450, Johann Gutenberg cria a prensa e revoluciona a produção de livros na Europa, fazendo com que a cultura oral comece a perder espaço para a cultura escrita. Essa mudança no **contexto de circulação** das obras permitirá que escritores e poetas explorem novos recursos de linguagem que não dependem da oralidade e da memória, como acontecia até então.

• O Humanismo e o público

O **público** das trovas e canções produzidas durante o Humanismo é essencialmente o mesmo das cantigas dos trovadores: os nobres.

Aos poucos, porém, o perfil desse público começa a mudar. Com o investimento da burguesia na aquisição de cultura e com a maior facilidade de produção e circulação do livro, um maior número de pessoas passa a ter acesso à produção literária, antes restrita aos ambientes da corte. Essa mudança, porém, é lenta e só será consolidada durante o Renascimento.

Linguagem: a importância das metonímias

A grande novidade da literatura humanista é a adoção do soneto como forma poética fixa. Como foi visto no Capítulo 3, essa forma poética conquistará o gosto da elite, por acomodar, em uma estrutura fixa, o novo olhar indagador, analítico, que procura explicar racionalmente os sentimentos humanos.

Uma consequência dessa intenção humanista ficará evidente na seleção de imagens trabalhadas em poemas da época. Partes do corpo humano – geralmente olhos e coração – são mencionadas nos poemas para ilustrar os efeitos do amor.

1275 — Marco Polo chega à China.

Miniatura medieval representa Marco Polo chegando a Hormuz, no golfo Pérsico.

1320 — Início da restauração cultural na Itália, desencadeada pelas obras literárias de Dante e Petrarca. Giotto define novos rumos para a pintura, ao humanizar a representação dos anjos e santos.

1337 — Início da Guerra dos Cem Anos entre a França e a Inglaterra.

1415 — Portugueses conquistam Ceuta: início do império português na África.

c. 1455 — Surge, na Alemanha, a Bíblia de Gutenberg, o primeiro livro impresso.

Página do Novo Testamento da Bíblia de Gutenberg.

Cantiga

Acho que me deu Deus tudo
para mais meu padecer:
os olhos — para vos ver,
coração — para sofrer,
e **língua** — para ser mudo.

Olhos com que vos olhasse,
coração que consentisse,
língua que me condenasse:
mas não já que me salvasse
de quantos males sentisse.

Assi que me deu Deus tudo
para mais meu padecer:
os olhos — para vos ver,
coração — para sofrer,
e **língua** — para ser mudo.

SOUSA, Francisco de. In: SPINA, Segismundo. *Era medieval*. 8. ed. São Paulo: Difel, 1985. p. 136. (Coleção Presença da Literatura Portuguesa).

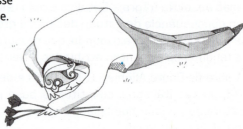

> **Tome nota**
>
> A **metonímia** ocorre quando se opta por utilizar uma palavra em lugar de outra. Pode ser empregada em várias situações. Uma delas é quando a parte é utilizada para representar o todo. Nas cantigas do Humanismo, os poetas recorrem às metonímias para melhor ilustrar os efeitos do amor no eu lírico.

Esse mesmo procedimento também é utilizado para mostrar como determinada parte do corpo feminino simboliza todas as qualidades da mulher louvada no poema.

A produção do Humanismo em Portugal

Quando o Humanismo chega a Portugal, no início do reinado da Dinastia de Avis (1385), a produção poética passa por uma crise. Entre 1350 e 1450 não se tem notícia da circulação de textos poéticos no país. Nesse período, Portugal vive o apogeu da crônica historiográfica e da prosa doutrinária, tipo de manual escrito por reis e nobres que apresentava normas e modelos de comportamento para os fidalgos da corte.

O ressurgimento da poesia, então separada da música, ocorre durante o reinado de D. Afonso V, no século XV, impulsionado pela renovação cultural promovida na corte portuguesa.

Destaca-se ainda nessa produção o teatro de Gil Vicente, que faz um retrato vivo da sociedade portuguesa da época.

> Dom Afonso V, o Africano (1432-1481). Retrato de autor desconhecido. Original pertencente ao acervo Estugarda, Landes Bibliothek.

Fernão Lopes: cronista dos reis e do povo

A nomeação de Fernão Lopes como cronista-mor do reino, em 1434, é considerada o marco inicial do Humanismo português. Ele escreveu três crônicas:

- *Crônica de El-Rei D. Pedro I*: compilação e crítica dos principais acontecimentos do reinado de D. Pedro I. Nesse volume, encontra-se o relato do episódio da morte de Inês de Castro, amante do rei, assassinada a mando de D. Afonso IV, pai de D. Pedro.
- *Crônica de El-Rei D. Fernando*: reconstituição do período que se inicia com o casamento de D. Fernando com Dona Leonor Teles e encerra-se com a Revolução de Avis.
- *Crônica de El-Rei D. João*: dividida em duas partes, a primeira começa com a morte de D. Fernando, em 1383, e termina com a revolução que leva D. João I ao trono português; na segunda parte é descrito o reinado de D. João até 1411.

Fernão Lopes distinguia-se dos demais cronistas pela importância que dava ao povo, tratado por ele como coadjuvante da história dos reis. Essa opção do cronista exemplifica o seu espírito humanista.

De olho no *teatro*

A tragédia da saudade

O teu Pedro quer falar: deixa-o dizer... [...] O nosso amor, amor, ainda era pouco. Só abraçado à morte ele inicia: só a Saudade revela, sabe a Deus. Oh! Os meus dias... os meus longos dias — dias de hiena triste, a sonhar sangue... O teu Pedro quer mostrar-tos para que os beijes: — e serão puros na Saudade, como tu. [...]

PATRÍCIO, António. Pedro, o cru. In: *Teatro completo*. Lisboa: Assírio e Alvim, 1982. p. 166. (Fragmento).

A história trágica do amor do rei Pedro I e Dona Inês de Castro, contada pela primeira vez na crônica de Fernão Lopes, transformou-se em um tema recorrente da literatura portuguesa. Aparece em Camões e também nessa peça de António Patrício, escrita em 1913.

▲ Sepulcro de Inês de Castro, século XIV, na igreja do mosteiro de Santa Maria de Alcobaça, Portugal.

▲ Fernão Lopes, em selo português emitido em 1949.

A poesia palaciana

A poesia palaciana consistia em composições coletivas, produzidas para ser apresentadas nos serões do Paço Real, diante da corte.

Os poemas palacianos apresentaram muitas inovações em relação ao Trovadorismo, principalmente no tratamento do tema do amor, agora apresentado de modo menos idealizado. Esses poemas foram compilados pelo poeta Garcia de Resende em um único volume, o *Cancioneiro geral*, em 1516.

• Formas da poesia palaciana

A poesia reunida no *Cancioneiro geral* traz algumas diferenças importantes em relação à lírica dos trovadores galego-portugueses. A primeira delas diz respeito à exploração de versos com metro fixo, dentre os quais se destacam as redondilhas (de cinco e sete sílabas métricas). Outra inovação se refere ao uso sistemático de formas poéticas regulares, como:

- a **trova**: composta de duas ou mais quadras de versos de sete sílabas e rimas ABAB;
- o **vilancete**: composto de um mote (motivo de dois ou três versos) seguido de voltas ou glosas (estrofes em que o mote é desenvolvido) de sete versos;
- a **cantiga**: composta de um mote de quatro ou cinco versos e de uma glosa de oito ou dez versos, com repetição total ou parcial do mote no fim da glosa;
- a **esparsa**: composta de uma única estrofe de oito, nove ou dez versos de seis sílabas métricas.

A métrica regular, as estrofes com menor número de versos e o uso de glosas que retomavam o mote deram maior autonomia à linguagem poética. O acompanhamento musical deixou de ser necessário para garantir o ritmo, porque a própria linguagem passou a desempenhar essa função.

O teatro de Gil Vicente

Na Idade Média, as peças de teatro eram todas de caráter religioso e costumavam ser apresentadas no pátio das igrejas e dos mosteiros. Quando o Paço Real adquire maior importância, torna-se centro da movimentação cultural e é lá que as peças serão encenadas. A atividade teatral se intensifica e passa a abordar temas mais variados.

Em Portugal, o grande nome do teatro no Humanismo é Gil Vicente. Em 71 anos de vida, estima-se que tenha escrito cerca de 44 peças (17 em português, 11 em castelhano e 16 bilíngues). Escrita em 1502, sua primeira peça foi *Auto da visitação*, em homenagem à rainha D. Maria pelo nascimento de seu filho, o futuro rei D. João III. Como não se tem notícia de autores teatrais anteriores a Gil Vicente, ele é considerado o "pai do teatro português".

• Teatro, crítica e humor

As peças de Gil Vicente têm caráter moralizante, ou seja, procuram tematizar os comportamentos condenáveis e enaltecer as virtudes. A religião católica é tomada como referência para a identificação das virtudes e dos erros humanos. Mas, embora critique o comportamento mundano de membros da Igreja, a formação medieval faz com que as críticas de Gil Vicente sejam sempre voltadas para os indivíduos, jamais para as instituições religiosas.

GANERO, R. *Gil Vicente na corte de Dom Manuel I*. In: *História da Literatura Portuguesa Ilustrada*. Diário do Governo, Lisboa, 1928.

Sem fazer distinção entre os segmentos da sociedade, o teatro vicentino coloca no centro da cena erros de ricos e pobres, nobres e plebeus. O autor denuncia os exploradores do povo, como o fidalgo, o sapateiro e o agiota do *Auto da barca do inferno*; ridiculariza os velhos que se interessam por mulheres mais jovens, na farsa *O velho da horta*; enfim, traça um quadro animado da sociedade portuguesa do século XVI, procurando sempre, além de divertir, estimular um comportamento virtuoso.

Um recurso muito explorado por Gil Vicente é o uso de **alegorias**, ou seja, de representações, por meio de personagens ou objetos, de ideias abstratas, geralmente relacionadas aos vícios e virtudes humanas. Assim, no *Auto da barca do inferno*, o agiota traz consigo uma bolsa cheia de moedas que representa, alegoricamente, a sua ganância.

Apresentação do *Auto da Índia*, de Gil Vicente, em Almada, perante a Rainha D. Leonor, 1519. A presença de pessoas do povo que acompanham a apresentação atesta a popularidade do teatro do autor. In: *História da Literatura Portuguesa Ilustrada*. Diário do Governo, Lisboa, 1928.

As obras de Gil Vicente costumam ser divididas em três tipos:
- **Autos pastoris (éclogas)**: gênero a que pertencem algumas das primeiras obras do autor. Algumas dessas peças têm caráter religioso, como o *Auto pastoril português*; outras, profano, como o *Auto pastoril da serra da Estrela*.
- **Autos de moralidade**: gênero em que Gil Vicente se celebrizou. Suas peças mais conhecidas são autos de moralidade, como é o caso da *Trilogia das barcas* (*Auto da barca do inferno*, *Auto da barca do purgatório* e *Auto da barca da glória*) e do *Auto da Alma*.
- **Farsas**: peças de caráter crítico, utilizam como personagens tipos populares e desenvolvem-se em torno de problemas da sociedade. As mais populares são a *Farsa de Inês Pereira*, história de uma jovem que vê no casamento a sua chance de ascensão social, e *O velho da horta*, que ridiculariza a paixão de um velho casado por uma jovem virgem. Leia um trecho dessa farsa.

[...]
Entra a MOÇA na horta e diz o VELHO

	Senhora, benza-vos Deus.
MOÇA	Deus vos mantenha, senhor.
VELHO	Onde se criou tal flor? Eu diria que nos céus.
MOÇA	Mas no chão.
VELHO	Pois damas se acharão que não são vosso sapato!
MOÇA	Ai! Como isso é tão vão, e como as lisonjas são de barato!
VELHO	Que buscais vós cá, donzela, senhora, meu coração?
MOÇA	Vinha ao vosso hortelão, por cheiros para a panela.

VELHO	E a isso vinde vós, meu paraíso. Minha senhora, e não a aí?
MOÇA	Vistes vós! Segundo isso, nenhum velho não tem siso natural.
VELHO	Ó meus olhinhos garridos, minha rosa, meu arminho!
MOÇA	Onde é vosso ratinho? Não tem os cheiros colhidos?
VELHO	Tão depressa vinde vós, minha condessa, meu amor, meu coração!

MOÇA	Jesus! Jesus! Que coisa é essa? E que prática tão avessa da razão! Falai, falai doutra maneira! Mandai-me dar a hortaliça.
VELHO	Grão fogo de amor me atiça, ó minha alma verdadeira!
MOÇA	E essa tosse? Amores de sobreposse serão os da vossa idade; o tempo vos tirou a posse.
[...]

VELHO	Mais amo que se moço fosse com a metade.
MOÇA	E qual será a desastrada Que atende em vosso amor?
VELHO	Oh minha alma e minha dor, quem vos tivesse furtada!
MOÇA	Que prazer! Quem vos isso ouvir dizer cuidará que estais vós vivo, ou que estais para viver!
VELHO	Vivo não no quero ser, mas cativo!
[...]

VICENTE, Gil. *O velho da horta*. 32. ed. São Paulo: Ateliê Editorial, 1998. p. 70-72. (Fragmento).

Garridos: alegres, graciosos.
Ratinho: designação para camponês da região das Beiras (Litoral, Alta e Baixa regiões de Portugal).
Amores de sobreposse: amores forçados, sem naturalidade.

Preocupado com a correção dos costumes, Gil Vicente adotava como lema uma famosa frase de Plauto, dramaturgo latino: "rindo, corrigem-se os costumes". O riso desencadeado pelas cenas revelava que o público identificava e censurava uma conduta socialmente inadequada, como o velho apaixonado por uma jovem.

Essa opção garantia que, ao mesmo tempo que suas peças divertiam a nobreza, também contribuíam para educá-la.

Inês Pereira, personagem da obra *Farsa de Inês Pereira*, de Gil Vicente, 2. ed. 1586. In: GANERO, Roque. *História da Literatura Portuguesa Ilustrada*. Diário do Governo, Lisboa, 1928.

TEXTO PARA ANÁLISE

> O texto a seguir refere-se às questões de 1 a 3.

Texto 1

Ó meu bem, pois te partiste

Este poema é um exemplo da poesia palaciana apresentada nos serões do Paço Real português no século XV.

Ó meu bem, pois te partiste
dante meus olhos coitado,
os ledos me farão triste,
os tristes desesperado.

Triste vida sem prazer
me deixas com grã cuidado,
que por meu negro pecado
me vejo vivo morrer;
meu prazer me destruíste,
meu nojo será dobrado,
porque sou cativo, triste,
do meu bem desesperado.

Dante: diante.
Ledos: alegres.
Grã: grande.
Nojo: sofrimento.

MIRANDA, Diogo de. In: SPINA, Segismundo. *Era medieval*. 8. ed. São Paulo: Difel, 1985. p. 139-140. (Coleção Presença da Literatura Portuguesa).

1. Qual é o tema do poema?
   a) Como ele é desenvolvido?
   b) Que elemento formal permite reconhecer o poema como característico da poesia palaciana?

2. O que o vocativo "Ó meu bem" sugere a respeito da relação entre o eu lírico e a mulher amada?
   ▶ Explique em que esse tratamento é diferente daquele característico das cantigas trovadorescas.

3. Como o eu lírico está se sentindo?
   ▶ Que imagem o eu lírico faz do amor que sente? Justifique.

Lúcifer, personagem da obra *Auto da barca do inferno*, de Gil Vicente, 2. ed. 1586. In: GANERO, Roque. *História da Literatura Portuguesa Ilustrada*. Diário do Governo, Lisboa, 1928.

> O texto a seguir refere-se às questões de 4 a 8.

Texto 2

Auto da Alma

No trecho a seguir, a Alma fica dividida entre a salvação oferecida pelo Anjo e a tentação do Diabo.

[...] *(Vem o Anjo Custódio, com a Alma, e diz:)*

ANJO Alma humana, formada
de nenhuma coisa feita,
mui preciosa,
da morte separada,
e esmaltada
naquela forja perfeita,
e gloriosa.
[...]
ALMA Anjo que sois minha guarda,
olhai por minha fraqueza
terrenal!
Seja de toda a parte resguardada,
que não arda
a minha preciosa riqueza
principal.
[...]
(Afasta-se o Anjo; vem o Diabo e diz à Alma:)

DIABO Tão depressa, ó delicada,
alva pomba, para aonde ides?
Quem vos engana,
e vos leva tão cansada
por esta estrada,
que nem sequer sentis
se sois humana?
[...]
Gozai, gozai dos bens da terra,
procurai por senhorios
e haveres.
[...]
ANJO Oh, andai! Quem vos detém?
Como vindes para a Glória
devagar!
Oh, meu Deus! Oh, sumo bem!
Já ninguém
não se preza da vitória
em se salvar!
[...]
Oh, como viríeis pressurosa
e desejosa,
se vísseis quanto ganhais
nesta jornada!
[...]
(Afasta-se o Anjo, e volta Satanás:)

DIABO [...]
Andais muito desautorizada,
descalça, pobre, perdida.
Em suma:
não levais de vosso, nada.
[...]
Vesti ora este brial;
metei o braço por aqui.
Agora, esperai:
oh, como vem tão real!
Isto tal
me parece bem a mim:
andai!
[...]
(Volta o Anjo, e diz à Alma:)

ANJO Que andais aqui fazendo?
ALMA Faço o que vejo fazer
pelo mundo.
ANJO Ó Alma, vos estais perdendo,
[...]
O quanto caminhais avante,
o mesmo andastes para atrás
e de lado.
Tomastes, depressa
como guia,
o corsário Satanás,
porque quereis.
Oh! caminhai com cuidado,
que a Virgem gloriosa
vos espera.
Deixais vosso principado
deserdado!
Enjeitais a glória vossa
e pátria vera!
[...]
ALMA Andai! Dai-me cá essa mão!
Andai vós, que eu irei,
quanto puder. [...]

VICENTE, Gil. In: *Farsa de Inês Pereira/Auto da barca do inferno/Auto da Alma*. São Paulo: Martin Claret, 2004. p. 110-116. (Fragmento).

Forja: fornalha.
Terrenal: terreno, referente ao mundo.
Senhorios: posse, autoridade.
Haveres: conjunto de bens, dinheiro, posses.
Pressurosa: apressada.
Brial: vestido longo de seda ou de tecido luxuoso.

4. Que acontecimentos são apresentados no trecho transcrito?
   a) Quem são as personagens?
   b) Qual o papel que cada personagem desempenha no auto?

5. Qual seria a "preciosa riqueza principal" da Alma?
   ▶ De que maneira essa fala sugere o objetivo moralizante do texto? Explique.

6. Que argumentos o Diabo utiliza para desviar a Alma do caminho do Bem?
   a) A Alma sucumbe à tentação? Por quê? Transcreva no caderno o trecho em que ela se justifica ao Anjo.
   b) Os argumentos utilizados pelo Diabo e a justificativa da Alma permitem identificar os valores da sociedade criticados por Gil Vicente? Explique.

7. Gil Vicente é conhecido por fazer uma crítica forte aos costumes de sua época. Releia a última fala do Anjo. Que crítica ele faz?

8. Selecione um fato da linha do tempo que possa ser relacionado ao questionamento do teocentrismo medieval. Explique como se dá essa relação.

A luta entre o bem e o mal

Em o *Auto da Alma*, Gil Vicente trata da eterna disputa entre o bem e o mal pelas almas dos mortos. Na peça, o Anjo Custódio conduz a Alma até uma estalagem (alegoria da Igreja Católica), onde ela irá descansar. No caminho, o Diabo tenta a Alma com todos os tipos de prazeres mundanos.

Conteúdo digital Moderna PLUS
http://www.modernaplus.com.br
Tema animado: Humanismo.

Jogo de ideias

Neste capítulo, você viu que, no Humanismo, houve a intensificação da atividade teatral, com a consagração de Gil Vicente como o grande nome do teatro português. Por meio da ironia e da crítica, as suas peças retrataram a sociedade da época, denunciando os erros dos indivíduos e enaltecendo suas virtudes. É possível perceber, no entanto, que os temas tratados nas obras do autor português e os comportamentos condenáveis apontados por ele, por meio das personagens que criou, permanecem atuais. Por exemplo, o senhor que se apaixona pela mocinha, em *O velho da horta*, poderia ser associado, nos dias atuais, aos homens mais velhos que desejam se casar com moças muito mais jovens.

Para refletir sobre essa relação entre os temas discutidos no teatro humanista e a nossa época, propomos que, em equipe, você e seus colegas façam uma "atualização" de uma cena de uma peça vicentina. Vocês deverão escolher uma cena de uma das obras do autor que deverá ser representada para a sala, depois de reescrita com elementos atuais. Para cumprir essa tarefa, vocês deverão seguir os seguintes passos:

▶ identificar, nas peças, temas e comportamentos ali criticados e que permaneçam atuais (corrupção política, desejo de ascensão social por meio do casamento, etc.);

▶ escolher uma das cenas das peças analisadas para fazer a "atualização";

▶ relacionar as personagens presentes na cena escolhida a figuras sociais equivalentes em nossa época (o político corrupto, o rico inescrupuloso, o/a alpinista social, etc.);

▶ reescrever o texto e, principalmente, os diálogos a fim de garantir que sejam atuais;

▶ representar a cena para os colegas.

Material complementar Moderna PLUS
http://www.modernaplus.com.br
Palavra de Mestre: Segismundo Spina.

A tradição da *literatura humanista: a sátira de costumes*

O termo "humanismo" designa a perspectiva filosófica que desencadeou, no século XV, a valorização do ser humano. Nesse sentido, não faz referência a uma corrente estética definida. Mas, nesse período, destaca-se a obra de Gil Vicente, que se insere na tradição da ridicularização de comportamentos como instrumento de crítica social. É essa tradição que apresentamos a seguir.

Antiguidade: o riso moralizador das comédias de Plauto

VISCONTI, B. *Plauto*. s.d. Gravura, 16 × 11 cm.

Plauto (c. 254-184 a.C.) foi talvez o mais conhecido comediógrafo latino. Suas comédias desfrutavam de enorme popularidade e reproduziam com grande fidelidade a vida dos romanos de sua época. Usando uma linguagem mais coloquial e criando personagens de origem popular (escravos mentirosos, ladrões, velhos, cortesãs, etc.), Plauto reproduz situações cotidianas com enredos simples. O objetivo de suas peças era claro: provocar o riso que levaria a plateia a perceber como condenáveis comportamentos caracterizados de modo exagerado pelas personagens. Ele foi o primeiro a demonstrar que, através do riso, o ser humano pode ser levado a refletir sobre atitudes inadequadas e modificá-las. Shakespeare e Molière foram alguns dos importantes teatrólogos que buscaram inspiração nas comédias de Plauto.

O teatro humanista português

Com seus autos e farsas, Gil Vicente cria o teatro português de crítica social, desnudando a sociedade em que vive. Ao escolher as farsas para satirizar comportamentos que considera condenáveis, inscreve-se na tradição inaugurada por Plauto: a sátira de costumes. Para provocar a reflexão do público das cortes portuguesas do século XVI, Gil Vicente utiliza o mesmo recurso do comediógrafo latino: cria **tipos populares** que simbolizam vários comportamentos humanos inadequados (o jovem obtuso, a alcoviteira, o velho libidinoso, etc.).

Romantismo: o teatro de costumes de Martins Pena

Durante o Romantismo, o jovem Martins Pena escreve as primeiras peças teatrais brasileiras que dialogarão com a tradição da comédia de costumes. A sociedade brasileira do início do século XIX é apresentada sob a ótica de uma forte ironia. Desfilam em suas peças os casamentos por interesse, a dissimulação para obtenção de benefícios pessoais, a manipulação de pessoas ingênuas, a chantagem. Em sua comédia mais conhecida, *O noviço*, o homem pobre e ambicioso que se casa por interesse com uma viúva rica é a figura impiedosamente satirizada.

[...]

AMBRÓSIO — Escuta-me, Florência, e dá-me atenção. Crê que ponho todo o meu pensamento em fazer-te feliz...

FLORÊNCIA — Toda eu sou atenção.

AMBRÓSIO — Dous filhos te ficaram do teu primeiro matrimônio. Teu marido foi um digno homem e de muito juízo; deixou-te herdeira de avultado cabedal. Grande mérito é esse...

FLORÊNCIA — Pobre homem!

AMBRÓSIO — Quando eu te vi pela primeira vez, não sabia que eras viúva. (À parte:) Se o sabia! (Alto:) Amei-te por simpatia.

FLORÊNCIA — Sei disso, vidinha.

AMBRÓSIO — E não foi o interesse que obrigou-me a casar contigo.

FLORÊNCIA — Foi o amor que nos uniu.

AMBRÓSIO — Foi, foi, mas agora que me acho casado contigo, é de meu dever zelar essa fortuna que sempre desprezei.

FLORÊNCIA, à parte — Que marido!

AMBRÓSIO, à parte — Que tola!
[...]

PENA, Martins. O noviço. São Paulo: O Estado de S. Paulo/Klick Editora, 1997. p. 13. (Fragmento).

Cena da peça teatral O noviço, texto de Martins Pena, direção de Brian Penido, Teatro Aliança Francesa, São Paulo, 1994. Em cena, André Garolli (noviço Carlos) e Márcia Dib (Rosa).

Do teatro ao cinema

Na sociedade contemporânea, a tradição da crítica social construída com o auxílio de situações cômicas tem sido muito explorada pelo cinema. Mestres como Charles Chaplin se encarregaram de revitalizar o papel moralizante do riso, em obras imortais como O grande ditador e Tempos modernos.

Charlie Chaplin em cena do filme O grande ditador. EUA, 1940.

CONEXÕES

Para ler e pesquisar

▸ *Correspondência de Abelardo e Heloísa*, de Paul Zumthor.
São Paulo: Martins Fontes, 2002.

Livro que traz as cartas trocadas entre o teólogo Abelardo e Heloísa, sua discípula e grande amor. Nessa correspondência, além do amor entre os protagonistas, revela-se um quadro bastante esclarecedor sobre as questões mais importantes desse período histórico: o poder da Igreja, o papel da mulher na sociedade medieval e a evolução do pensamento humano nas universidades.

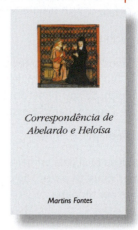

▸ *História artística da Europa*: a Idade Média, de Georges Duby.
Rio de Janeiro: Paz e Terra, 1997.

Coordenado por um importante medievalista francês, esse livro traça um amplo perfil da produção artística europeia entre os séculos V e XV, com capítulos que tratam das variadas formas de arte, desde a iluminura carolíngia, passando pela música polifônica e pelos vitrais.

▸ *Renascimento e Humanismo*, de Teresa Van Acker.
São Paulo: Atual, 1992.

Livro que trata da transição da Idade Média para a Idade Moderna, destacando os aspectos mais interessantes do mundo europeu do século XIV. Apresenta documentos, mapas, inventos e quadros renascentistas, levando o leitor a conhecer os valores renascentistas e os grandes pensadores dessa época.

▸ *Era medieval*, de Segismundo Spina.
São Paulo: Difel, 1985. (Coleção Presença da Literatura Portuguesa).

Antologia que traz os mais significativos textos desse período com comentários e notas do autor. Destaque para a seleção dos poemas e dos autores mais importantes do *Cancioneiro geral* e dos trechos da obra de Gil Vicente.

Para assistir

O inferno de Dante (Grandes clássicos da literatura).
Discovery Channel, 2003.

Um interessante documentário em que especialistas e leigos analisam o significado da primeira parte de *A divina comédia*, de Dante Alighieri. A apresentação dos principais momentos da jornada de Dante, guiado pelo poeta clássico Virgílio, pelos círculos infernais revela a ideia central desenvolvida no poema e que ganha força durante o Humanismo: o ser humano é o principal responsável por seu destino. As várias analogias com situações contemporâneas ajudam a compreender melhor a atemporalidade da obra de Dante.

Em nome de Deus, de Clive Donner.
Iugoslávia/Grã-Bretanha, 1988.

Filme que trata do amor entre o teólogo e professor Abelardo (1079-1142) e Heloísa, sua discípula, escritora que viveu na França entre 1110 e 1162. Esse amor proibido pelas imposições da Igreja Católica na sociedade medieval, que exigia a castidade de intelectuais como Abelardo, tem tristes consequências para as duas personagens. A partir da história dos amantes, o filme apresenta um excelente panorama do estilo de vida feudal, do peso das pressões religiosas medievais sobre os indivíduos e do papel da mulher no contexto da Idade Média.

Para navegar

http://www.citi.pt/gilvicenteonline/html/index.html
Site português que permite assistir à representação contemporânea de algumas peças de Gil Vicente (*Auto da alma*, *Auto da Índia*, *Farsa de Inês Pereira* e *Pranto de Maria Parda*). Merecem destaque também as seções "Saber mais, saber melhor", que contém interessantes informações sobre o contexto de produção e de circulação do teatro vicentino, e "Rede de conceitos", que oferece informações sobre os conceitos centrais para a obra do autor, mostra as relações entre temas de diferentes peças e traz informações sobre o contexto cultural, social e estético do momento em que foram escritas.

http://www.mundocultural.com.br
Site com biblioteca *on-line*, análises literárias e verbetes enciclopédicos. Destaque para as informações sobre Fernão Lopes e Gil Vicente, que podem ser acessadas por meio do sistema de busca do *site*.

http://alfarrabio.um.geira.pt/vercial/gvicente.htm
Site com um grande banco de dados sobre literatura portuguesa. Traz informações biográficas sobre Gil Vicente, trechos de algumas de suas obras e textos de análise literária sobre aspectos significativos da produção literária do autor.

http://www.universal.pt/main.php?id=34&p=1&s=33
Site com verbetes enciclopédicos sobre literatura portuguesa e universal, traz um verbete sobre o Humanismo.

http://www.stelle.com.br/pt/index_imagens.html
Site com informações sobre a vida de Dante Alighieri e a obra *A divina comédia*. Destaque para as pinturas, produzidas por diferentes artistas, inspirados na obra-prima de Dante. Há também várias pinturas retratando o autor, além de informações sobre a sua obra.

UMA VIAGEM NO TEMPO
Primeiras leituras

O contato com a produção artística nos abre uma janela para o passado e permite conhecer um pouco pessoas que viveram em diferentes momentos.
Os textos e as imagens desta seção foram selecionados para que você possa conversar com seus colegas a respeito do que eles revelam sobre o contexto em que foram produzidos. Quem eram seus autores? Como era o mundo em que viviam? Tinham interesses e preocupações semelhantes aos nossos?
Essas são somente algumas das questões que podem inspirar a conversa de vocês.

Alegres campos, verdes arvoredos,

Alegres campos, verdes arvoredos,
Claras e frescas águas de cristal,
Que em vós os debuxais ao natural,
Discorrendo da altura dos rochedos;

Silvestres montes, ásperos penedos,
Compostos em concerto desigual:
Sabei que, sem licença de meu mal,
Já não podeis fazer meus olhos ledos.

E, pois me já não vedes como vistes,
Não me alegrem verduras deleitosas
Nem águas que correndo alegres vêm.

Semearei em vós lembranças tristes,
Regando-vos com lágrimas saudosas,
E na[s]cerão saudades de meu bem.

CAMÕES, Luís Vaz de. *Obra completa.*
Rio de Janeiro: Nova Aguilar, 1988. p. 269.

Debuxais: esboçais, delineais.
Penedos: rochedos.
Concerto: harmonia.
Ledos: alegres.
Deleitosas: que causam prazer.

SODOMA. *Alegoria do amor celestial.* s.d. Óleo sobre tela.

SANZIO, R. *Mulher com unicórnio.* C. 1505. Óleo sobre madeira, 65 × 51 cm.

Amor é um fogo que arde sem se ver;

Amor é um fogo que arde sem se ver;
É ferida que dói e não se sente;
É um contentamento descontente;
É dor que desatina sem doer;

É um não querer mais que bem querer;
É um andar solitário por entre a gente;
É nunca contentar-se de contente;
É um cuidar que ganha em se perder;

É querer estar preso por vontade;
É servir a quem vence, o vencedor;
É ter com quem nos mata lealdade.

Mas como causar pode seu favor
Nos corações humanos amizade,
Se tão contrário a si é o mesmo Amor?

CAMÕES, Luís Vaz de. *Obra completa.*
Rio de Janeiro: Nova Aguilar, 1988. p. 270.

Eu cantarei de amor tão docemente,

Eu cantarei de amor tão docemente,
Por uns termos em si tão concertados,
Que dous mil acidentes namorados
Faça sentir ao peito que não sente.

Farei que amor a todos avivente,
Pintando mil segredos delicados,
Brandas iras, suspiros magoados,
Temerosa ousadia e pena ausente.

Também, Senhora, do desprezo honesto
De vossa vista branda e rigorosa,
Contentar-me-ei dizendo a menos parte.

Porém, pera cantar de vosso gesto
A composição alta e milagrosa,
Aqui falta saber, engenho e arte.

CAMÕES, Luís Vaz de. *Obra completa*.
Rio de Janeiro: Nova Aguilar, 1988. p. 280.

> **Concertados:** harmoniosos.
> **Dous:** dois.
> **Pena:** sofrimento.
> **Pera** (arcaísmo): para.

Tanto de meu estado me acho incerto,

Tanto de meu estado me acho incerto,
Que em vivo ardor tremendo estou de frio;
Sem causa, juntamente choro e rio;
O mundo todo abarco e nada aperto.

É tudo quanto sinto um desconcerto;
Da alma um fogo me sai, da vista um rio;
Agora espero, agora desconfio,
Agora desvario, agora acerto.

Estando em terra, chego ao Céu voando;
Nũa hora acho mil anos; e é de jeito
Que em mil anos não posso achar ũa hora.

Se me pergunta alguém porque assi[m] ando,
Respondo que não sei; porém suspeito
Que só porque vos vi, minha Senhora.

CAMÕES, Luís Vaz de. *Obra completa*.
Rio de Janeiro: Nova Aguilar, 1988. p. 299.

> **Abarco:** abraço.
> **Desvario:** deliro.

SANZIO, R. *Teto da Stanza della Segnatura*: Poesia. 1509-1511. Afresco, 180 × 180 cm.

Impedimentos não admito para a união

Impedimentos não admito para a união
De corações fiéis; amor não é amor
Quando se altera se percebe alteração
Ou cede em ir-se quando é infiel o outro amador.
Oh! não, ele é um farol imóvel tempo em fora,
Que as tempestades olha e nem sequer trepida;
É a estrela para as naus, cujo poder se ignora,
Malgrado seja a sua altura conhecida.
O amor não é joguete em mãos do tempo, embora
Face e lábios de rosa a curva foice abata;
Não muda em dias, não termina em uma hora,
Porém até o final das eras se dilata.
        Se isso for erro e o meu engano for provado,
        Jamais terei escrito e alguém terá amado.

SHAKESPEARE, William. *Sonetos*. Tradução de Péricles Eugênio da Silva Ramos. Rio de Janeiro: Ediouro. p. 113.

> **Malgrado:** apesar de, embora.
> **Dilata:** cresce, aumenta.

TICIANO. *Vênus vendando os olhos de Cupido*. 1565. Óleo sobre tela, 118 × 185 cm.

Capítulo 8
Classicismo

▲ TICIANO. *Baco e Ariadne*. 1523-1524. Detalhe. Óleo sobre tela, 175 × 190 cm.

OBJETIVOS

Ao final do estudo deste capítulo, você deverá ser capaz de:

1. Explicar o que foi o **Renascimento** e de que modo influenciou a produção artística.

2. Reconhecer e justificar as relações entre o **projeto literário do Classicismo** e o perfil do público, as condições de produção e de circulação dos textos no período.

3. Identificar temas e estruturas associados à **lírica** e à **épica camoniana**.

4. Explicar a importância do **neoplatonismo** para a lírica camoniana.

5. Interpretar o tratamento dado por Camões aos temas recorrentes em sua poesia.

6. Analisar de que modo textos literários produzidos em diferentes momentos sofreram a influência da poesia de Luís de Camões.

O século XV traz o ser humano para o centro dos acontecimentos, relegando para segundo plano o Deus todo-poderoso do período medieval. Essa mudança de mentalidade, que se iniciou com o Humanismo, chega ao apogeu com o Renascimento. Neste capítulo, você vai saber como essa mudança ocorreu e quais foram suas consequências.

Leitura da imagem

1. A pintura de Ticiano representa o encontro entre Baco, o deus romano do vinho, e Ariadne, a filha do rei Minos, de Creta, por quem o deus se apaixonou à primeira vista. Que elementos remetem ao universo da mitologia greco-latina?

2. O quadro de Ticiano pode ser associado à arte medieval? Por quê?
   ▶ Que efeito tem o uso das cores no quadro? Justifique.

3. As pinturas renascentistas se caracterizavam pela composição equilibrada e harmoniosa da cena. Faça uma experiência: imagine duas linhas diagonais ligando os cantos opostos do quadro. Sobre que figura essas duas linhas se cruzariam?
   ▶ O que a posição central que essa figura ocupa sugere a seu respeito?

Da imagem para o texto

▶ No poema a seguir, Cupido desperta Amor com suas flechas.

Bendito seja o dia, o mês, o ano

Bendito seja o dia, o mês, o ano,
A sazão, o lugar, a hora, o momento,
E o país de meu doce encantamento
Aos seus olhos de lume soberano.

E bendito o primeiro doce afano
Que tive ao ter de Amor conhecimento
E o arco e a seta a que devo o ferimento,
Aberta a chaga em fraco peito humano.

Bendito seja o mísero lamento
Que pela terra em vão hei dispersado
E o desejo e o suspiro e o sofrimento.

Bendito seja o canto sublimado
Que a celebra e também meu pensamento
Que na terra não tem outro cuidado.

PETRARCA. *Poemas de amor de Petrarca*.
Tradução de Jamil Almansur Haddad.
Rio de Janeiro: Ediouro, 1998. p. 37.

4. Ao longo do poema, o eu lírico bendiz coisas de natureza diferente, como um dia, um país, um gesto. O que todos os elementos têm em comum?

Ticiano Vecellio (c. 1487--1576) pertenceu à escola veneziana de pintura. Considerado o grande mestre renascentista do uso da cor, foi um dos artistas mais bem--sucedidos do período, graças ao patrocínio recebido do papa e dos reis da França. Pintou *Baco e Ariadne* para um poderoso duque, que encomendou ao artista uma série de quadros para decorar uma sala em sua casa de campo.

▲ CARRACCI, A. *Retrato de Ticiano*. Século XVI. Gravura.

Sazão: cada uma das estações do ano (primavera, verão, outono, inverno).
Afano: afã, aflição, ansiedade.
Cuidado: preocupação, interesse.

Francesco Petrarca (1304–1374), poeta e humanista, é considerado um dos maiores nomes da poesia italiana. Conhecido principalmente por sua lírica amorosa e por ter fixado a forma do soneto, Petrarca representa, na literatura, a mais perfeita expressão dos ideais renascentistas. Os ecos de seus versos podem ser percebidos em Camões, Sá de Miranda e Shakespeare, entre outros.

▲ Escola italiana. *Porta--retrato de Francesco Petrarca*. Século XVI. Óleo sobre tela, 33 × 23 cm.

Luzes e trevas

A sensação de grande desenvolvimento experimentada por cientistas e artistas a partir do Humanismo criou um olhar desfavorável para a Idade Média. Empenhados em reconstruir, no continente europeu, a civilização greco-romana, esses homens passaram a se referir à Europa medieval como a "Idade das Trevas". Essa visão depreciativa da Idade Média fez com que, durante séculos, todo o progresso cultural, artístico e filosófico alcançado no período, que foi bastante grande, fosse ignorado.

5. Os trovadores tratavam do tema do sofrimento amoroso em suas cantigas. No poema de Petrarca, o eu lírico também se refere a esse sofrimento. Em quais versos isso acontece?

▶ A abordagem do sofrimento amoroso, feita por Petrarca, assemelha-se às cantigas de amor trovadorescas? Por quê?

6. Releia.

"E bendito o primeiro doce afano
Que tive ao ter de Amor conhecimento
E o arco e a seta a que devo o ferimento,
Aberta a chaga em fraco peito humano."

a) Qual a metáfora utilizada para o amor pelo eu lírico?
b) O eu lírico atribui o início do amor a Cupido. Que elementos do texto permitem essa identificação?
c) A alusão a elementos da mitologia greco-latina é característica da produção artística do Renascimento. Por que a referência a esses mitos indica uma perspectiva diferente daquela predominante na Idade Média?

7. Que características comuns podemos identificar entre o quadro de Ticiano e o poema de Petrarca?

A Europa do Renascimento

O abandono da perspectiva teocêntrica medieval e a retomada dos ensinamentos e modelos da Grécia e de Roma definem o **Renascimento**. Esse termo foi escolhido para identificar o desejo de promover uma renovação filosófica, artística, econômica e política, de modo a recriar, na Europa, uma sociedade organizada a partir dos princípios da Antiguidade clássica.

O fascínio pela vida das cidades e o desejo de desfrutar os prazeres que o dinheiro podia proporcionar levaram a sociedade renascentista a cultivar cada vez mais os valores terrenos. O ser humano e sua felicidade imediata eram o centro dessa nova visão.

Até hoje, as obras de artistas como Michelangelo, Leonardo da Vinci, Ticiano, Botticelli e Rafael refletem o esplendor da forma humana como medida da perfeição total.

EYCK, V. *O casal Arnolfini*. 1434. Óleo sobre madeira, 81,8 × 59,5 cm.

De olho no *livro*

Mistério e morte entre os mestres da pintura renascentista

[...] os novos mecenas retratados não podiam esconder sua origem: por baixo dos luxuosos ornamentos, das ricas roupas douradas, era possível ver o sapato do homem comum, que se deslocava a pé e não a cavalo ou em liteira, como fazia a nobreza. A pintura de Van Eyck comprovava isso: o marido do casal Arnolfini, embora se tivesse feito pintar rodeado de pompas, sedas e peles, aparecia posando com rústicos tamancos de madeira. [...]

ANDAHAZI, Federico. *O segredo dos flamengos*. Tradução de Sérgio Fischer. Porto Alegre: L&PM, 2004. p. 43. (Fragmento).

A rivalidade entre os pintores italianos e os grandes pintores holandeses é o tema central de *O segredo dos flamengos*.

O Classicismo: valorização das realizações humanas

Nas obras dos mestres gregos e romanos, os artistas do Renascimento encontraram o modelo ideal para definir o "novo" indivíduo.

> **Tome nota**
>
> **Classicismo** é a denominação da tendência artística que revitalizou a tradição clássica de afirmar a superioridade humana. Para recriar os ideais da Antiguidade greco-latina, o Classicismo valorizou as proporções, o equilíbrio das composições, a harmonia das formas e a idealização da realidade. Manifestou-se tanto nas artes plásticas quanto na música, na literatura e na filosofia.

Projeto literário do Classicismo
- Retomar os modelos da Antiguidade clássica
- Adotar a razão como parâmetro de observação e interpretação da realidade
- Afirmação da superioridade humana (antropocentrismo)
- Valorização do esforço individual

O projeto literário do Classicismo

Associado ao Renascimento, o Classicismo revela em seu nome a principal característica de seu projeto literário: a retomada de modelos da Antiguidade clássica.

A nova perspectiva do Classicismo promove uma transformação radical no modelo medieval. É hora de o ser humano orgulhar-se de suas conquistas e buscar a felicidade terrena. Para isso, é necessário valorizar o esforço individual, que se manifesta tanto no investimento em educação como na participação social mais ativa.

Os textos do Classicismo farão a propaganda da visão de mundo humanista, que passa a definir toda a produção estética do período.

Os agentes do discurso

As transformações sociais promovidas pelo enriquecimento das cidades afetarão diretamente o **contexto de produção** da literatura do Classicismo. Se na Idade Média muitos dos trovadores eram nobres que compunham suas cantigas e as apresentavam para outros membros do mesmo segmento social, no Renascimento esse cenário será alterado com o surgimento de jovens artistas, geralmente filhos de pequenos comerciantes, que vivem sob a proteção dos mercadores mais ricos e poderosos, para os quais produzem.

A cultura vira um bem precioso para os novos ricos, porque, patrocinando artistas e poetas, eles justificam sua aceitação pela nobreza. Essa troca de interesses entre burgueses e artistas faz aparecer a figura do **mecenas**.

O mecenas era o burguês rico que exibia sua fortuna e seu poder por meio das pinturas e esculturas que encomendava para decorar seus palácios ou dos poemas que imortalizavam seu nome. É nesse contexto que a pintura de retratos passa a ser muito valorizada.

A **circulação das obras literárias** continua sob o impacto da invenção da prensa móvel. A maior facilidade de impressão faz com que mais cópias de uma mesma obra sejam produzidas, barateando o custo dos livros e tornando-os acessíveis a um maior número de pessoas. As universidades tornam-se os grandes centros públicos de leitura e discussão. Os mecenas encomendam cópias dos textos de filósofos e poetas para montar bibliotecas particulares.

> **Mecenato e explosão artística**
>
> A arte assumiu um papel político para os novos ricos italianos. Por meio dos artistas que financiavam, os mecenas afirmavam a extensão de seu poder. A batalha de egos travada entre mecenas de cidades como Mântua, Ferrara e Veneza desencadeou uma verdadeira explosão artística na Europa do século XV. A Igreja, que havia perdido poder temporal, entrou na disputa pelos artistas mais famosos, como Rafael e Michelangelo.

Agnolo Doni, rico mercador fiorentino, foi um dos mecenas que financiaram o trabalho de Rafael.

- 1351 — Francesco Petrarca começa a escrever seus poemas líricos (*Rimas*).
- 1417 — Criação da escola de Sagres pelo infante D. Henrique.

Infante Dom Henrique, em selo português de 1960.

- 1420-1436 — Filippo Brunelleschi constrói a cúpula da Catedral Santa Maria del Fiore, em Florença, e revoluciona as leis da perspectiva.
- 1441-1443 — Exploração da costa da África pelos portugueses.
- 1455 — Johann Gutenberg inventa a prensa móvel.
- c.1478 — Sandro Botticelli completa o quadro *Primavera*, uma das obras-primas do Renascimento italiano.

Detalhe de *Primavera*, têmpera sobre madeira, 203 × 314 cm.

- 1492 — Cristóvão Colombo chega ao Caribe e "descobre" a América.
- 1495-1497 — Leonardo da Vinci pinta, em Milão, *A última ceia*.
- 1500 — Viagem de Vasco da Gama para a Índia. Chegada dos portugueses ao Brasil.
- 1509-1511 — Rafael pinta os afrescos da Stanza della Segnatura, sala no palácio do Vaticano.
- 1508-1512 — Michelangelo pinta os afrescos do teto da Capela Sistina, no Vaticano.

• O Classicismo e o público

Na Europa do Renascimento, as cortes ainda são centros de poder e, portanto, de produção cultural. O enriquecimento dos mercadores e comerciantes, porém, amplia o público dos textos literários e filosóficos, incluindo agora a burguesia em ascensão. Os filhos dos ricos comerciantes são, a partir desse momento, mais numerosos nas universidades do que os membros da nobreza de sangue. A cultura torna-se, para essas pessoas, sinônimo de qualificação social, já que não contam com um sangue "nobre" que lhes garanta prestígio e reconhecimento imediato.

Jardins da Universidade de Pádua, Itália, fundada em 1545 por Francesco Bonafede. As universidades recebem filhos dos comerciantes ricos que ali buscam cultura e prestígio. Gravura de 1854, de autor desconhecido.

As obras de Platão e Aristóteles, as tragédias de Ésquilo e Eurípides, os tratados de oratória de Cícero, as odes de Horácio, os poemas épicos de Homero e Virgílio são alguns dos textos clássicos estudados e discutidos nas universidades, pelos jovens burgueses.

Criação e imitação

O conceito de originalidade na criação literária é uma invenção moderna. Durante o Renascimento, os escritores investiram na recriação de temas clássicos e retomaram, em suas obras, o princípio aristotélico da **mimese**. Como foi visto no Capítulo 3, Aristóteles atribuía à literatura a função de reproduzir os comportamentos humanos, para que o ser humano pudesse aprender com a "imitação" (mimese) da realidade.

Olhar racional para o mundo

Para revelar o que está no universo, o artista do Classicismo adota a **razão** como parâmetro de observação e interpretação da realidade. O olhar racional desencadeia, na literatura, uma das características mais marcantes da poesia do período: a tentativa de explicar os sentimentos e as emoções humanas. O soneto, tipo de composição preferida dos clássicos, revela o desejo de adaptar a expressão lírica a uma forma que permita o desenvolvimento de um raciocínio completo.

> **Tome nota**
>
> Na poesia, a tentativa de conciliar razão e sentimento costuma ser apresentada por meio de uma figura de linguagem chamada **paradoxo**. O paradoxo é a associação de ideias contraditórias. Petrarca usa essa figura para definir o amor: ele é apresentado como "doce [...] tormento", "viva morte" e "deleitoso mal". Morte é o contrário de vida. Quando o amor é caracterizado como uma "viva morte", cria-se a contradição de ideias que define um paradoxo.
>
> Outra figura de linguagem utilizada para apresentar imagens ou características que se opõem é a **antítese**. A antítese expressa modos diferentes e opostos de caracterizar um mesmo elemento. No soneto de Petrarca, ocorre uma antítese na oposição entre "coisa boa" e "coisa má" nos dois últimos versos da primeira estrofe. Os adjetivos *boa* e *má* indicam possibilidades opostas de caracterização do amor. Se fosse um paradoxo, o amor seria apresentado como *bom* e *mau*, simultaneamente.

 Conteúdo digital Moderna PLUS http://www.modernaplus.com.br
Filme: trecho de *Elizabeth*, de Shekhar Kapur.

No soneto a seguir, o eu lírico reflete sobre a essência e os efeitos do amor.

> Se amor não é qual é este sentimento?
> Mas se é amor, por Deus, que cousa é a tal?
> Se **boa** por que tem ação mortal?
> Se **má** por que é tão **doce** o seu **tormento**?
>
> Se eu ardo por querer por que o lamento
> Se sem querer o lamentar que val?
> Ó **viva morte**, ó **deleitoso mal**,
> Tanto podes sem meu consentimento.
>
> E se eu consinto sem razão pranteio.
> A tão contrário vento em frágil barca,
> Eu vou por alto-mar e sem governo.
>
> É tão grave de error, de ciência é parca
> Que eu mesmo não sei bem o que eu anseio
> E tremo em pleno estio e ardo no inverno.
>
> PETRARCA. *Poemas de amor de Petrarca*. Tradução de Jamil Almansur Haddad. Rio de Janeiro: Ediouro, 1998. p. 63.

Desenvolvimento do tema

Nas duas primeiras estrofes, o eu lírico mostra, com as perguntas que faz, a natureza contraditória do sentimento amoroso. Em princípio, o amor deveria ser um bom sentimento, mas sua ação é mortal; deveria ser doce, mas provoca o tormento de quem se apaixona.

A segunda estrofe revela que, mesmo quando é resultado da intenção do sujeito ("eu ardo por querer"), o sentimento amoroso não causa as reações esperadas, tamanho o poder que tem sobre as pessoas.

Conclusão do raciocínio

Incapaz de explicar racionalmente a natureza do amor, o eu lírico conclui que não pode reclamar dos efeitos do amor porque eles ocorrem com o seu consentimento ("se eu consinto sem razão pranteio"). Procura, então, uma imagem que possa definir melhor o seu comportamento e apresenta-se como uma barca desgovernada em alto-mar.

Na última estrofe, admite que não foi capaz de explicar o que é o amor (seu conhecimento é insuficiente) nem de definir o que deseja. Só consegue reconhecer seu comportamento contraditório (tremer no verão e arder no inverno).

Perspectiva humanista

Outra consequência do desejo de compreender o mundo é procurar conhecer a natureza humana. Os grandes artistas se preocupavam em compreender a mecânica dos movimentos para serem capazes de representar o corpo humano de modo harmônico, respeitando as relações de proporção entre as partes e revelando uma concepção de beleza associada à harmonia e à simetria.

Tendência à universalidade

A busca de novos territórios e a expansão comercial ampliam os horizontes humanos. Em termos espaciais, o mundo do Renascimento é muito maior do que aquele conhecido na Idade Média. Em *Os lusíadas*, por exemplo, Camões revela esse olhar investigador do Renascimento quando caracteriza os costumes religiosos dos malabares e espanta-se com a possibilidade de uma mesma mulher ser compartilhada por mais de um homem.

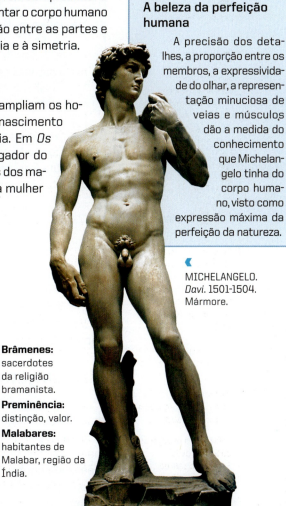

A beleza da perfeição humana

A precisão dos detalhes, a proporção entre os membros, a expressividade do olhar, a representação minuciosa de veias e músculos dão a medida do conhecimento que Michelangelo tinha do corpo humano, visto como expressão máxima da perfeição da natureza.

MICHELANGELO. *Davi*. 1501-1504. Mármore.

> [...]
> Brâmenes são os seus religiosos,
> Nome antigo e de grande preminência;
> Observam os preceitos tão famosos
> Dum que primeiro pôs nome à ciência;
> Não matam cousa viva e, temerosos,
> Das carnes têm grandíssima abstinência.
> [...]
> Gerais são as mulheres, mas somente
> Pera os da geração de seus maridos.
> Ditosa condição, ditosa gente,
> Que não são de ciúmes ofendidos!
> Estes e outros costumes variamente
> São pelos Malabares admitidos.
> A terra é grossa em trato, em tudo aquilo
> Que as ondas podem dar, da China ao Nilo.
> [...]
>
> CAMÕES, Luís Vaz de. Os lusíadas. In: *Obra completa*. Rio de Janeiro: Nova Aguilar, 1988. p. 171. (Fragmento).

Brâmenes: sacerdotes da religião bramanista.
Preminência: distinção, valor.
Malabares: habitantes de Malabar, região da Índia.

Em lugar de esperar que o conhecimento do mundo lhe seja dado por revelação divina, o novo indivíduo procura observar a natureza, documentar e analisar o que vê. Essa postura faz com que os textos do Classicismo ganhem uma perspectiva mais universalista.

O resgate da poesia clássica

Os poemas do Classicismo giram em torno da temática amorosa (em que o eu lírico manifesta um amor puro, de absoluta devoção à mulher amada, dona de uma beleza perfeita) ou bucólica (em que a natureza é caracterizada como espaço em que a harmonia, a simplicidade e o equilíbrio são expressão de felicidade). A poesia épica, que exaltava os feitos heroicos, também é retomada. Em Portugal, surge o maior poema épico da língua portuguesa: *Os lusíadas*, de Luís de Camões.

Outros temas explorados serão extraídos da poesia de Horácio (65-8 a.C.), grande poeta latino. Destacam-se o *carpe diem* e as reflexões a respeito do impacto da passagem do tempo sobre o ser humano e a natureza.

A origem do *carpe diem*

Como tema literário, o *carpe diem* faz referência à filosofia de vida que recomenda aproveitar intensamente o momento presente, da juventude, porque o futuro trará a velhice, a decrepitude e a morte. Essa expressão, que significa "cantar o dia", foi utilizada pela primeira vez em um poema de Horácio.

Não indagues, Leucónoe

Não indagues, Leucónoe, ímpio é saber,
    a duração da vida
que os deuses decidiram conceder-nos,
nem consultes os astros babilônios:
    melhor é suportar
    tudo o que acontecer.
[...]
    Enquanto conversamos,
    foge o tempo invejoso.
Desfruta o dia de hoje [*carpe diem*],
acreditando o mínimo possível no amanhã.

HORÁCIO. *Poesia grega e latina*. Tradução de Péricles Eugênio da Silva Ramos. São Paulo: Cultrix, 1964. p. 185. (Fragmento).

Ímpio: terrível.

A natureza como expressão de beleza, harmonia e equilíbrio também é frequentemente usada como termo de comparação para a beleza feminina ou como parâmetro para os sentimentos humanos.

Veremos, mais adiante, como todos esses temas aparecem na poesia lírica de Luís de Camões.

Linguagem e formas

Os sonetos de Petrarca mostram um novo modo de tratar a temática amorosa, em voga na Itália desde o século XIII e chamado de "doce estilo novo" (*doce*, porque os poetas consideravam os versos de dez sílabas mais musicais que os de sete). Esse tratamento é bem diferente da visão idealizada adotada no Trovadorismo, uma vez que procura reinterpretar o amor a partir de uma perspectiva mais racional e filosófica. Isso dá aos poemas um tom mais indagador e analítico, como no soneto "Se amor não é, qual é este sentimento?". A linguagem, marcada pelo uso de antíteses e paradoxos, reflete essa mudança de perspectiva.

A influência greco-latina também se manifesta no reaparecimento da ode e da elegia, mas o soneto continua sendo a forma poética predominante. Já os versos de dez sílabas métricas (decassílabos), chamados de **medida nova**, substituem a preferência medieval e humanista pelos versos de sete e cinco sílabas métricas (redondilhas), denominados **medida velha**.

TEXTO PARA ANÁLISE

> O texto a seguir refere-se às questões de 1 a 5.

Quando na passagem do tempo perdido

No soneto abaixo, Shakespeare reflete sobre como a beleza é registrada pela literatura.

Quando na passagem do tempo perdido
Vejo descritos os belos ramos,
E a beleza emprestar seus dons à velha rima,
Ao elogiar as damas mortas e os belos cavaleiros,
Então, no brasão da melhor doçura da beleza,
Da mão, dos pés, dos lábios, dos olhos, da fronte,
Vejo que sua antiga pluma teria expressado
Mesmo tal beleza como teu senhor agora.
Então, todos os elogios não são senão profecias
Deste nosso tempo, tudo que pressagias,
E, mesmo vendo com olhos de adivinho,
Não tinham talento suficiente para cantar os teus dons;
　　Pois nós, que hoje aqui estamos, e vemos,
　　Temos olhos para sonhar, mas não línguas para louvar.

SHAKESPEARE, William. *154 Sonetos*. Tradução de Thereza Christina Rocque da Motta. Rio de Janeiro: Ibis Libris, 2009. p. 125.

1. Qual é o assunto do soneto?

2. Qual é a imagem de mulher apresentada no poema?
   ▶ Essa imagem determina o sentimento do eu lírico em relação à sua amada? Por quê?

3. Como podem ser interpretados os versos "Vejo que sua antiga pluma teria expressado/Mesmo tal beleza como teu senhor agora."?

4. Como poderia ser caracterizado o tipo de amor que essa mulher desperta no eu lírico?
   ▶ De que forma a manifestação desse amor indica a filiação do soneto de Shakespeare ao Classicismo?

5. Compare as informações referentes à produção artística apresentadas na linha do tempo deste capítulo com as da linha do tempo do capítulo anterior.
   ▶ Discuta com seus colegas: o termo "Renascimento" traduz o processo de transformação ocorrido na Europa durante o século XV? Por quê?

William Shakespeare (1564-1616), poeta e dramaturgo, é considerado um dos maiores escritores de todos os tempos. Conhecido principalmente pelas peças que escreveu, ele representa, na literatura inglesa, a mais perfeita expressão dos ideais renascentistas elisabetanos. Além da produção teatral, Shakespeare escreveu dois poemas narrativos durante a juventude e mais de 100 sonetos, considerados os mais belos da língua inglesa.

William Shakespeare com traje típico elizabetano, 1608.

O Classicismo em Portugal

Os reis portugueses começaram a lançar suas caravelas em busca de novas terras e novas rotas marítimas ainda no século XV. Impulsionados, principalmente, pela necessidade de se livrarem da dependência dos mercadores venezianos para conseguir as especiarias tão valorizadas e apreciadas pela corte, seu maior desejo era descobrir o caminho marítimo para as Índias e para o Extremo Oriente.

O século XVI encontra Portugal realizando as grandes navegações, que cruzavam o oceano Atlântico e iam, aos poucos, ampliando o império lusitano ultramarino. É nesse contexto de prosperidade econômica que o Classicismo chega ao país.

Francisco de Sá de Miranda: entre o passado e o presente

A volta do poeta Francisco de Sá de Miranda da Itália, em 1526, é considerada o momento inicial do Classicismo em Portugal. A importância de sua viagem é muito grande, porque foi na Itália que Sá de Miranda, educado com uma mentalidade medieval, entrou em contato com a visão humanista e com as inovações literárias do período, principalmente a partir da leitura da obra de Petrarca.

Inspirado no mestre italiano, ele começou a utilizar as formas poéticas características do Classicismo, inovando a cena literária portuguesa, que ainda cultivava estruturas típicas da poesia medieval.

Usou a medida nova e a velha em seus poemas, que, pelos temas abordados, também revelam uma face voltada para o passado e outra para o presente. Quando faz o elogio da vida rústica e defende a preservação da liberdade individual, assume um perfil renascentista. Quando critica os costumes, a ambição provocada pelo ouro e a corrupção moral, mostra sua face mais conservadora e moralista.

Camões: cantor de uma época e de um povo

Luís Vaz de Camões é considerado um dos maiores poetas da língua portuguesa. Em sua vasta obra, imortalizou as glórias de seu povo, registrou de modo sublime os sofrimentos amorosos, indagou sobre as inconstâncias e incertezas da vida.

• *Os lusíadas*: reinvenção épica da história de Portugal

Como se viu no Capítulo 3, *Os lusíadas* são uma epopeia de imitação, porque seguem o modelo estabelecido, na Antiguidade, pelos poemas homéricos. Quando Camões publicou sua epopeia, cumpriu a função de relembrar a grandiosidade portuguesa, já em decadência naquele momento.

Como homem de seu tempo, Camões faz em *Os lusíadas* uma crítica explícita à cobiça e à tirania no episódio do Velho do Restelo (Canto IV). O velho, ao protestar contra as grandes navegações no momento da partida da esquadra de Vasco da Gama, deixa claro que o povo é quem navega e morre, enquanto o rei e a burguesia dividem entre si os lucros.

Muitas informações sobre a vida de Luís Vaz de **Camões** são incertas. Não se sabe, por exemplo, se ele nasceu no ano de 1524 ou 1525, em Lisboa ou Coimbra. A passagem mais conhecida de sua vida também parece associar realidade e fantasia.

Em 1554, Camões foi para Macau, então colônia portuguesa, na China, atuar como "provedor de defuntos e ausentes". Na viagem de volta, naufragou na foz do rio Mekong. Diz-se que, durante o naufrágio, o poeta escolhera salvar o manuscrito de *Os lusíadas*, enquanto sua amada chinesa, Dinamene, morria afogada. A ela, Camões dedicou uma série de sonetos.

De volta a Lisboa, publica sua epopeia, em 1572, com o patrocínio do rei D. Manuel. A morte do poeta, no dia 10 de junho de 1580, marca o fim do Classicismo português.

▲ Selo de Moçambique com uma estância de *Os lusíadas*, 1969.

A estrutura de *Os lusíadas*

A estrutura: dividido em dez Cantos que apresentam, no total, 1.102 estrofes organizadas em oitava rima (ABABABCC) – também conhecida como oitava real – e que perfazem 8.816 versos, todos decassílabos.

O tema: cantar "a glória do povo navegador português" e a memória dos reis que "foram dilatando a Fé, o Império".

O herói: o navegador Vasco da Gama. A leitura do poema, porém, revela também o caráter heroico do povo lusitano.

A divisão dos Cantos

Proposição: trata-se da apresentação do poema, com a identificação do tema e do herói (constituída pelas três primeiras estrofes do Canto I).

Invocação: o poeta pede às musas que lhe deem "um engenho ardente" e "um som alto e sublimado" (estrofes 4 e 5 do Canto I). No caso de Camões, as musas escolhidas são as Tágides, ninfas do rio Tejo, que corta a cidade de Lisboa.

Dedicatória: o poema é dedicado a D. Sebastião, rei de Portugal na época em que o poema foi publicado (estrofes 6 a 18 do Canto I).

Narração: desenvolvimento do tema, com o relato dos episódios da viagem de Vasco da Gama e com a reconstituição da história passada dos reis portugueses (inicia na estrofe 19 do Canto I e termina na estrofe 144 do Canto X).

Epílogo: encerramento do poema. O poeta pede às musas que calem a voz de sua lira, pois se encontra desiludido com uma pátria que já não merece ter suas glórias louvadas (estrofes 145 e 156 do Canto X).

• A poesia lírica camoniana

Camões dominou com excelência várias formas do gênero lírico. Escreveu sonetos, odes, éclogas e elegias. Usou, com maestria, os metros característicos da medida velha e da nova. Em todas as formas poéticas, o poeta português deixou a marca de sua genialidade.

Os poemas da medida velha

As redondilhas camonianas eram compostas geralmente de um **mote** e uma ou mais estrofes que constituíam **voltas** ou **glosas** ao mote.

Volta a cantiga alheia

Na fonte está Lianor
Lavando a talha e chorando,
Às amigas perguntando:
— Vistes lá o meu amor?

Posto o pensamento nele,
Porque a tudo o amor obriga,
Cantava, mas a cantiga
Eram suspiros por ele.
Nisto estava Lianor
O seu desejo enganando,
Às amigas perguntando:
— Vistes lá o meu amor?

O rosto sobre ũa mão,
Os olhos no chão pregados,
Que, do chorar já cansados,
Algum descanso lhe dão,
Desta sorte Lianor
Suspende de quando em quando
Sua dor; e, em si tornando,
Mais pesada sente a dor.

Não deita dos olhos água,
Que não quer que a dor se abrande
Amor, porque, em mágoa grande,
Seca as lágrimas a mágoa.
De[s]pois que de seu amor
Soube novas perguntando,
De improviso a vi chorando.
Olhai que extremos de dor!

Mote: motivo inicial fornecido por alguém ou, como ocorre nesta redondilha, tomado emprestado de uma cantiga escrita por outro poeta. O poeta tem liberdade para repetir, nas voltas, versos presentes no mote ou simplesmente explorar a ideia básica que ele desenvolve. Camões adota os dois procedimentos.

Voltas (ou **glosas**): o tema definido no mote é desenvolvido. Camões mantém presente o mote pela retomada da ideia do **choro** e das **perguntas** feitas por Lianor para descobrir o paradeiro de seu amado.

CAMÕES, Luís Vaz de. *Obra completa*.
Rio de Janeiro: Nova Aguilar, 1988.
p. 633-634.

Além da métrica utilizada, outro aspecto típico das redondilhas camonianas é o tratamento dado ao tema do amor. Nelas, o poeta reproduz uma visão feminina quase medieval sobre as dores de amor, revelando influência das cantigas de amigo.

Sonetos: domínio absoluto da medida nova

Os sonetos são a parte mais conhecida da lírica camoniana. Essa forma poética permitia ao poeta tratar de modo mais racional alguns de seus temas preferidos: o desconcerto do mundo, as mudanças constantes, o sofrimento amoroso.

O desconcerto do mundo

Nos sonetos que tratam desse tema, Camões procura demonstrar que aquilo que é observado não corresponde necessariamente à realidade, o que pode levar ao equívoco. Como a base do desconcerto é a falta de lógica, a análise fracassa e o resultado é sempre o sofrimento do eu lírico.

Correm turvas as águas deste rio,
Que as do céu e as do monte as enturbaram;
Os campos flore[s]cidos se secaram;
Intratável se fez o vale, e frio.

Passou o Verão, passou o ardente Estio;
Ũas cousas por outras se trocaram;
Os fementidos Fados já deixaram
Do mundo o regimento ou desvairio.

Tem o tempo sua ordem já sabida;
O mundo não; mas anda tão confuso,
Que parece que dele Deus se esquece.

Casos, opinião, natura e uso
Fazem que nos pareça desta vida
Que não há nela mais que o que parece.

CAMÕES, Luís Vaz de. *Obra completa*. Rio de Janeiro: Nova Aguilar, 1988. p. 528.

Enturbaram: agitaram.
Fementidos: enganosos, ilusórios.
Fados: destinos.
Casos: acasos.
Natura: natureza.
Uso: costume.

As mudanças constantes

O mundo apresentado por Camões é dinâmico. Assim, ser humano e natureza estão sujeitos a constantes modificações. Porém, enquanto as mudanças da natureza seguem um ritmo previsível (a sucessão das estações do ano, por exemplo), as sofridas pelas pessoas não seguem uma "lei" natural, o que pode trazer tristeza e sofrimento. Leia seu mais conhecido soneto sobre esse tema.

Mudam-se os tempos, mudam-se as vontades,
Muda-se o ser, muda-se a confiança;
Todo o Mundo é composto de mudança,
Tomando sempre novas qualidades.

Continuamente vemos novidades,
Diferentes em tudo da esperança;
Do mal ficam as mágoas na lembrança,
E do bem (se algum houve...) as saudades.

O tempo cobre o chão de verde manto,
Que já coberto foi de neve fria,
E em mi[m] converte em choro o doce canto.

E, afora este mudar-se cada dia,
Outra mudança faz de mor espanto,
Que não se muda já como soía.

CAMÕES, Luís Vaz de. *Obra completa*. Rio de Janeiro: Nova Aguilar, 1988. p. 284.

Soía: costumava.

O eu lírico fala da sucessão das estações como algo esperado: a primavera sucede o inverno ("O tempo cobre o chão de verde manto / que já coberto foi de neve fria"), ano após ano. Para ele, contudo, a passagem do tempo traz as saudades das lembranças boas e o sofrimento provocado pelas más ("do mal ficam as mágoas na lembrança, / e do bem, se algum houve, as saudades"). É por isso que ela será sempre motivo de dor.

O sofrimento amoroso

A lírica amorosa camoniana reflete o conflito entre o amor material (profano, manifestação dos desejos da carne) e o amor idealizado (puro, espiritualizado), capaz de conduzir o indivíduo à realização plena. Quando o sentimento amoroso é a expressão de um desejo, a mulher é caracterizada como impiedosa, cruel, alguém que se satisfaz com o sofrimento daquele que a ama.

Quando o sentimento amoroso é tratado de modo mais espiritualizado, a mulher é apresentada de maneira idealizada, exemplo da perfeição absoluta, cuja contemplação é suficiente para purificar o eu lírico. A caracterização camoniana desse amor espiritualizado, oposto a um sentimento mais profano, reproduz uma visão filosófica resgatada da Antiguidade e redefinida no Renascimento: o **neoplatonismo**.

O soneto a seguir ilustra bem as transformações que o amor neoplatônico desencadeia no indivíduo, levando-o a perder a própria identidade e a alcançar a união espiritual plena com o ser amado.

▲ MICHELANGELO. *Moisés*. 1513-1516. Para os neoplatônicos, o corpo não é um reflexo do divino, mas da força da alma humana. A maneira como Michelangelo representa em *Moisés* uma intensa espiritualidade e força por meio de um corpo de enormes proporções é resultado da influência do neoplatonismo em sua obra.

A mulher amada é caracterizada, nos tercetos, como uma semideusa (linda e pura) cuja perfeição é própria da esfera das essências. Por isso ela se manifesta no pensamento do eu lírico como "ideia" (resgate do conceito platônico) e faz com que ele, inspirado por um amor também puro e transformador, molde-se a essa forma simples e perfeita. É o fim do processo de purificação amorosa que caracteriza o neoplatonismo.

Transforma-se o amador na cousa amada,
Por virtude do muito imaginar;
Não tenho, logo, mais que desejar,
Pois em mi[m] tenho a parte desejada.

Se nela está minha alma transformada,
Que mais deseja o corpo de alcançar?
Em si somente pode descansar,
Pois consigo tal alma está liada.

Mas esta linda e pura semideia,
Que, como o acidente em seu sujeito,
Assi[m] com a alma minha se conforma,

Está no pensamento como ideia;
[E] o vivo e puro amor de que sou feito,
Como a matéria simples busca a forma.

CAMÕES, Luís Vaz de. *Obra completa*.
Rio de Janeiro: Nova Aguilar, 1988. p. 301.

Liada: unida, ligada.
Semideia: semideusa.

O **eu lírico** abre o soneto com uma tese que será a base do raciocínio desenvolvido no texto: se quem ama (amador) alcança uma identificação total com o ser amado, não pode desejar mais nada, porque já traz consigo tudo o que quer. O processo de transformação é desencadeado pelo "muito imaginar". Trata-se, portanto, de um processo amoroso em que o eu lírico vai perdendo sua identidade e se "moldando" à forma perfeita da amada.

Na segunda estrofe, a tese é retomada: a transformação da alma (espírito) deve aplacar o desejo do corpo (matéria). Como as duas almas que se amam estão ligadas, o desejo carnal deixa de ser importante.

Os versos de Camões permanecem vivos até hoje, dialogando com poetas de épocas diferentes que vão buscar, no mestre português, inspiração para seus textos.

▼ Tome nota

Segundo Platão, o verdadeiro amor é um sentimento capaz de purificar o ser humano, permitindo que ele se desprenda das realidades ilusórias e contemple o belo em si, o mundo das essências. Como esse amor é somente uma ideia, não busca uma realização física, toda manifestação idealizada do sentimento amoroso passou a ser chamada de **platônica**.

No Renascimento, alguns filósofos procuraram conciliar o amor platônico com os valores cristãos. Da fusão dessas duas visões surge, então, o **neoplatonismo amoroso**, uma forma de amor tão idealizada que não deseja realização carnal, libertando o ser humano da escravidão dos desejos e aproximando-o de Deus.

TEXTO PARA ANÁLISE

> Observe atentamente a imagem abaixo para responder às questões de 1 a 4.

▲ TICIANO. *Amor sagrado e amor profano.* 1514. Óleo sobre tela, 118 × 279 cm.

1. Descreva os elementos que compõem a cena representada no quadro *Amor sagrado e amor profano*, do pintor renascentista Ticiano.

2. A mulher que aparece à esquerda segura um vaso de joias que simboliza a felicidade terrena passageira. A que aparece à direita segura uma lamparina em que queima a chama do amor divino, símbolo da felicidade eterna celestial. Com base nessas informações, que relação você percebe entre o título do quadro e a cena nele apresentada? Justifique sua resposta.

3. A criança que brinca com a água da fonte, entre as duas mulheres, é uma representação de Cupido. Observe a posição central que ocupa no quadro. O que ele pode simbolizar na pintura?

4. É possível afirmar que o tema desse quadro revela a influência dos ideais estéticos que marcaram a época em que Ticiano viveu? Por quê?

> O texto a seguir refere-se às questões de 5 a 8.

Quando da bela vista e doce riso

Neste soneto, o eu lírico expressa seus sentimentos pela mulher amada

Quando da bela vista e doce riso
Tomando estão meus olhos mantimento,
Tão enlevado sinto o pensamento,
Que me faz na terra o Paraíso.

Tanto do bem humano estou diviso,
Que qualquer outro bem julgo por vento;
Assi[m] que, em caso tal, segundo sento,
Assaz de pouco faz quem perde o siso.

Em vos louvar, Senhora, não me fundo,
Porque quem vossas cousas claro sente,
Sentirá que não pode conhecê-las.

Que de tanta estranheza sois ao mundo,
Que não é de estranhar, Dama excelente,
Que quem vos fez fizesse céu e estrelas.

Mantimento: alimento espiritual, contentamento.
Enlevado: encantado, maravilhado.
Diviso: separado, desunido.
Assaz: suficientemente, muito.
Siso: bom senso, juízo.
Fundo: no contexto, difícil de desvendar ou conhecer.

CAMÕES, Luís Vaz de. *Obra completa.*
Rio de Janeiro: Nova Aguilar, 2003. p. 292.

5. Como a mulher amada é caracterizada no soneto? E o eu lírico?
   a) Essa caracterização da mulher corresponde a uma idealização? Por quê?
   b) A imagem de mulher presente no poema pode ser considerada típica do Classicismo? Explique.

6. Qual é o raciocínio desenvolvido pelo eu lírico, nas duas primeiras estrofes do soneto, para explicar seus sentimentos?

7. Releia.

   "Em vos louvar, Senhora, não me fundo,
   Porque quem vossas cousas claro sente,
   Sentirá que não pode conhecê-las."

   a) O que o eu lírico sugere a respeito da mulher amada nesses versos?
   b) Explique por que esses versos expressam uma visão de amor característica do neoplatonismo.

8. Considerando o tema desenvolvido no soneto, a qual das visões de amor representadas no quadro de Ticiano ele poderia ser associado? Por quê?

De olho na *história em quadrinhos*

Camões em HQ

O maior clássico de Luís de Camões, *Os lusíadas*, ganhou uma versão para HQs nas mãos do cartunista Fido Nesti. Em *Os lusíadas em quadrinhos* (São Paulo: Peirópolis, 2006), Nesti, por meio da releitura visual, expande o sentido de alguns dos episódios mais marcantes do épico camoniano (a morte de Inês de Castro, a fala do velho do Restelo, o encontro com o Gigante Adamastor, entre outros).

Jogo de ideias

Neste capítulo, você viu que Camões, considerado um dos maiores poetas da língua portuguesa, recontou epicamente a história de Portugal em *Os lusíadas*. Esse clássico da literatura universal, por ser uma narrativa repleta de momentos de tensão e aventura, poderia ser perfeitamente adaptado para outro gênero – a história em quadrinhos, como fez o artista Fido Nesti.

Para promover uma maior compreensão do sentido dos fatos narrados em *Os lusíadas*, propomos que, em equipe, você e seus colegas aceitem o desafio lançado a Fido Nesti e façam também a adaptação, para a linguagem dos quadrinhos, de um dos episódios do épico camoniano. Para cumprir essa tarefa, vocês deverão seguir os seguintes passos:

- identificar, nos Cantos I, IV e V de *Os lusíadas*, os principais fatos narrados e as personagens envolvidas. Sugerimos especial atenção a alguns dos episódios mais significativos da epopeia camoniana presentes nesses Cantos: o Concílio dos Deuses (Canto I), a batalha de Aljubarrota (Canto IV) e o encontro de Vasco da Gama com o Gigante Adamastor (Canto V);
- escolher um dos episódios analisados e fazer sua adaptação para a linguagem dos quadrinhos, procurando "traduzir" visualmente (por meio da arte gráfica) os fatos narrados e o tom épico da narrativa camoniana;
- apresentar o resultado do trabalho aos colegas.

Conteúdo digital Moderna PLUS
http://www.modernaplus.com.br
Tema animado: Classicismo.

Material complementar Moderna PLUS
http://www.modernaplus.com.br
Palavra de Mestre: Maria Helena Ribeiro da Cunha.

A tradição do *Classicismo*

BALDUNG-GRIEN, H. *As três idades da mulher e a morte*. 1510. Óleo sobre madeira, 48 × 32,5 cm. O quadro registra os efeitos da passagem do tempo.

Um tema clássico

A poesia lírica grega inaugurou, na Antiguidade, alguns temas, como a impotência dos seres humanos diante dos deuses, os efeitos da passagem do tempo e a importância de viver o momento presente. A questão do impacto do tempo sobre a natureza e os indivíduos será retomada muitas vezes ao longo dos séculos. O primeiro a retomar esse tema foi Horácio, que analisou a fugacidade do tempo e a inevitável submissão humana à morte.

Como, à veloz passagem dos anos, os bosques mudam de folhas, que as antigas vão caindo, assim perece a geração velha de palavras e, tal como a juventude, florejam, viçosas, as nascediças. Somos um haver da morte, nós e o que é nosso.

HORÁCIO. Arte Poética (Epistula ad Pisones). In: *A poética clássica*. 7. ed. São Paulo: Cultrix, 1997. p. 57. (Fragmento).

Para Horácio, todas as coisas passam. Assim como as folhas e as palavras, os seres humanos não escaparão à implacável passagem do tempo, que traz consigo a velhice e a morte.

Shakespeare relê a temática horaciana

Durante o Renascimento, Shakespeare tratou da passagem do tempo em vários sonetos, mostrando a vitalidade do tema.

[...]
Quando noto que os homens, como as plantas,
Vivem e morrem sob o mesmo céu,
[...]
Então a vaidade desta breve permanência
Faz-te mais jovem ante meus olhos,
Onde o Tempo perdido se debate com a Morte
Para transformar teu dia de juventude em noite escusa;
  E sempre combatendo o Tempo pelo teu amor,
  Se de ti ele roubar, mais uma vez te recomponho.

SHAKESPEARE, William. *154 Sonetos*. Tradução de Thereza Christina Rocque da Motta. Rio de Janeiro: Ibis Libris. 2009. p. 35.

Na visão de Shakespeare, o destino da beleza é desaparecer com o correr dos anos. Para evitar que isso aconteça com a amada, decide imortalizá-la por meio de seus versos. Essa forma de enfrentar a decadência humana é típica da visão renascentista. Nela, a arte é *mimese* (imitação) e, ao recriar literariamente a natureza e adotá-la como termo de comparação para a beleza feminina, estabelece sua adoção como modelo de belo absoluto.

Da Grécia Antiga ao Brasil do século XVIII

No século XVIII, os temas clássicos renascem com poetas árcades, como Tomás Antônio Gonzaga, autor de *Marília de Dirceu*. Em uma de suas liras mais conhecidas, o eu lírico defende a necessidade de os amantes aproveitarem o presente, já que é impossível deter a ação do tempo sobre as pessoas.

GUERCINO, G. *Arcádia*. C. 1620. Óleo sobre tela, 82 × 91 cm. O crânio nas pinturas do século XVII alertava sobre a passagem do tempo, a certeza da morte e a necessidade de aproveitar o presente.

[...]
 Ornemos nossas testas com as flores,
 e façamos de feno um brando leito;
 prendamo-nos, Marília, em laço estreito,
 gozemos do prazer de sãos amores.
  Sobre as nossas cabeças,
 sem que o possam deter, o tempo corre;
 e para nós o tempo, que se passa,
  também, Marília, morre.
[...]

GONZAGA, Tomás Antônio. *Marília de Dirceu e mais poesias*. Lisboa: Livraria Sá da Costa – Editora, 1982. p. 38. (Fragmento).

CONEXÕES

Para assistir

Patrimônios da humanidade: o Renascimento.
EUA, 2008.

O legado artístico e arquitetônico do período renascentista, preservado como parte do patrimônio da humanidade, é apresentado neste documentário. Esta produção, organizada em capítulos, permite conhecer, em detalhes, obras de arte e construções dos centros históricos de Florença e de Évora, da cidade velha de Salamanca, do Vaticano e do Palácio e do Parque de Fontainebleau. Uma excelente oportunidade para ampliar o conhecimento sobre a herança estética do Renascimento.

Elizabeth: a era de ouro, de Shekhar Kapur.
Inglaterra/França/Alemanha, 2007.

Shekhar Kapur retorna à Inglaterra da poderosa Elizabeth I (Cate Blanchett), às voltas com a "invencível" armada do espanhol Felipe II, que planejava restaurar o catolicismo em terras inglesas. No plano pessoal, Elizabeth lida com possíveis traições familiares e o amor proibido pelo aventureiro *Sir* Walter Raleigh (Clive Owen).

O divino Michelangelo: revelando o homem por trás do mito, de Tim Dunn e Stuart Elliott.
Inglaterra, 2004.

As obras criadas por Michelangelo, mais de 500 anos atrás, até hoje deslumbram pela sua grandiosidade e perfeição: a monumental escultura de Davi, a pintura do teto da Capela Sistina e o projeto arquitetônico da cúpula da Basílica de São Pedro, em Roma, são somente algumas delas. Nesse documentário, a equipe da BBC foi a Roma e a Florença, na Itália, para recriar os principais momentos da vida do artista, ilustrando as condições de produção da época, o relacionamento de Michelangelo com seus ilustres patronos e seu desejo de produzir uma arte que fosse claramente divina.

Para sempre Cinderella, de Andy Tennant.
EUA, 1998.

Adaptação do conto de fadas infantil *Cinderela*, o filme narra a história da filha única de um nobre francês que passa a ser tratada como criada por sua madrasta depois da morte de seu pai. A vida de Danielle de Barbarac se complica quando ela se apaixona pelo príncipe de seu reino. A jovem sofre com as conspirações e os maus-tratos de sua madrasta, que deseja ver uma de suas filhas casada com o herdeiro do trono. No entanto, os planos da baronesa serão frustrados pelo amor dos dois jovens e pela ajuda de Leonardo da Vinci, que se transforma numa espécie de "fada madrinha" dos amantes.

▶ Para ler e pesquisar

▶ **O projeto do Renascimento**, de Elisa Byington.
Rio de Janeiro: Jorge Zahar, 2009.

Neste livro, o leitor é transportado para a efervescência artística que caracterizou a Itália nos séculos XV e XVI, quando surgiu o Renascimento. Detendo-se especialmente no cenário competitivo do período que nos legou obras de gênios como Da Vinci e Michelangelo, a autora analisa os principais desafios estéticos da época com o objetivo de levar o leitor a compreender o projeto artístico do movimento renascentista.

▶ **Leonardo da Vinci**, de Alessando Vezzosi.
Rio de Janeiro: Objetiva, 2006.

Neste livro, Alessandro Vezzosi, diretor do Museu Leonardo da Vinci, apresenta a biografia do grande nome da Renascença. Em seu livro, Vezzosi traça um panorama da vida e da obra de Leonardo da Vinci – desde sua infância, na Itália, até sua morte, em terras francesas – revelando a multiplicidade de talentos para as ciências e para as artes que fizeram com que esse artista fosse considerado um dos maiores gênios da história.

▶ **42 sonetos de Shakespeare**, organização de Ivo Barroso.
Rio de Janeiro: Nova Fronteira, 2005.

Este livro, com apresentação de Ivo Barroso e textos de Antonio Houaiss e Nehemias Gueiros, traz uma cuidadosa seleção de sonetos de Shakespeare.

▶ **A arte da Renascença italiana**.
Konemann Port, 2000.

Livro que fornece um quadro geral e bastante abrangente da Renascença, mostrando como se desenvolveram as principais áreas artísticas do Renascimento (a arquitetura, a escultura, a pintura e o desenho) e seus artistas de maior destaque.

▶ **Lírica:** Luís de Camões, organização de Massaud Moisés.
São Paulo: Cultrix, 1999.

Antologia com os poemas mais característicos da produção lírica camoniana (redondilhas, odes, éclogas, elegias e canções), acompanhada de notas explicativas para os textos.

▶ **Poesia clássica**, de Francisco Maciel Silveira.
São Paulo: Global, 1998.

Antologia dos poemas e autores mais significativos da literatura portuguesa no período clássico. Destaque para a parte introdutória, com informações sobre as origens do Classicismo em Portugal e suas principais características.

Para navegar

> http://www.musopen.com/music.php?type=period&id=1

Site em inglês com grande acervo de músicas organizadas por compositor, intérprete, instrumento, período e formas musicais. No caso do Renascimento, as músicas "Caligaverunt oculi mei", "Amicus meus", "Cantate domino" e "Unus ex discipulis meis" exemplificam o canto coral do período.

> http://www.museoscienza.org/english/leonardo/

Site, em inglês, do Museu Nacional de Ciência e Tecnologia Leonardo da Vinci. Na parte dedicada especialmente a Leonardo da Vinci é possível encontrar informações sobre a vida e a obra do grande gênio da Renascença. Destaque para o *link* intitulado *The Leonardo gallery*, que apresenta modelos baseados em estudos dos manuscritos de Leonardo da Vinci.

> http://www.britishmuseum.org/explore/online_tours/europe/michelangelos_drawings/michelangelos_drawings.aspx

Página, em inglês, do *site* do Museu Britânico que apresenta 24 desenhos do grande artista italiano Michelangelo.

> http://mv.vatican.va

Página oficial, em inglês, espanhol, alemão, francês e italiano, dos Museus do Vaticano, que reúnem obras de arte e antiguidades colecionadas durante séculos pelos diversos pontífices romanos. Destaque para as Salas de Rafael, que formam um grupo de quatro aposentos decorados, entre 1508 e 1524, pelo próprio artista Rafael e seus auxiliares a pedido do papa Júlio II.

No *site*, é possível visitar as quatro salas e explorar cada objeto presente. Pode-se também visitar a Capela Sistina, com afrescos pintados pelos maiores artistas do Renascimento, como Bernini, Rafael e Botticelli. O destaque maior fica para o teto, pintado por Michelangelo.

Para ouvir

> *As quatro estações*, de Legião Urbana.
> Rio de Janeiro, EMI-Odeon, 1989.

Considerado por muitos o melhor trabalho do grupo Legião Urbana, esse álbum traz a música "Monte Castelo", em que Renato Russo promove uma interessante relação intertextual entre o soneto de Camões, *Amor é um fogo que arde sem se ver*, e o Capítulo 13 da Primeira Epístola de São Paulo aos Coríntios.

Conteúdo digital Moderna PLUS http://www.modernaplus.com.br
Música: trecho de "Ad nutum Domini", *Fulbert de Chartres*, de Ensemble Venance Fortunat.

UNIDADE 3

A literatura no período colonial

O Brasil passa a fazer parte da História ocidental no século XVI, quando os portugueses aportam em Porto Seguro e, em carta ao rei, anunciam que a terra "em tal maneira é graciosa que, querendo-a aproveitar, dar-se-á nela tudo, por bem das águas que tem".

O registro das primeiras impressões dos viajantes, os sermões do Padre Vieira, a poesia viva de Gregório de Matos, a ira e a lira de nossos inconfidentes árcades correspondem às primeiras manifestações literárias destas terras que despertavam tanta cobiça e tanta curiosidade na Europa. É disso que trata esta unidade.

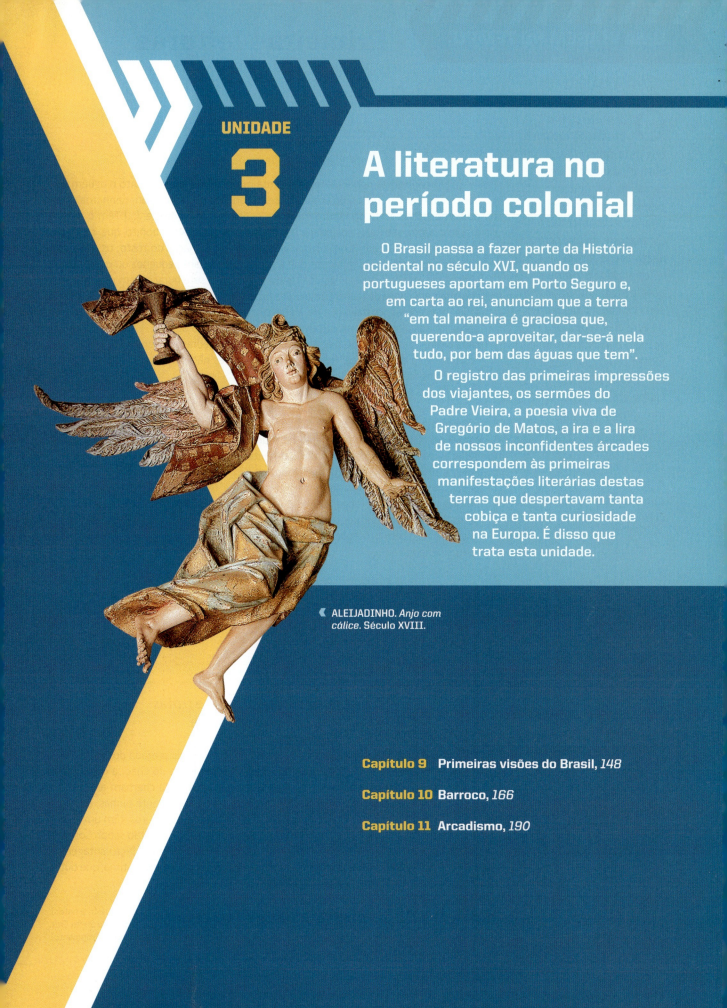

ALEIJADINHO. *Anjo com cálice*. Século XVIII.

Capítulo 9 Primeiras visões do Brasil, *148*

Capítulo 10 Barroco, *166*

Capítulo 11 Arcadismo, *190*

UMA VIAGEM NO TEMPO
Primeiras leituras

O contato com a produção artística nos abre uma janela para o passado e permite conhecer um pouco pessoas que viveram em diferentes momentos. Os textos e as imagens desta seção foram selecionados para que você possa conversar com seus colegas a respeito do que eles revelam sobre o contexto em que foram produzidos. Quem eram seus autores? Como era o mundo em que viviam? Tinham interesses e preocupações semelhantes aos nossos? Essas são somente algumas das questões que podem inspirar a conversa de vocês.

Mundus Novus
Carta a Lorenzo di Pierfrancesco dei Medici

[...] Encontramos naquelas regiões tanta multidão de gente quanto ninguém poderá enumerar [...]. Todos, de ambos os sexos, andam nus, sem cobrir nenhuma parte do corpo; como saem do ventre materno, assim vão até a morte. [...] Têm o cabelo amplo e negro; são ágeis no andar e nos jogos, de rosto afável e bonito, que, contudo, eles mesmos destroem. Com efeito, eles perfuram as maçãs do rosto, os lábios, as narinas e as orelhas. Nem julgues que aqueles furos sejam pequenos ou que tenham apenas um. Na realidade, vi alguns tendo só no rosto sete buracos, em qualquer um dos quais era capaz de [caber] uma única ameixa. Tapam esses seus furos com pedras azuis, marmóreas, cristalinas e de alabastro, belíssimas, com ossos branquíssimos e outras coisas elaboradas artisticamente, conforme o uso deles. [...] Além de que, em cada orelha têm perfurado três buracos com outras pedras pendentes em anéis. Esse costume é só dos homens. Realmente, as mulheres não perfuram o seu rosto, mas somente as orelhas.

[...]

São pescadores aplicados. Aquele mar é piscoso e copioso em todo o gênero de peixes. Não são caçadores. Creio [que é] porque ali há muitos gêneros de animais silvestres, principalmente leões e ursos, inúmeras serpentes e outras bestas horríveis e disformes e também porque ali há largas e longas selvas e árvores de imensa magnitude, e não ousam expor-se nus, sem proteções e armas, a tantos perigos.

VESPÚCIO, Américo. *Novo mundo*: as cartas que batizaram a América. Tradução de Janaína Amado e Luiz C. Figueiredo. Introdução e notas de Eduardo Bueno. São Paulo: Planeta, 2003. p. 40-41; 45. (Fragmento).

DÜRER, A. *Cabeça de um cavalo-marinho*. 1521. Caneta, tinta e aquarela sobre papel.

Das plantas mantimentos e frutas que há nesta província

[...]

Outra fruta há nesta terra muito melhor, e mais prezada dos moradores de todas, que se cria em uma planta humilde junto do chão; a qual planta tem umas pencas como de erva babosa. A esta fruta chamam ananases e nascem como alcachofras, os quais parecem naturalmente pinhas, e são do mesmo tamanho e alguns maiores. Depois que são maduros, têm um cheiro mui suave, e comem-se aparados feitos em talhadas. São tão saborosos, que a juízo de todos, não há fruta neste reino que no gosto lhes faça vantagem. E assim fazem os moradores por eles mais, e os têm em maior estima, que outro nenhum pomo que haja na terra.

GANDAVO, Pero de Magalhães. In: VALLE, Ricardo Martins (Org., intr. e notas); SANTOS, Clara Carolina Souza (Intr. e notas). *História da província Santa Cruz*. São Paulo: Hedra, 2008. p. 91. (Fragmento).

BRY, T. *Mapa da América Central e América do Sul*. 1562. Gravura.

Gravura de Nicolo Nelli, provavelmente baseada em ilustração portuguesa que acompanhava a história do monstro Ipupiara, contada por Pedro de Magalhães. 1565. Veneza. 17,3 × 25,1 cm.

Do monstro marinho que se matou na capitania de São Vicente no ano de 1564

Foi coisa tão nova e tão desusada aos olhos humanos a semelhança daquele fero e espantoso monstro marinho que nesta província se matou no ano de 1564, que ainda que por muitas partes do mundo se tenha já notícia dele, não deixarei todavia de dar aqui outra vez de novo [...]. [...] Era quinze palmos de comprido e semeado de cabelos pelo corpo, e no focinho tinha umas sedas mui grandes como bigodes. Os índios da terra lhe chamam em sua língua iupiara[1], que quer dizer demônio-d'água. Alguns como este se viram já nestas partes, mas acham-se raramente. E assim também deve de haver outros muitos monstros de diversos pareceres, que no abismo desse largo e espantoso mar se escondem, de não menos estranheza e admiração; e tudo se pode crer por difícil que pareça; porque os segredos da natureza não foram revelados todos ao homem, para que com razão possa negar, e ter por impossível as coisas que não viu, nem de que nunca teve notícia.

GANDAVO, Pero de Magalhães. In: VALLE, Ricardo Martins (Org., intr. e notas); SANTOS, Clara Carolina Souza (Intr. e notas). *História da província Santa Cruz*. São Paulo: Hedra, 2008. p. 117-119. (Fragmento).

Do gentio que há nesta província, da condição e costumes dele, e de como se governam na paz

[...]
Pela maior parte são bem dispostos, rijos e de boa estatura. Gente mui esforçada e que estima pouco morrer, temerária na guerra e de muito pouca consideração. São desagradecidos em grã maneira, e mui desumanos e cruéis, inclinados a pelejar e vingativos por extremo. Vivem todos mui descansados sem terem outros pensamentos, senão de comer, beber, e matar gente, e por isso engordam muito. [...] São mui desonestos e dados à sensualidade, e assim se entregam aos vícios como se neles não houvera razão de homens. [...] A língua de que usam toda pela costa é uma, ainda que em certos vocábulos difere em algumas partes. Mas não de maneira que se deixem uns aos outros de entender [...]. [...] Carece de três letras, convém a saber, não se acha nela, *f*, nem, *l*, nem, *r*, coisa digna de espanto, porque assim não têm Fé, nem Lei, nem Rei. E desta maneira vivem desordenadamente sem terem além disto conta, nem peso, nem medido. Não adoram a coisa alguma, nem têm para si que há depois da morte glória para os bons, e pena para os maus. E o que sentem da imortalidade d'alma não é mais que terem para si que seus defuntos andam na outra vida feridos, despedaçados, ou de qualquer maneira que acabaram nesta. [...]

GANDAVO, Pero de Magalhães. In: VALLE, Ricardo Martins (Org., intr. e notas); SANTOS, Clara Carolina Souza (Intr. e notas). *História da província Santa Cruz*. São Paulo: Hedra, 2008. p. 121-123. (Fragmento).

Grã: grande.
Pelejar: lutar.

BRY, T. *Peixe assando na grelha sobre a chama*. 1590. Gravura.

1. É possível que o "monstro" avistado fosse um leão-marinho, porque alguns deles, influenciados por correntes frias, chegavam à costa brasileira.

Capítulo 9

Primeiras visões do Brasil

OBJETIVOS

Ao final do estudo deste capítulo, você deverá ser capaz de:

1. Explicar o que foi o **projeto colonial português**.

2. Identificar e compreender como se articularam os agentes do discurso no período.

3. Reconhecer os elementos nativos da América que o olhar europeu transformou em **símbolos de nacionalidade**.

4. Identificar valores e visões de mundo expressos nos textos da **literatura de viagens**.

5. Explicar como a **literatura de catequese** atuava na conversão dos gentios.

6. Analisar de que modo textos literários produzidos em diferentes momentos resgatam símbolos de nacionalidade identificados pelos viajantes do século XVI.

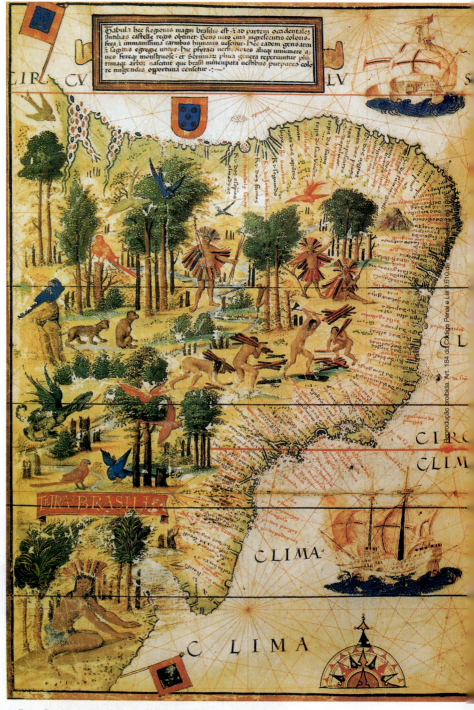

Terra Brasilis, mapa de Lopo Homem, da obra *Atlas Miller*. 1515-1519. Manuscrito iluminado sobre pergaminho, 41,5 × 59 cm. Elaborado no século XVI, este mapa retrata a maneira como Lopo Homem via a natureza brasileira e os indígenas que aqui viviam.

A chegada das caravelas portuguesas à costa da Bahia, em 1500, colocou frente a frente dois povos muito diferentes. Os viajantes que aqui estiveram no século XVI mostraram como se deu esse contato. Nos relatos que fizeram, encontramos o registro de imagens da terra e de sua gente que marcaram para sempre a identidade brasileira. Saiba, neste capítulo, como tudo isso começou.

»» Leitura da imagem

1. A imagem de abertura reproduz um mapa das terras brasileiras feito no século XVI, pouco tempo depois da chegada de Pedro Álvares Cabral. Que elementos nativos os autores do mapa acharam importante registrar?

2. Observe os indígenas. Que atividades eles realizam?
   ▶ O fato de serem retratados realizando essas atividades revela o modo como eram vistos pelos europeus. Explique como pode ser caracterizado esse olhar europeu para os indígenas.

3. Quais elementos do mapa dão ideia da exuberância da natureza brasileira?
   ▶ Que ideia sobre o Novo Mundo esse mapa transmitia às cortes europeias?

»» Da imagem para o texto

4. Leia um fragmento de um texto publicado em 1556, em que o alemão Hans Staden descreve aspectos do Brasil para os leitores europeus.

Onde fica a terra da América ou Brasil, que vi em parte.

A América é uma terra vasta onde vivem muitas tribos de homens selvagens com diversas línguas diferentes. Também há muitos animais bizarros. Essa terra tem uma aparência amistosa, visto que as árvores ficam verdes por todo o ano, mas os tipos de madeira que lá existem não são comparáveis com os nossos. Todos os homens andam nus, pois naquela parte da terra situada entre os trópicos nunca faz tanto frio quanto, entre nós, no dia de São Miguel. [...] Na terra em questão nascem e crescem, tanto nas árvores quanto na terra, frutos de que os homens e os animais se alimentam. Por causa do sol forte, os habitantes da terra têm uma cor de pele marrom-avermelhada. Trata-se de um povo orgulhoso, muito astuto e sempre pronto a perseguir e devorar seus inimigos. A América estende-se por algumas centenas de milhas, tanto ao sul quanto ao norte. Já velejei 500 milhas ao longo da costa e estive em muitos lugares, numa parte daquela terra.

STADEN, Hans. *A verdadeira história dos selvagens, nus e ferozes devoradores de homens.* Tradução de Pedro Süssekind. Rio de Janeiro: Dantes, 1998. p. 132. (Fragmento).

STADEN, H. *Tupinambás com pilão, arco e ornamento de penas.* Xilogravura. Ele registrou na obra *Viagem ao Brasil*, publicada pela primeira vez em 1557, na Alemanha, suas impressões sobre a tribo e seus rituais.

▶ Que aspectos da América o alemão Hans Staden destaca em seu texto?

Lopo Homem e a "Terra Brasilis"

Nomeado *mestre de cartas de marear*, pelo rei D. Manuel I, o cartógrafo português **Lopo Homem** foi encarregado de preparar um atlas manuscrito que representasse as novas terras descobertas pelos portugueses. Surgia, assim, o *Atlas Miller* (nome de seu último proprietário), conjunto de planisférios feitos por Lopo Homem com a ajuda de Pedro e Jorge Reinel. O mapa "Terra Brasilis" traz 146 nomes de pontos da costa brasileira, do Maranhão à embocadura do rio da Prata. Ao norte (atual Guiana) e ao sul (atual Argentina) aparecem as bandeiras que assinalam os pontos extremos do avanço português em 1519.

Hans Staden (1520-1565) participou de duas expedições ao Brasil: uma em 1549 e outra em 1550. Durante a segunda expedição, depois de sobreviver a um naufrágio, foi capturado pelos índios tupinambás. Prisioneiro do chefe Cunhambebe, presenciou todo tipo de ritual realizado pela tribo, nos nove meses de seu cativeiro. As cerimônias de antropofagia foram as que mais o impressionaram e ganharam lugar de destaque no livro *A verdadeira história dos selvagens, nus e ferozes devoradores de homens*, em que relatou sua experiência com os nativos.

▲ Retrato de Hans Staden, 1664.

[**Vésperas:** na liturgia católica, as vésperas são a parte do ofício divino que ocorre entre as 15 e as 18 horas.

Conteúdo digital Moderna PLUS
http://www.modernaplus.com.br
Filme: trecho de *Elizabeth*: a era de ouro, de Shekhar Kapur.

5. Observe os adjetivos utilizados no trecho a seguir.

"A América é uma terra *vasta* onde vivem muitas tribos de homens *selvagens* com diversas línguas *diferentes*. Também há muitos animais *bizarros*."

▶ Considerando os adjetivos utilizados, compare a imagem que Hans Staden faz da terra, dos nativos e dos animais com aquela identificada no mapa de Lopo Homem. Elas são semelhantes ou diferentes? Por quê?

6. O uso de descrições tornou-se uma característica recorrente nos relatos de viagem do século XVI. Essa característica está presente no texto de Hans Staden? Justifique com uma passagem do fragmento.

7. A experiência pessoal era muito valorizada no século XVI, pois atestava a existência de um conhecimento adquirido por meio da ação individual. Em qual passagem do texto essa característica pode ser observada?

▶ Que função a valorização da experiência pessoal pode ter em um relato sobre o Novo Mundo?

A revelação do Novo Mundo

No dia 22 de abril de 1500, as naus portuguesas comandadas por Pedro Álvares Cabral chegaram ao sul do atual estado da Bahia e, após navegarem cerca de 66 quilômetros ao longo da costa, aportaram em uma baía a que deram o nome de Porto Seguro. Estava "descoberto" o Brasil.

Pero Vaz de Caminha, escrivão da armada portuguesa, enviou uma longa carta para o rei D. Manuel dando notícias do achamento da "nova terra", batizada de Vera Cruz.

[...] Neste mesmo dia, à hora de vésperas, avistamos terra! Primeiramente um grande monte, muito alto e redondo; depois, outras serras mais baixas, da parte sul em relação ao monte e, mais, terra chã. Com grandes arvoredos. Ao monte alto o Capitão deu o nome de Monte Pascoal; e à terra, Terra de Vera Cruz. [...]

CASTRO, Sílvio (Intr., atualiz. e notas). *A carta de Pero Vaz de Caminha*. Porto Alegre: L&PM, 1996. p. 77. (Fragmento).

Embora a *Carta* de Caminha contenha a primeira descrição das terras brasileiras, não foi ela que divulgou, para o público europeu, as características do território americano. Por ser um documento que continha informações importantes para a coroa portuguesa, a *Carta* ficou guardada nos arquivos da Torre do Tombo até o início do século XIX.

Américo Vespúcio: o criador da América

O navegador italiano Américo Vespúcio explorou o Novo Mundo primeiro a serviço dos reis de Castela e Aragão (Isabel I e Fernando II) e, depois, do rei de Portugal. Foi ele quem concluiu que os territórios encontrados não faziam parte da Ásia.

Dois textos atribuídos a Américo Vespúcio, *Mundus Novus* e *Quatro navegações*, foram, na verdade, os responsáveis pelas primeiras imagens que os europeus fizeram da "quarta parte do mundo" (como era conhecida a região do quadrante oeste do Atlântico Sul), dos seus habitantes e da curiosa fauna e flora locais.

O projeto colonial português

O sonho do Império Português ultramarino teve início no século XV, quando o interesse do infante D. Henrique pelos estudos de navegação o fez mudar-se para Sagres, de onde comandou as pesquisas sobre as possibilidades de travessias oceânicas.

A partir de 1422, todos os anos, o infante enviou barcos para explorar a costa africana. Em 1434, Gil Eanes ultrapassou o cabo Bojador, no sul da África, abrindo o caminho que levaria os navegantes ao Oriente.

D. Manuel I, o Venturoso, continuou o projeto das expedições marítimas iniciado no século XV. Quando enviou a armada de Cabral à África em busca de pimenta, cravo e gengibre, o rei português já sabia que encontraria terras a noroeste dos Açores e da Madeira. O Brasil, portanto, foi incorporado a um projeto colonial que determinaria não somente sua exploração e ocupação, mas também a natureza do intercâmbio cultural que se daria, desde o primeiro momento, entre portugueses e nativos.

O impacto dos descobrimentos

Juntamente com a invenção da prensa móvel por Gutenberg, os descobrimentos marítimos simbolizam o início da Era Moderna. Depois da descoberta das terras americanas, toda a geografia medieval teve de ser mudada.

Os portugueses foram o primeiro povo europeu a desembarcar no Brasil, na Índia, na China, no Japão e, acredita-se também, na Austrália. O contato com culturas e religiões muito diferentes das europeias forçou o início de uma mudança de mentalidade, ainda que os colonizadores impusessem seus valores às populações nativas que encontravam nos novos territórios.

Os agentes do discurso

Relatos, tratados e diários nasciam da pena de escrivãos (Pero Vaz de Caminha), religiosos (Fernão Cardim, Jean de Léry), aventureiros (Hans Staden), historiadores (André Thévet) ou navegadores (Américo Vespúcio). Os autores dos textos da literatura de viagens não apresentam, portanto, um perfil semelhante. Há entre eles representantes tanto do teocentrismo medieval como da visão humanista do Renascimento. O que os une é o mesmo **contexto de produção**: todos relatam a experiência real de conhecer novos países e sua natureza.

As **condições de circulação** desses textos variavam bastante. A *Carta* de Pero Vaz de Caminha, por exemplo, era um documento confidencial, porque fornecia informações muito específicas sobre a rota adotada pela frota de Cabral para alcançar o litoral brasileiro. As cartas de Américo Vespúcio, por outro lado, foram impressas como panfleto e lidas por nobres e plebeus.

Os textos escritos pelos padres jesuítas apresentam **condições de produção e de circulação** bem diferentes das observadas nos relatos de viagem. Eles nascem da intenção de catequizar os índios e manter presentes, entre os colonos portugueses, os elementos da fé cristã. Seus autores têm um mesmo perfil: são religiosos, quase sempre jesuítas, que buscam formas de contato com a população nativa para poder convertê-la. São eles os primeiros a estudar a língua dos índios e a descrevê-la em uma gramática, por exemplo.

A **circulação** desses textos religiosos, na colônia, se dá essencialmente de forma oral.

A vida a bordo das caravelas

Ilustração de caravela da esquadra de Pedro Álvares Cabral, que faz parte da obra *Livro de Lisuarte de Abreu*.

O maior obstáculo das travessias marítimas era sobreviver às condições de vida em uma caravela. Era impossível tomar banho: piolhos, pulgas e percevejos proliferavam no corpo das pessoas. Os alimentos, armazenados em porões úmidos, apodreciam rapidamente. Quando as naus enfrentavam uma calmaria, os marinheiros comiam de tudo: sola de sapato, papéis, biscoitos com larvas de inseto e animais mortos. Nessas condições, o espantoso era sobreviverem às longas viagens marítimas.

Pajelança, ritual para a cura de doenças, retratada na xilogravura que ilustra a obra *Cosmografia universal* (Paris, 1575), de André Thévet.

Linha do tempo

1492 — Cristóvão Colombo chega à América.

Detalhe da tela de P. Tolin *Desembarque de Cristóvão Colombo na América*. 1862. Óleo sobre tela, 330 × 545 cm.

1494 — O Tratado de Tordesilhas é assinado.

1497-1898 — Vasco da Gama descobre o caminho marítimo para as Índias.

1500 — A esquadra de Cabral chega ao Brasil.

1521 — Início da colonização do Brasil.

1532 — Fundação da cidade de São Vicente. D. João III implanta o regime das capitanias hereditárias.

Imagem de São Vicente, 1624.

1549 — Chega ao Brasil Tomé de Sousa, governador-geral da colônia. Estava autorizado a matar e escravizar os índios que resistissem ao domínio português. Na comitiva, veio o padre Manuel da Nóbrega.

1565 — Os portugueses fundam o Rio de Janeiro.

1578 — D. Sebastião, rei de Portugal, desaparece na Batalha de Alcácer-Quibir, o que faz com que o reino passe a ser governado pela Espanha.

O cordel do Novo Mundo

A carta *Mundus Novus* fez um sucesso estrondoso na Europa. Publicada como um folheto semelhante a uma história de cordel, teve 25 edições em mais de seis línguas entre os anos de 1504 e 1506. Calcula-se que cerca de 20 mil exemplares desses folhetos foram vendidos em praças e feiras. O relato, que misturava selvageria e sexo, visões do paraíso e cenas de canibalismo, atraía o público.

Capa de uma edição alemã da carta *Mundus Novus*, de Américo Vespúcio, publicada em 1505.

• Os relatos de viagem e o público

Era grande o interesse pelos textos que descreviam o Novo Mundo. Além da curiosidade generalizada, havia também o desejo de descobrir o potencial econômico dos novos territórios e de conhecer mais sobre as coisas desse mundo.

Filósofos como Michel de Montaigne e Erasmo de Rotterdan, escritores como Thomas Morus e Rabelais, pintores como Leonardo da Vinci e Sandro Botticelli, o pensador Nicolau Maquiavel, todos eles leram as cartas de Américo Vespúcio e foram, de alguma maneira, inspirados por elas.

• Os textos religiosos e o público

Enquanto os cronistas escrevem para os europeus, os jesuítas destinam seus textos aos nativos americanos, porque são eles os interlocutores a serem convertidos pelo discurso religioso. Para alcançar esse objetivo, os padres chegam a incorporar elementos da cultura indígena às peças teatrais que escrevem. Algumas apresentam, inclusive, trechos escritos em língua tupi.

A literatura de viagens

Ao longo do século XVI, diversas expedições foram enviadas para as terras brasileiras. Os viajantes que as integravam tinham algumas missões específicas a cumprir: descrever a terra e o povo nativo, catalogar espécimes da fauna e da flora, identificar possíveis interesses econômicos para a coroa portuguesa. Era necessário, ainda, apresentar a nova colônia de modo positivo e promissor, para estimular nos portugueses o desejo de se aventurarem na ocupação e na colonização do vasto território descoberto.

> **Tome nota**
>
> Os relatos de viagens são textos essencialmente informativos e se caracterizam como uma espécie de crônica histórica. Por esse motivo, são conhecidos como **literatura de viagens** ou **de informação**.

Portugueses, franceses e alemães descrevem a nova terra como uma espécie de paraíso tropical, visto como manifestação da bondade divina. Com isso, revelam uma visão de mundo ainda bastante moldada pelo teocentrismo medieval.

A linguagem dos cronistas

O objetivo da literatura de viagens era informar. E isso criou um desafio interessante para seus autores: como, por meio de palavras, apresentar um retrato compreensível de uma realidade inteiramente desconhecida e estranha?

A primeira característica que chama a atenção, nos textos, é sua estrutura descritiva, na qual merece destaque o uso frequente das comparações. Observe.

Capítulo Sexto
Das Fruitas Da Terra

[...] Tambem ha huma fruita que lhe chamão Bananas, e pela lingua dos indios Pacovas: ha na terra muita abundancia dellas: parecem-se na feição com pepinos, nascem numas arvores mui tenras e não são muito altas, nem têm ramos senão folhas mui compridas e largas. [...] Esta he huma fruita mui sabrosa e das boas que ha na terra, tem huma pelle como de figo, a qual lhes lanção fóra quando as querem comer e se come muitas dellas fazem dano á saude e causão febre a quem se desmanda nellas. [...] Ha duas qualidades desta fruita, humas são pequenas como figos berjaçotes, as outras são maiores e mais compridas. Estas pequenas têm dentro em si huma cousa estranha, a qual he que quando as cortão pelo meio com huma faca ou por qualquer parte que seja acha-se nellas hum signal á maneira de Crucifixo, e assi totalmente o parecem. [...]

GANDAVO, Pero de Magalhães. *Tratado da Terra do Brasil/ História da Província Santa Cruz.* Belo Horizonte: Itatiaia/ São Paulo: Edusp, 1980. p. 50-51. (Fragmento).

Pacovas: banana, em língua indígena.
Berjaçotes: certa variedade de figo.

Detalhe da aquarela *Banana*, 1634-1637, de Zacharias Wagner, extraído da obra *Tierbuch*.

Para explicar o que são bananas, Gandavo parte da semelhança entre a fruta e o pepino, alimento conhecido dos portugueses. Mais adiante, também compara as bananas pequenas a figos, uma fruta consumida na Europa. Revela ainda um olhar muito influenciado pela religião católica, ao dizer que dentro das bananas há um sinal idêntico ao crucifixo.

Detalhes como esse acrescentavam sempre características exóticas ou misteriosas aos elementos do Novo Mundo. Também reforçavam, junto ao público europeu, a ideia de que a travessia do oceano Atlântico os havia posto em contato com uma espécie de paraíso terrestre abençoado por Deus.

Detalhe de *Brasil*, mapa de Giovanni Battista Ramusio, 1557.

A derrubada das matas

Quando os portugueses descobriram o valor do pau-brasil, teve início o processo de devastação das matas brasileiras. Registros da chegada de cargueiros portugueses e franceses nos portos europeus permitem estimar que, somente ao longo do século XVI, dois milhões de árvores foram derrubadas, o que daria uma média de 50 cortes por dia. No final de 1500, o pau-brasil só era encontrado longe da costa.

As visões do paraíso

Pero Vaz de Caminha é o primeiro a descrever o Novo Mundo de modo idealizado. Na sua *Carta*, as matas, a água abundante, os animais desconhecidos e os índios configuram o cenário de um paraíso tropical.

[...] a terra por cima é toda chã e muito cheia de grandes arvoredos. De ponta a ponta é tudo praia redonda, muito chã e muito formosa.
[...]

Nela até agora não pudemos saber que haja ouro, nem prata, nem coisa alguma de metal ou ferro; nem o vimos. Porém a terra em si é de muito bons ares, assim frios e temperados comos de Entre-Douro e Minho, porque neste tempo de agora os achávamos como os de lá.

As águas são muitas e infindas. E em tal maneira é graciosa que, querendo aproveitá-la, tudo dará nela, por causa das águas que tem.

Porém, o melhor fruto que dela se pode tirar me parece que será salvar esta gente. E esta deve ser a principal semente que Vossa Alteza nela deve lançar.
[...]

CASTRO, Silvio (Intr., atualiz. e notas). *A carta de Pero Vaz de Caminha*. Porto Alegre: L&PM, 1996. p. 97-98. (Fragmento).

Outros viajantes apresentam a terra de modo muito semelhante. É esse olhar estrangeiro que vai definir os futuros símbolos da nacionalidade brasileira: os índios e a natureza exuberante.

Os cronistas do século XVI vão transformá-los em elementos centrais de seus relatos, inaugurando temas literários muito explorados mais tarde, de modos diversos, por escritores de diferentes épocas e movimentos literários.

O texto de Caminha também revela os principais interesses da máquina colonizadora portuguesa: encontrar ouro e metais preciosos e "salvar" os índios. Esse último trabalho caberá aos padres jesuítas que, embarcados nas caravelas portuguesas, chegam ao Novo Mundo para submeter os indígenas ao domínio da fé católica.

GAULTHIER, L. *François Carypyra*. Xilogravura, 1614.

> ### Os principais relatos de viagens
> Entre os vários textos escritos por viajantes portugueses sobre o Brasil, destacam-se:
> - *Tratado da Terra do Brasil* (escrito, provavelmente, em 1570, mas publicado apenas em 1826) e *História da Província Santa Cruz a que vulgarmente chamamos Brasil* (1576), de Pero de Magalhães Gandavo.
> - *Narrativa epistolar* (1583) e *Tratados da terra e da gente do Brasil*, do jesuíta Fernão Cardim.
> - *Tratado descritivo do Brasil* (1587), de Gabriel Soares de Sousa.
> - *Diálogos das grandezas do Brasil* (1618), de Ambrósio Fernandes Brandão.
> - *Diálogo sobre a conversão dos gentios* (1557), do padre Manuel da Nóbrega.
> - *História do Brasil* (1627), de frei Vicente do Salvador.

Panelas centenárias

Entre as muitas curiosidades registradas na literatura dos viajantes, encontram-se algumas informações preciosas para a compreensão da nossa herança cultural. É o caso da descrição abaixo:

> Os potes que eles utilizam são produzidos pelas mulheres da seguinte maneira: pegam o barro e amassam, moldando a partir deles os potes desejados [...]. Se os potes precisam ser queimados, apoiam-nos em pedras, botam muita cortiça seca em torno e acendem o fogo. [...]
>
> STADEN, Hans. Panelas centenárias. In: *A verdadeira história dos selvagens, nus e ferozes devoradores de homens*. Tradução de Pedro Süssekind. Rio de Janeiro: Dantes, 1998. p. 147. (Fragmento).

As panelas de barro são consideradas patrimônio cultural do Brasil. Até hoje, as paneleiras do bairro de Goiabeiras, em Vitória, no Espírito Santo, utilizam o mesmo processo das índias para confecção das famosas panelas de barro em que é feita a moqueca capixaba.

Panelas de barro de Vitória, ES, 2002.

À sombra da cruz: a literatura de catequese

A história das primeiras décadas do Brasil colônia é também a história dos missionários jesuítas que chegaram em 1549 e aqui permaneceram até 1605. Nesse período, fundaram várias cidades, como Salvador, Rio de Janeiro e São Paulo.

A presença dos jesuítas nas cidades e povoados era sinônimo de educação. Aonde chegavam, inauguravam logo uma escola que funcionava como base da missão.

Durante sua permanência no Brasil, os missionários jesuítas escreveram poemas e peças de teatro para converter os índios à religião católica. A dramatização de cenas bíblicas e de passagens da vida dos santos era feita, muitas vezes, em tupi para garantir que os ensinamentos religiosos e morais fossem compreendidos pelos nativos.

> **Tome nota**
>
> Os textos escritos pelos religiosos com o objetivo de converter os índios brasileiros são conhecidos como **literatura de catequese.**

Com o objetivo de seduzir o indígena para a religião, os jesuítas recorreram a algumas formas mais populares, como o canto, o diálogo e as narrativas, com o aproveitamento de mitos da tradição indígena.

Anchieta: apóstolo e poeta

Nascido nas ilhas Canárias, José de Anchieta chegou ao Brasil ainda como noviço, em 1553. Fundou, com o padre Manuel da Nóbrega, o Colégio de São Paulo de Piratininga, em 25 de janeiro de 1554. Em torno do colégio, surgiram algumas casas: nascia, assim, a cidade de São Paulo.

A fama de Anchieta cresceu em 1563 quando, durante uma rebelião dos índios tamoios, permaneceu como refém por cerca de três meses. Teria sido durante o cativeiro que ele escreveu, nas areias da praia de Iperoig (atual Ubatuba), um poema de 5.786 versos dedicado à Virgem. Sua permanência entre os tamoios foi decisiva para o processo de pacificação daqueles índios.

Os peregrinos da fé

Fundada em 1534 pelo padre espanhol Inácio de Loyola, a Companhia de Jesus foi um dos instrumentos utilizados pela Igreja Católica para enfrentar a perda de poder desencadeada pela reforma protestante de Martinho Lutero. Como ordem religiosa, os jesuítas surgiram com a missão de levar o catolicismo aos mais distantes territórios, convertendo os gentios das terras recém-descobertas e, se possível, também os muçulmanos. Entre os jesuítas célebres que passaram pelo Brasil, destacam-se José de Anchieta e o grande orador barroco Antônio Vieira.

CALIXTO, B. *Evangelho nas selvas*. 1893. Óleo sobre tela, 58,5 × 70 cm.

Os recursos da dominação cultural

Por ser falado em três línguas, o *Auto representado na festa de São Lourenço* permitia que colonizadores e índios se vissem representados nas personagens do auto. O detalhe mais revelador, porém, é observar que as falas em tupi são associadas ao demônio; e os versos escritos em português, ao Anjo, que representa, simbolicamente, o Amor e o Temor, fogos enviados por São Lourenço para abrasar as almas. Por meio de recursos como esses, Anchieta reafirmava, de diferentes maneiras, a superioridade cultural e espiritual dos colonizadores.

• Os textos literários

José de Anchieta escreveu poemas líricos, a maior parte de cunho religioso, que costumava dedicar à Virgem Maria, e peças de teatro.

Anchieta foi o autor das primeiras peças de teatro encenadas no Brasil. Seus autos têm função claramente religiosa e pedagógica. O mais conhecido deles é o *Auto representado na festa de São Lourenço*, com versos em três línguas diferentes: tupi, português e espanhol.

Outra obra de grande importância escrita por Anchieta foi a *Arte da gramática da língua mais usada na costa do Brasil*, de 1595. Trata-se da primeira gramática da língua tupi.

Em Deus, meu criador

Não há cousa segura.
Tudo quando se vê
se vai passando.
O bem se vai gastando.
Toda criatura
passa voando.

Em Deus, meu criador,
está todo meu bem
e esperança,
meu gosto e meu amor
e bem-aventurança.
Quem serve a tal Senhor
não faz mudança.

Contente assim, minha alma,
do doce amor de Deus
toda ferida,
o mundo deixa em calma,
buscando a outra vida,
na qual deseja ser
toda absorvida.
[...]

ANCHIETA, José de. In: MARTINS, M. de L. de Paula (Trans., trad. e notas). *Poesias*. Belo Horizonte/São Paulo: Itatiaia/Editora da Universidade de São Paulo, 1989. p. 402. (Fragmento). (Biblioteca básica de literatura brasileira, vol. 3). Manuscrito do século XVI, em português, castelhano, latim e tupi.

Numa cópia existente no Instituto Histórico e Geográfico Brasileiro, essa poesia tem o título "Da vaidade das cousas do mundo".

De olho no *filme*

A missão dos jesuítas

Um violento mercador de escravos indígenas mata o próprio irmão e, para redimir-se, torna-se um missionário jesuíta na região dos Sete Povos das Missões. Embora a ação ocorra no século XVIII, o filme *A missão* ilustra o impacto da ação dos jesuítas sobre os povos indígenas americanos. A música de Ennio Morricone e o cenário deslumbrante do filme criam a ambientação perfeita para as cenas épicas das batalhas entre os índios guaranis e os soldados enviados para expulsá-los de suas terras.

◀ Cena do filme *A missão*, de Roland Joffé, Inglaterra, 1986.

TEXTO PARA ANÁLISE

> O texto a seguir refere-se às questões de 1 a 5.

Texto 1

Caminha, nesse trecho de sua Carta, revela o olhar do europeu na avaliação que faz dos índios.

[...]

Andaram na praia, quando saímos, oito ou dez deles; e daí a pouco começaram a vir mais. E parece-me que viriam, este dia, à praia, quatrocentos ou quatrocentos e cinquenta. Alguns deles traziam arcos e flechas, que todos trocaram por carapuças ou por qualquer coisa que lhes davam. Comiam conosco de tudo que lhes oferecíamos. Alguns deles bebiam vinho; outros não o podiam suportar. Mas quer-me parecer que, se os acostumarem, o hão de beber de boa vontade. Andavam todos tão bem dispostos, tão benfeitos e galantes com suas tinturas que muito agradavam. [...] E estavam já mais mansos e seguros entre nós do que nós estávamos entre eles. [...]

Quando saímos do batel, disse-nos o Capitão que seria bem que fôssemos diretamente à cruz que estava encostada a uma árvore, junto ao rio, a fim de ser colocada amanhã, sexta-feira, e que nos puséssemos todos de joelhos e a beijássemos para que eles vissem o acatamento que lhe tínhamos. E assim fizemos. E a esses dez ou doze que lá estavam, acenaram-lhes que fizessem o mesmo; e logo foram todos beijá-la.

Parece-me gente de tal inocência que, se nós entendêssemos a sua fala e eles a nossa, seriam logo cristãos, visto que não têm nem entendem crença alguma, segundo as aparências. E, portanto, se os degredados que aqui hão de ficar aprenderem bem a sua fala e os entenderem, não duvido que eles, segundo a santa tenção de Vossa Alteza, se farão cristãos e hão de crer na nossa santa fé, à qual praza a Nosso Senhor que os traga, porque certamente esta gente é boa e de bela simplicidade. E imprimir-se-á facilmente neles todo e qualquer cunho que lhes quiserem dar, uma vez que Nosso Senhor lhes deu bons corpos e bons rostos, como a homens bons. E o fato de Ele nos haver até aqui trazido, creio que não o foi sem causa. E portanto Vossa Alteza, que tanto deseja acrescentar à santa fé católica, deve cuidar da salvação deles. E aprazerá a Deus que com pouco trabalho seja assim!

[...]

CASTRO, Silvio (Intr., atualiz. e notas). *A carta de Pero Vaz de Caminha*. Porto Alegre: L&PM, 1996. p. 93-94. (Fragmento).

Batel: embarcação pequena.
Acatamento: respeito, veneração.
Degredados: que foram condenados ao desterro, exilados.
Tenção: propósito, intenção.
Praza: agrada.
Cunho: caráter, índole, tendência.

1. Nesse trecho da *Carta*, é possível perceber que o primeiro contato entre portugueses e índios foi bastante amistoso. Que informações do primeiro parágrafo comprovam essa afirmação?

▸ De que maneira o comportamento tranquilo e amistoso dos indígenas é interpretado pelos colonizadores?

2. Além de encontrar ouro e metais preciosos, os portugueses tinham outro objetivo para a terra recém-descoberta. Identifique-o e transcreva no caderno o trecho em que isso fica claro.

a) Como os índios são retratados por Caminha?
b) Por que, segundo ele, os índios "seriam logo cristãos"?

3. Releia.

"*E imprimir-se-á facilmente neles todo e qualquer cunho que lhes quiserem dar*, uma vez que Nosso Senhor lhes deu bons corpos e bons rostos, como a homens bons."

a) O trecho destacado revela os princípios que nortearam a colonização portuguesa. Explique por quê.

b) Por que, segundo Caminha, a aparência dos índios revela sua índole boa?

4. Que elementos do texto indicam a visão de um homem europeu que desconsidera a cultura indígena?

▶ É possível explicar o processo de aculturação dos índios a partir dessa visão de mundo do colonizador? Por quê?

5. Observe as informações referentes ao ano de 1549 na linha do tempo. Discuta com seus colegas: há contradição entre as ações autorizadas por Portugal nessa data e o projeto de salvação dos indígenas pela fé católica declarado na *Carta*? Explique.

▶ O texto a seguir refere-se às questões de 6 a 8.

Texto 2

Segundo ato

No trecho a seguir, extraído do auto de José de Anchieta, São Lourenço e São Sebastião enfrentam os demônios que desejam corromper uma aldeia indígena.

(Eram três diabos que querem destruir a aldeia com pecados, aos quais resistem São Lourenço, São Sebastião e o Anjo da Guarda, livrando a aldeia e prendendo os tentadores cujos nomes são: Guaixará, que é o rei; Aimbirê e Saravaia, seus criados)

[...]
(São Lourenço fala a Guaixará:)
São Lourenço
Quem és tu?
Guaixará
Sou Guaixará embriagado,
sou boicininga, jaguar,
antropófago, agressor,
andirá-guaçu alado,
sou demônio matador.
[...]
São Lourenço
Dizei-me o que quereis desta
minha terra em que nos vemos.
Guaixará
Amando os índios queremos
que obediência nos prestem
por tanto que lhes fazemos.
Pois se as coisas são da gente,
ama-se sinceramente.
São Sebastião
Quem foi que insensatamente,
um dia ou presentemente?
os índios vos entregou?

Se o próprio Deus tão potente
deste povo em santo ofício
corpo e alma modelou!
Guaixará
Deus? Talvez remotamente
pois é nada edificante
a vida que resultou.

São pecadores perfeitos,
repelem o amor de Deus,
e orgulham-se dos defeitos.
Aimbirê
Bebem cuim a seu jeito,
como completos sandeus
ao cauim rendem seu preito.

Esse cauim é que tolhe
sua graça espiritual.
Perdidos no bacanal
seus espíritos se encolhem
em nosso laço fatal.
São Lourenço
Não se esforçam por orar
na luta do dia a dia.
Isto é fraqueza, de certo.

ANCHIETA, José de. *Auto representado na festa de São Lourenço*. Disponível em: <http://www.dominiopublico.gov.br/download/texto/ua000272.pdf>. Acesso em: 21 jul. 2010. (Fragmento).

Boicininga: termo originário da língua tupi usado para designar a cobra cascavel.
Andirá-guaçu: termo usado para designar grandes morcegos encontrados nas Américas do Sul e Central.
Cuim: bebida preparada com uma espécie de farelo de arroz fermentado.
Sandeus: tolos, loucos.
Cauim: bebida indígena preparada com mandioca cozida e fermentada.
Preito: veneração, homenagem.
Bacanal: festa que reina a devassidão; orgia.

6. No trecho transcrito, São Lourenço pergunta a Guaixará quem é ele. De que forma o demônio se caracteriza?

a) Guaixará é o rei dos diabos que desejam corromper a aldeia com pecados. De que maneira essa caracterização contribui para sugerir a natureza do demônio?

b) Ao ser questionado por São Lourenço, Guaixará revela o que deseja do povo da aldeia. Transcreva o trecho em que isso ocorre.

7. São Lourenço contradiz o diabo, quando este afirma que os índios lhe devem obediência. Qual o argumento utilizado pelo santo?

a) Segundo Guaixará e Aimbirê, São Lourenço está enganado a respeito dos indígenas. Por quê?

b) No final do trecho, o santo parece concordar com a opinião de Guaixará sobre os índios. Explique.

c) De que forma o argumento utilizado pelo santo e o embate entre ele e o demônio sugerem a função religiosa e pedagógica desse auto?

8. Como você viu, esse auto foi escrito, originalmente, em três línguas: português, tupi e espanhol. Os versos em tupi são associados ao demônio. Observe também que os três diabos têm nomes indígenas. Considerando essas informações, explique de que maneira a escolha da língua falada pelos demônios e dos nomes dessas personagens acaba por reafirmar, de diferentes formas, a superioridade cultural e espiritual dos colonizadores.

Conteúdo digital Moderna PLUS
http://www.modernaplus.com.br
Tema animado: Primeiras visões do Brasil.

Jogo de ideias

Neste capítulo, você viu que os textos da literatura de viagens apresentam a imagem que os europeus tiveram dos índios, quando aportaram em terras brasileiras. Como esses textos apresentam a visão do colonizador, marcada por seus valores e crenças, poderíamos dizer que revelam o registro de uma espécie de "confronto" entre duas culturas muito distintas. De um lado, europeus "civilizados"; de outro, indígenas vistos, muitas vezes, como "bárbaros".

Para compreender melhor esse enfrentamento entre a cultura europeia e a indígena e suas consequências, propomos que, em equipe, você e seus colegas montem um painel que apresente textos (poemas, reportagens, canções, narrativas, etc.) e imagens (fotos, pinturas, esculturas) que retratem diferentes visões sobre os índios em momentos distintos da nossa história. Para cumprir essa tarefa, vocês deverão seguir os seguintes passos:

▶ selecionar, em alguns dos textos dos viajantes, trechos que revelam a imagem que os portugueses fazem dos índios e a imagem que fazem de si mesmos;

▶ selecionar textos e imagens de outras épocas (por exemplo, dos séculos XVII, XVIII e XIX) que revelem visões positivas dos indígenas e textos e imagens que retratem o processo de descaracterização desses povos;

▶ selecionar textos e imagens que representem a cultura indígena nos dias atuais. Podem ser lendas, fotos de tribos que ainda preservam sua cultura, reportagens que retratem os hábitos e costumes desses povos, canções e textos em língua nativa, etc.;

▶ montar o painel, organizando-o de forma a indicar as transformações sofridas, ao longo dos anos, na visão que se tem dos povos indígenas e também dos principais efeitos do processo de aculturação que esses povos sofreram desde a colonização;

▶ apresentar o painel para a sala, explicando as diferentes visões da cultura indígena presentes nos textos e nas imagens selecionados.

Material complementar Moderna PLUS
http://www.modernaplus.com.br
Palavra de Mestre: Darcy Ribeiro.

A tradição dos relatos de viagem

Marco Polo e o misterioso mundo do Oriente

O veneziano Marco Polo encantou leitores do século XIV com seus relatos sobre as terras que estavam sob o domínio do Grã-Cã do Oriente. Inaugurou um gênero que influenciou muitas outras narrativas e estimulou a imaginação de inúmeras pessoas com as descrições dos lugares exóticos por onde passou.

Nos registros de suas viagens, além das indicações das rotas marítimas que percorreu, Marco Polo caracterizou, com riqueza de detalhes, os povos, os recursos naturais, os costumes e as peculiaridades de locais até então desconhecidos do mundo ocidental.

Marco Polo diante de Kublai Khan, miniatura medieval que ilustra a obra *Mandeville's Book of Marvels*, s.d.

[**Lambri:** atual província de Jambi, na Sumatra.

Homens ou animais?

Lambri é um reino independente, cujos habitantes se consideram súditos do Grã-Cã: são todos adoradores de ídolos. Nas florestas, há muito pau-rosa, cânfora e várias outras espécies caras de madeira. [...]

A maioria dos habitantes deste reino vive nas montanhas, longe das cidades: são homens que têm uma cauda de mais de um palmo de comprimento, grossa como as dos cães; há por aí muitos unicórnios, muita caça e muitas aves. [...]

CONY, Carlos Heitor; ALCURE, Lenira. *As viagens de Marco Polo.* 2. ed. Rio de Janeiro: Ediouro, 2001. p. 198. (Fragmento).

Os elementos fantásticos das narrativas de Marco Polo fizeram com que muitos duvidassem de sua veracidade (os homens a que ele se refere são, na verdade, orangotangos, que ele confunde com homens monstruosos). Porém, a confirmação de muitos dos dados significativos desses relatos deram a eles a importância e a influência que têm até hoje. A leitura desses textos, nos séculos seguintes, alimentou o desejo pelas grandes navegações e influenciou exploradores como Cristóvão Colombo.

As crônicas das primeiras conquistas marítimas portuguesas

Quando as naus portuguesas chegaram a Ceuta, na África, transportavam os filhos do rei D. João I, que se sagrariam cavaleiros com a conquista daquele território africano. A história da tomada de Ceuta, em 1415, foi registrada por Gomes Eanes de Zurara, cronista encarregado de escrever sobre os feitos heroicos dos príncipes portugueses. Seus textos forneceram um retrato do mundo exótico que se descortinava com as grandes navegações.

Com o início dessas navegações, a tradição dos relatos de viagem ganha força em Portugal. Nos textos de viajantes diversos, encontram-se não somente as histórias das conquistas, mas também o relato dos naufrágios.

Do século XVI em diante, seja em forma de tratado, relato, diário de bordo ou testemunho, o fascínio da descoberta do novo continuou sendo registrado por viajantes de várias nacionalidades.

Aventuras de um navegador solitário

Veleiro polar *Rapa Nui*, de Amyr Klink, na invernagem polar, 1991.

Nos últimos anos do século XX, o brasileiro Amyr Klink também se inscreve na tradição dos relatos de viagens inaugurada por Marco Polo. Seu texto, narrado em primeira pessoa, recria para o leitor as aventuras que protagonizou em alto-mar.

Barcos sem mar

[...]
O tempo não estava nada bom e simplesmente não era o momento de cair na água. Mas eu já estava voando de costas para fora do barco e mergulhando com botas e roupas e tudo em pleno Atlântico, a uns dois metros do *Rapa Nui*. Não é possível! Não pode ser verdade! Virei-me, em pânico, ainda mergulhado e, antes de conseguir tirar a cabeça para fora da água, toquei com as mãos o fundo do casco do *Rapa Nui*. Toquei e senti o barco afastando-se com rapidez. Não havia onde me segurar, apenas sentia o casco, a minha salvação, deslizando, indo embora.
[...]

KLINK, Amyr. *Paratii*: entre dois polos. São Paulo: Companhia das Letras, 1992. p. 30. (Fragmento).

Com a narração dinâmica e emocional de Amyr Klink, o leitor viaja por cenários gelados e maravilha-se com as descobertas de novos mundos como se estivesse também a bordo do seu veleiro.

CONEXÕES

》》》 Para ler e pesquisar

》 ***Cronistas do descobrimento,*** **de Antonio Carlos Olivieri e Marco Antonio Villa (Orgs.).**
São Paulo: Ática, 1999.

Com linguagem bastante acessível e comentários esclarecedores antes de cada texto original, o livro apresenta uma breve antologia de documentos produzidos por viajantes e cronistas do século XVI.

》 ***Portinari devora Hans Staden,*** **de Hans Staden, Fernando Novais e Olívio Tavares de Araújo.**
São Paulo: Terceiro Nome, 1998.

O pintor Candido Portinari fez uma série de 26 desenhos para ilustrar as memórias de Hans Staden entre os índios tupinambás. Esses desenhos permaneceram inéditos até que, em 1998, foram utilizados, ao lado das xilogravuras da edição original, na preparação dessa edição do mais famoso relato de viagens de europeus do século XVI. O texto de Hans Staden traz uma narrativa mais refinada que a dos outros cronistas da época e prende a atenção do leitor com relatos repletos de ação em que as surpresas acontecem a todo instante.

》 ***Tratado da Terra do Brasil/História da Província Santa Cruz,*** **de Pero de Magalhães Gandavo.**
Belo Horizonte: Itatiaia/Edusp, 1980.

Publicados juntos pela Itatiaia/Edusp, esses dois volumes oferecem, em texto original, os relatos de viagem do autor. Obra referencial na história da literatura de informação, traduz o olhar do homem europeu da época ao deparar com o novo continente.

》 ***Viagem à terra do Brasil,*** **de Jean de Léry.**
Belo Horizonte: Itatiaia/Edusp, 1980.

Relato de viagem do autor francês, em que descreve a fauna, a flora e os costumes dos povos indígenas brasileiros. Apesar de não ter ambições literárias, chega a produzir descrições tão precisas sobre a religiosidade, a prática do canibalismo, as relações sociais entre os indígenas, que muitas vezes o leitor do século XXI pode ter a sensação de estar assistindo a um filme. Talvez por isso mesmo essa obra tenha inspirado um dos clássicos do cinema brasileiro, o filme *Como era gostoso o meu francês*, de Nelson Pereira dos Santos.

》》》 Para navegar

》 **http://www.multirio.rj.gov.br/historia/modulo01/feitorias.html**

Site elaborado pela Secretaria da Educação da Prefeitura do Rio de Janeiro. Apresenta textos bastante simples, mas faz abordagens variadas sobre o momento da conquista da terra brasileira pelos europeus. As imagens ilustram bem os textos.

》 **http://www.cce.ufsc.br/~nupill/literatura/obras.html**

Site sob responsabilidade da Universidade Federal de Santa Catarina. Nele é possível ler na íntegra os dois volumes de Pero de Magalhães Gandavo, *Tratado da terra do Brasil* e *História da província Santa Cruz*, livros recomendados nesta seção. Há também, entre tantas obras nacionais digitalizadas, uma versão original dos escritos de Jean de Léry, *Récit d'un Voyage Faict en la Terre du Brésil,* e uma tradução de Alencar Araripe.

Para assistir

> *Marco Polo*, de Giuliano Montaldo.
> Itália, 2005.

Essa minissérie italiana, exibida originalmente em 1982, narra as viagens do primeiro dos grandes exploradores da humanidade: Marco Polo. Nos quatro DVDs que apresentam a versão integral dessa superprodução, é possível reviver as aventuras deste navegante veneziano, que percorreu a "Rota da seda" e trabalhou como emissário do imperador mongol Kublai Khan.

> *Desmundo*, de Alain Fresnot.
> Brasil, 2003.

Adaptação do livro de Ana Miranda, ambientado no Brasil colonial, o filme conta a história de jovens órfãs, para se casarem com os primeiros colonizadores. A trama se centra na vida de uma delas, a jovem Oribela. Obrigada a se casar com o rude Francisco de Albuquerque, a moça não aceita seu destino e tenta fugir para sua terra natal, sendo capturada logo depois.

> *1492*: a conquista do paraíso, de Ridley Scott.
> EUA/Inglaterra/França/Espanha, 1992.

A viagem de Cristóvão Colombo é o cenário épico desse filme, que ilustra o cotidiano desgastante das grandes navegações. A história baseou-se em uma série de pergaminhos da época, descobertos em pesquisa realizada pela roteirista Roselyne Bosch. O filme focaliza também o espírito vanguardista de Colombo, suas negociações com a coroa espanhola e a tentativa de estabelecer colônias na América, retratando até a velhice daquele que foi considerado um dos navegantes mais ousados de sua época.

Conteúdo digital Moderna PLUS http://www.modernaplus.com.br
Filme: trecho de *1492*: a conquista do paraíso, de Ridley Scott.

Para ouvir

> *Ñande Arandu Pyguá*: Memória viva guarani 2.
> São Paulo: MCD World Music, 2004.

CD duplo com músicas e cantos dos índios guaranis. Mais de 200 crianças e jovens de aldeias do Sul e do Sudeste do país participaram das gravações. Esse disco faz parte de um projeto do Instituto Tekó Arandu que visa divulgar e preservar as tradições dos índios guaranis.

> *A arte de Caetano Veloso*, de Caetano Veloso. Rio de Janeiro: Universal, 2004.

"Tropicália" é uma das canções de Caetano Veloso mais emblemáticas em se tratando de identidade nacional. Lançada no disco *Caetano Veloso* em 1968 – há uma versão em CD de 1990 –, faz sucesso até hoje e ainda soa como provocação aos caminhos e destinos do país traçados pelos colonizadores portugueses. Ouvir essa música marcante do movimento tropicalista pode revelar a importância dos tratados, relatos e ensaios dos primeiros viajantes letrados que por aqui passaram com sua cultura já consolidada no século XVI.

> *Djavan*, de Djavan. Rio de Janeiro: EMI, 2003.

CD do disco lançado originalmente em 1978. Contém a música "Cara de índio", cuja letra sugere reflexão crítica sobre as condições dos povos indígenas do Brasil.

> *Jogos de armar*, de Tom Zé. São Paulo: Trama, 2000.

"Peixe viva (iê-quitíngue)" e "Perisseia" são duas canções do tropicalista Tom Zé, em parceria com José Miguel Wisnik e Capinan, que são registradas no CD. São canções recentes que recuperam ritmos nacionais e ao mesmo tempo atualizam a crítica acerca da condição dos povos indígenas no Brasil.

UMA VIAGEM NO TEMPO

Primeiras leituras

O contato com a produção artística nos abre uma janela para o passado e permite conhecer um pouco pessoas que viveram em diferentes momentos. O texto e as imagens desta seção foram selecionados para que você possa conversar com seus colegas a respeito do que eles revelam sobre o contexto em que foram produzidos. Quem eram seus autores? Como era o mundo em que viviam? Tinham interesses e preocupações semelhantes aos nossos? Essas são somente algumas das questões que podem inspirar a conversa de vocês.

BAPTISTÃO. Charge do padre português Antônio Vieira. 17 jun. 2009.

[*Domine, memento mei, cum veneris in Regnum tuum*: Senhor, lembra-te de mim quando entrares no teu reino (referência ao pedido feito pelo bom ladrão a Cristo – Lucas 23, 42-43).]

Sermão do Bom Ladrão
Pregado na Igreja da Misericórdia de Lisboa, no ano de 1655

I

[...] Bem quisera eu que o que hoje determino pregar chegara a todos os Reis, e mais ainda aos Estrangeiros que aos nossos. Todos devem imitar ao Rei dos Reis; e todos têm muito que aprender nesta última ação de sua vida. Pediu o Bom Ladrão a Cristo, que se lembrasse dele no seu Reino: *Domine, memento mei, cum veneris in Regnum tuum*. E a lembrança que o Senhor teve dele foi que ambos se vissem juntos no Paraíso: *Hodie mecum eris in Paradiso*. Esta é a lembrança que devem ter todos os Reis, e a que eu quisera lhes persuadissem os que são ouvidos de mais perto. Que se lembrem não só de levar os ladrões ao Paraíso, senão de os levar consigo [...]. Nem os Reis podem ir ao Paraíso sem levar consigo os ladrões, nem os ladrões podem ir ao Inferno sem levar consigo os Reis. Isto é o que hei de pregar. *Ave Maria*.

[...]

V

[...] O ladrão que furta para comer não vai nem leva ao Inferno: os que não só vão, mas levam, de que eu trato, são os ladrões de maior calibre e de mais alta esfera, os quais debaixo do mesmo nome e do mesmo predicamento distingue muito bem S. Basílio Magno: [...] Não são só ladrões, diz o Santo, os que cortam bolsas, ou espreitam os que se vão banhar, para lhes colher a roupa; os ladrões que mais própria e dignamente merecem este título, são aqueles a quem os Reis encomendam os exércitos e legiões, ou o governo das Províncias, ou a administração das Cidades, os quais já com manha, já com força, roubam e despojam os povos. Os outros ladrões roubam um homem, estes roubam Cidades e Reinos: os outros furtam debaixo do seu risco, estes sem temor, nem perigo: os outros, se furtam, são enforcados, estes furtam e enforcam. Diógenes, que tudo via com mais aguda vista que os outros homens, viu que uma grande tropa de varas e Ministros de justiça levavam a enforcar uns ladrões, e começou a bradar: Lá vão os ladrões grandes enforcar os pequenos. Ditosa Grécia, que tinha tal Pregador! E mais ditosas as outras nações, se nelas não padecera a justiça as mesmas afrontas. Quantas vezes se viu em Roma ir a enforcar um ladrão por ter furtado um carneiro, e no mesmo dia ser levado em triunfo um Cônsul, ou Ditador por ter roubado uma Província! E quantos ladrões teriam enforcado estes mesmos ladrões triunfantes? De um chamado Seronato disse com discreta contraposição Sidônio Apolinar: *Non cessat simul furta, vel punire, vel facere*. Seronato está sempre ocupado em duas coisas: em castigar furtos, e em os fazer. Isto não era zelo de justiça, senão inveja. Queria tirar os ladrões do mundo, para roubar ele só.

[...]

X

[...] Quem foi mau uma vez, presume o Direito que o será outras, e que o será sempre. Saia pois Adão do lugar onde furtou, e não torne a entrar nele, para que não tenha ocasião de fazer outros furtos, como fez o primeiro. E notai que Adão, depois de ser privado do Paraíso, viveu novecentos e trinta anos. Pois a um homem castigado e arrependido, não lhe bastarão cem anos de privação

RUBENS, P. *Cristo na cruz entre dois ladrões*. 1620. Óleo sobre painel, 429 × 311 cm.

164

do posto, não lhe bastarão duzentos ou trezentos? Não. Ainda que haja de viver novecentos anos, e houvesse de viver nove mil, uma vez que roubou, e é conhecido por ladrão, nunca mais deve ser restituído, nem há de entrar no mesmo posto.

XI

Assim o fez Deus com o primeiro homem do mundo, e assim o devem executar com todos, os que estão em lugar de Deus. Mas que seria se não só víssemos ladrões conservados nos lugares, onde roubam, senão depois de roubarem promovidos a outros maiores? Acabaram-se-me aqui as Escrituras, porque não há nelas exemplo semelhante. De Reis que os mandassem conquistar inimigos, sim; mas de Reis que os mandassem governar vassalos, não se lê tal coisa. [...] Porém os Reis que tratam vassalos como seus, e os Estados, posto que distantes, como fazenda própria e não alheia, lede o Evangelho, e vereis quais são os sujeitos, e quão úteis, a quem encomendam o governo deles.

Um Rei, diz Cristo, Senhor nosso, fazendo ausência do seu Reino à conquista de outro, encomendou a administração da sua fazenda a três criados. O primeiro acrescentou-a dez vezes mais do que era; e o Rei depois de o louvar o promoveu ao governo de dez Cidades [...]. O segundo também acrescentou a parte que lhe coube cinco vezes mais; e com a mesma proporção o fez o Rei, Governador de cinco Cidades [...]. De sorte que os que o Rei acrescenta e deve acrescentar nos governos, segundo a doutrina de Cristo, são os que acrescentam a fazenda do mesmo Rei, e não a sua. Mas vamos ao terceiro criado. Este tornou a entregar quanto o rei lhe tinha encomendado, sem diminuição alguma, mas também sem melhoramento; e no mesmo ponto sem mais réplica foi privado da administração [...]. Oh que ditosos foram os nossos tempos, se as culpas por que este criado foi privado do ofício, foram os serviços e merecimentos por que os de agora são acrescentados! Se o que não tomou um real para si, e deixou as coisas no estado em que lhas entregaram, merece privação do cargo, os que as deixam destruídas e perdidas, e tão diminuídas e desbaratadas, que já não têm semelhança do que foram, que merecem? Merecem que os despachem, que os acrescentem, e que lhes encarreguem outras maiores, para que também as consumam, e tudo se acabe. [...]

XII

Grande lástima será naquele dia, Senhores, ver como os ladrões levam consigo muitos Reis ao Inferno: e para que esta sorte se troque em uns e outros, vejamos agora como os mesmos Reis, se quiserem, podem levar consigo os ladrões ao Paraíso. Parecerá a alguém, pelo que fica dito, que será coisa muito dificultosa, e que se não pode conseguir sem grandes despesas; mas eu vos afirmo e mostrarei brevemente que é coisa muito fácil, e que sem nenhuma despesa de sua fazenda, antes com muitos aumentos dela,

Expulsão do Paraíso. C. 1600. Óleo sobre painel de madeira, 28,8 cm de diâmetro. Autor desconhecido.

o podem fazer os Reis. E de que modo? Com uma palavra; mas palavra de Rei: Mandando que os mesmos ladrões, os quais não costumam restituir, restituam efetivamente tudo o que roubaram. Executando-o assim, salvar-se-ão os ladrões, e salvar-se-ão os Reis. Os ladrões salvar-se-ão, porque restituirão o que têm roubado; e os Reis salvar-se-ão também, porque restituindo os ladrões, não terão eles obrigação de restituir. [...]

XIV

[...]

Rei dos Reis, e Senhor dos Senhores, que morrestes entre ladrões para pagar o furto do primeiro ladrão, e o primeiro a quem prometestes o Paraíso foi outro ladrão; para que os ladrões e os Reis se salvem, ensinai com vosso exemplo, e inspirai com vossa graça a todos os Reis, que não elegendo, nem dissimulando, nem consentindo, nem aumentando ladrões, de tal maneira impidam os furtos futuros, e façam restituir os passados, que em lugar de os ladrões os levarem consigo, como levam, ao Inferno, levem eles consigo os ladrões ao Paraíso, como vós fizestes hoje: *Hodie mecum eris in Paradiso*.

VIEIRA, Antônio. In: PÉCORA, Alcir (Org.). *Sermões*. Tomo I. São Paulo: Hedra, 2000. p. 389-413. (Fragmento).

Hodie mecum eris in Paradiso: Hoje estarás comigo no Paraíso (referência à fala de Cristo ao bom ladrão – Lucas 23, 42-43).

Capítulo 10

Barroco

EL GRECO (Doménikos Theotokópoulos). *O enterro do Conde de Orgaz.* C. 1586. Óleo sobre tela, 480 × 360 cm.

OBJETIVOS

Ao final do estudo deste capítulo, você deverá ser capaz de:

1. Compreender o que foram a **Reforma** e a **Contrarreforma** e de que modo influenciaram a produção artístico-cultural.

2. Identificar e compreender como se articularam os agentes do discurso no período.

3. Explicar como os conceitos de **agudeza**, **rebuscamento** e **contraste** definiram o projeto literário do Barroco.

4. Diferenciar **cultismo** e **conceptismo**, justificando tal diferenciação com elementos dos textos literários.

5. Reconhecer recursos linguísticos explorados na literatura barroca, como **metáforas, antíteses, paradoxos** e analisar de que modo esses recursos participam da construção de sentido dos textos.

6. Explicar como os sermões do Padre Vieira refletem características do conceptismo barroco.

7. Identificar as características da **poesia sacra**, **lírica** e **satírica** de Gregório de Matos.

8. Analisar de que modo ecos da produção barroca podem ser reconhecidos em textos literários produzidos em diferentes momentos.

No século XVII, o ser humano vive em conflito, atormentado por dúvidas existenciais, dividido entre uma postura racional e humanista e uma existência assombrada pela culpa religiosa. Conheça como o Barroco representou esse tempo de instabilidade e incerteza.

»» Leitura da imagem

1. Em *O enterro do Conde de Orgaz*, El Greco explora os elementos de uma lenda da cidade de Toledo, segundo a qual Santo Estêvão e Santo Agostinho conduziram à sepultura o corpo de Gonzalo Ruiz, o Sr. Orgaz, em reconhecimento aos muitos atos de caridade que realizou. Observe o quadro de El Greco. Que elementos sugerem tratar-se de uma imagem ligada à religião?

2. Copie os adjetivos abaixo que você escolheria para caracterizar essa pintura. Justifique sua resposta.

   (alegre   triste   singela   grandiosa   frágil   imponente)

3. Observe atentamente a organização da cena retratada em *O enterro do Conde de Orgaz*. Podemos identificar a presença de duas dimensões diferentes nessa cena. Que dimensões são essas?
   a) De que modo o uso da cor ajuda a diferenciá-las? Explique.
   b) Por que a luz também desempenha um papel importante na criação dessas dimensões?

4. No centro da tela vemos um anjo que conduz a alma do Sr. Orgaz para o céu. Observe.

» EL GRECO. *O enterro do Conde de Orgaz*. C. 1586. Detalhe. Óleo sobre tela.

   ▶ Na visão de El Greco, a alma assume o formato de um feto. Considerando o contexto religioso associado à cena, como essa representação poderia ser interpretada?

5. O jogo de cores e luzes utilizado para definir as duas dimensões representadas no quadro também pode ser interpretado como uma afirmação da oposição básica entre vida e morte. Explique por quê.

»» Da imagem para o texto

6. No século XVII, diferentes formas de arte exploram temas ligados à religião. O texto a seguir foi retirado de uma das meditações escritas por John Donne, um bispo da Igreja Anglicana da Inglaterra.

Doménikos Theotokópoulos (1541-1614), conhecido como **El Greco** ("O Grego"), nasceu em Creta e ali começou seus estudos de pintura.

Foi em Veneza, porém, sob a orientação de Ticiano, que definiu um estilo que o imortalizaria, desenhando corpos distorcidos e com um uso marcado de cores e luzes na construção do conjunto. Mudou-se para Toledo em 1578, onde permaneceu até a morte. Sua obra-prima, *O enterro do Conde de Orgaz*, está exposta na Igreja de São Tomé, em Toledo. Dono de um estilo inclassificável, El Greco influenciou artistas de todos os tempos, como Delacroix, Manet, Picasso e Cézanne.

▲ Autorretrato de El Greco, detalhe de *O enterro do Conde de Orgaz*. C. 1586. Óleo sobre tela.

John Donne (1572-1631), embora filho de uma próspera família católica, converteu-se ao anglicanismo por exigência do rei James I. Chegou ao ápice da carreira religiosa quando ocupou o prestigioso cargo de deão da Catedral de São Paulo, em Londres, função que exerceu até a morte. Escreveu, além de sermões, belos poemas de amor e uma série de meditações para ocasiões especiais, das quais a mais famosa é a Meditação XVII. Um estilo marcado por metáforas elaboradas, uma grande ilustração e a aptidão para o drama o transformaram em um dos maiores oradores de todos os tempos.

Gravura de John Donne feita por A. Duncan e G. Clint, s.d.

Meditação XVII
(de Devoções para ocasiões especiais — 1623)

Nunc lento sonitu dicunt, morieris.
Este sino, ora a dobrar por outro lentamente, me diz: "Irás morrer".

[...] A Igreja é católica, universal, e assim são os seus atos; tudo o que faz pertence a todos. Quando ela batiza uma criança, tal ato me diz respeito; pois aquela criança, dessa forma, se une àquele corpo que igualmente é minha cabeça, e se enxerta naquele corpo do qual sou membro. E quando ela enterra um homem, tal ato me diz respeito: a humanidade toda é de um só autor, e constitui um só volume; quando um homem morre, não é um capítulo que se arranca do livro, mas é apenas um que se traduziu para idioma melhor; e todos os capítulos devem assim ser traduzidos. Deus emprega diversos tradutores; alguns trechos são traduzidos pela idade, outros pela doença, outros pela guerra, outros pela justiça; mas a mão de Deus está presente em todas as traduções, e é sua mão que reencadernará todas as nossas folhas dispersas para aquela biblioteca onde cada livro deverá jazer aberto um para o outro. Portanto, assim como o sino ao anunciar o sermão não convoca apenas o pregador, mas a congregação inteira, assim também este sino convoca a todos nós [...]. Nenhum homem é uma ilha, completa em si mesma; todo homem é um pedaço do continente, uma parte da terra firme. Se um torrão de terra for levado pelo mar, a Europa fica menor, como se tivesse perdido um promontório, ou perdido o solar de um teu amigo, ou o teu próprio. A morte de qualquer homem diminui a mim, porque na humanidade me encontro envolvido; por isso, nunca mandes indagar por quem os sinos dobram; eles dobram por ti. [...]

DONNE, John. In: VIZIOLI, Paulo (Intr., sel., trad. e notas). *John Donne, o poeta do amor e da morte*. Ed. bilíngue. São Paulo: J. C. Ismael, 1985. p. 103-105.

▶ John Donne inicia sua meditação explicitando a tese que irá defender ao longo do texto. Que tese é essa?

7. Podemos afirmar que a ideia básica por trás dessa tese é antecipada pela epígrafe: "Este sino, ora a dobrar por outro lentamente, me diz: 'Irás morrer' ". Por quê?

8. Duas imagens são utilizadas, por John Donne, como uma "ilustração" metafórica da tese que defende. Quais são elas?

▶ Explique por que, na perspectiva cristã, **tradução** é uma boa metáfora para **morte**.

9. Releia.

"Nenhum homem é uma ilha, completa em si mesma; todo homem é um pedaço do continente, uma parte da terra firme. Se um torrão for levado pelo mar, a Europa fica menor, como se tivesse perdido um promontório, ou perdido o solar de um teu amigo, ou o teu próprio."

a) Explique a nova metáfora utilizada pelo autor nessa passagem.
b) De que modo ela expande a tese central do texto?

10. Podemos identificar uma organização semelhante no quadro de El Greco e no texto de John Donne no que diz respeito às ideias católicas. Explique essa semelhança.

Tensão no mundo da fé

O século XVI, na Europa, foi marcado por uma importante disputa religiosa. Tudo começou em 1517, quando o padre alemão Martinho Lutero divulgou um conjunto de 95 teses em que denunciava a venda do perdão (indulgência) como uma prática corrupta da Igreja Católica. Segundo ele, o único caminho para a salvação pessoal era uma vida regrada, marcada pela religiosidade, pelo arrependimento sincero dos pecados e pela confiança na misericórdia de Deus.

 Conteúdo digital Moderna PLUS http://www.modernaplus.com.br
Filme: trecho de *A rainha Margot*.

A debandada dos fiéis

Em pouco tempo, toda a Alemanha tomou conhecimento das ideias de Lutero, que se espalharam também pelo restante da Europa. Muitos fiéis abandonaram a Igreja Católica para seguir os preceitos luteranos. Martinho Lutero foi excomungado pelo papa Leão X, porém a Reforma Protestante não podia mais ser contida.

Quando João Calvino, um luterano convertido, passou a defender a ideia de que a prosperidade obtida por meio do trabalho era uma manifestação do favor divino, a debandada de católicos aumentou. Pela primeira vez na história da religião, o lucro passou a ser visto como algo aceitável. Era o impulso que faltava para a burguesia aderir ao protestantismo.

Reação católica

Quase três décadas depois, em 1545, a reação católica, conhecida como Contrarreforma, começou com a instalação do Concílio de Trento para definir medidas que pudessem conter as consequências da Reforma Protestante.

Algumas das medidas mais importantes foram:

- o ressurgimento do Tribunal do Santo Ofício, também chamado Sagrada Inquisição. Os inquisidores tinham o poder de prender as pessoas acusadas de heresia, confiscar seus bens e condená-las à morte na fogueira.
- a criação do *Índice dos livros proibidos* (*Index Librorum Proibitorum*), uma relação de textos cuja leitura era vetada aos católicos, como os de Copérnico e Galileu, Descartes, Rousseau, Victor Hugo, Alexandre Dumas, Sartre. Essa relação só deixou de ser feita na segunda metade do século XX.
- a criação da Companhia de Jesus pelo padre Inácio de Loyola. Seguindo um modelo militarizado, Loyola via os jesuítas como um grupo de combate à Reforma.

Barroco: a harmonia da dissonância

Como movimento cultural e artístico, o Barroco se estende do final do século XVI até o início do século XVIII. Começa na Itália e alcança vários países europeus e algumas de suas colônias, como o Brasil.

A reação católica ao protestantismo terá grande influência na definição das características do Barroco. Na origem dessas características, há uma tensão que nasce da tentativa de fundir visões opostas: a perspectiva antropocêntrica, herdada do Renascimento, e a teocêntrica, resgatada pela Contrarreforma.

1545 — Tem início o Concílio de Trento.

1549 — Chega ao Brasil o primeiro grupo de missionários da Companhia de Jesus.

1558 — Elizabeth I, protestante, sucede à rainha católica Mary no trono inglês.

1570 — O rei de Portugal, D. Sebastião, proíbe a escravidão indígena.

1572 — Massacre de São Bartolomeu, em que líderes protestantes foram assassinados por católicos franceses.

1619 — Diego Velázquez pinta *Adoração dos reis magos*, quadro com características barrocas no tema e no estilo que o consagrou.

Detalhe da obra de Velázquez. Óleo sobre tela, 203 × 125 cm.

c. 1622 — Peter Paul Rubens pinta o *Retrato de Maria de Médici*, exemplo perfeito do rebuscamento barroco.

1633 — Galileu Galilei é julgado pelo Tribunal do Santo Ofício por defender a tese de Copérnico de que a Terra se move em torno do Sol. Ameaçado de excomunhão, é obrigado a negar suas descobertas.

LEONI, O. *Galileu Galilei*. 1624. Crayon.

c. 1667 — Os índios são agrupados em aldeias e recebem instruções e educação religiosa.

Como consequência dessas posturas conflitantes, a arte barroca será marcada pela angústia de um ser humano atormentado por grandes dúvidas existenciais. Os temas religiosos serão tratados por mestres da pintura, como Caravaggio, Rubens, Rembrandt e Velázquez, que expressam de forma enfática as contradições da época.

De olho na *arte*

A dúvida de Tomé

O primeiro aspecto que chama a atenção no quadro de Caravaggio é o contraste entre luz e sombra, característico da técnica do *chiaroscuro*. Os contornos claros e precisos, típicos da estética renascentista, perdem espaço para a imprecisão barroca que caracteriza o ser humano de forma menos idealizada.

Outra característica barroca é a tendência de retratar a realidade de modo exagerado (hiper-realismo). O resultado final mostra a harmonia dissonante da estética barroca. O momento retratado é sublime: Jesus, ressuscitado, surge entre seus apóstolos. O dedo que remexe a ferida, porém, assinala a incredulidade humana, o desejo de se certificar antes de aceitar o que parece impossível.

CARAVAGGIO. *A dúvida de Tomé*. 1602-1603 Óleo sobre tela, 107 × 146 cm.

O esplendor da ópera

A grandiosidade e a teatralidade da ópera promoviam um espetáculo dramático que maravilhava pela transformação de cenários diante dos olhos atônitos da plateia, cumprindo, assim, o desejo barroco de provocar espanto.

Gravura *Mademoiselle Desmatins no papel de Psique na Ópera de Lully*, de Jean Berain, 1703.

A obra dos principais artistas barrocos busca unir aspectos contraditórios: o sagrado e o profano, as luzes e as sombras (oposição que dará origem a uma técnica conhecida como *chiaroscuro*, isto é, claro-escuro), o paganismo e o cristianismo, o racional e o irracional.

O desafio do Barroco era representar um mundo instável. Por isso, a arte do período vive de contrastes que traduzem a tensão entre a aspiração à harmonia e à felicidade eterna e a beleza que se vê na luta e no sofrimento humanos.

O projeto literário do Barroco

A fala do poeta italiano Giambattista Marini (1568-1625) resume o projeto literário do Barroco: "a poesia tem o desejo de produzir o espanto". A chave para compreender as características da literatura barroca é aceitar que ela foi escrita com o objetivo de desencadear uma reação em um leitor de perfil muito específico.

Os agentes do discurso

No momento em que as obras barrocas começam a ser produzidas, a **circulação dos textos** literários ainda está bastante restrita à corte, centro de poder, e às universidades, centros de saber.

Para criar condições de um diálogo contínuo e produtivo entre os diferentes escritores, surgem as **Academias**, agremiações culturais em que eles se reúnem para ler e estudar a poesia e os tratados de retórica dos clássicos latinos.

De modo geral, os textos circulam em cópias acessíveis a poucos. Os escritores preferem publicar seus poemas em folhas manuscritas e não como livro impresso, para evitar que sejam lidos por um público maior, tido como "vulgar".

• O Barroco e o público

Fruto de muito estudo e trabalho, a poesia barroca é escrita por poetas para poetas. As disputas literárias, promovidas nas Academias, estimulam a sofisticação dos textos, porque o objetivo é demonstrar o melhor domínio da retórica clássica no desenvolvimento de temas consagrados. De perfil muito específico, esses leitores aprovam a repetição de temas, pois ela permite a comparação entre os diferentes poetas. Quanto mais elaborado o texto, maior a distinção conferida ao leitor capaz de compreendê-lo.

O jogo da poesia produzida nas Academias tinha sempre uma dupla face: de um lado, o poeta, que buscava compor um texto bastante elaborado para ser reconhecido; do outro, o leitor, que, por compreender esse texto, mostrava-se tão sofisticado quanto o poeta.

• O fusionismo e o culto do contraste

O termo **fusionismo** se refere à fusão das visões medieval e renascentista, antagônicas. Essa fusão se traduz, na pintura, pela mistura entre luz e sombra; na música, pela combinação de sons; na literatura, pela associação entre o racional e o irracional, entre a razão e a fé. A busca incessante da união dos opostos leva os escritores barrocos ao uso intenso de antíteses e paradoxos.

Como consequência da dualidade na maneira de ver o mundo, o Barroco tende a aproximar os opostos, destacando o contraste, ao mesmo tempo que tenta conciliar extremos como pecado/perdão, erotismo/espiritualidade. Na literatura, algumas imagens simbolizam a indefinição resultante dos contrastes, como o crepúsculo (transição entre dia e noite) e a aurora (transição entre noite e dia).

O pessimismo e o feísmo

A religiosidade acentuada pelas disputas entre protestantes e católicos emprestou um caráter mais dramático à vida no século XVII. Nesse contexto, um olhar mais pessimista para o mundo sobressai nas obras de arte. A vida terrena é caracterizada por traços que sugerem tristeza e sofrimento, para representá-la como oposta à felicidade da vida celestial. Dividido entre razão e religião, o ser humano opta pela religião na esperança de alcançar a glória divina.

Manifestando o pessimismo dos autores, várias obras barrocas exploram a miséria da condição humana, apresentada em alguns aspectos cruéis, dolorosos e, muitas vezes, repugnantes.

O rebuscamento

O artista barroco é minucioso na composição dos detalhes e manifesta o gosto pela ornamentação excessiva, que revela o desejo de criar um discurso para convencer o público da glória de Deus.

A utilização de uma linguagem trabalhada, cheia de imagens e de figuras, procura dar à literatura a riqueza visual da pintura e da escultura. Isso faz com que os jogos de palavras e as figuras de linguagem sejam muito explorados nos textos desse período.

▲ Ribera, J. São Paulo, o eremita. 1640. Óleo sobre tela, 143 × 143 cm. O realismo sombrio de alguns pintores do Barroco destaca a decadência humana decorrente da passagem do tempo. Nesta obra, São Paulo, esquelético e envelhecido, contempla um crânio, que simboliza a mortalidade humana.

Projeto literário do Barroco
- Desencadear reação em um público específico/ provocar o espanto do público
- Produzir textos sofisticados

▲ Indumentária barroca italiana bordada, da primeira metade do século XVIII. A arte barroca é marcada pela exuberância.

Dinamismo e teatralidade

O artista barroco deseja criar sensação de movimento, que representa a instabilidade do período. As linhas curvas utilizadas na pintura opõem-se claramente às retas que orientaram a arte renascentista. Os traços hiper-realistas dão às obras de arte um caráter mais exagerado, teatral, destinado a chocar o observador.

Reflexão sobre a fragilidade humana

A leitura dos principais poetas clássicos influencia a escolha dos temas mais recorrentes na poesia barroca. Vários textos abordam a fragilidade da vida humana, a fugacidade do tempo, a crítica à vaidade (a beleza é sempre destruída pela passagem do tempo), as contradições do amor.

O desejo de produzir textos muito elaborados, contudo, faz com que a escolha dos temas tenha menos importância do que o trabalho com a linguagem.

Linguagem: agudeza e engenho

Os participantes das disputas literárias avaliavam a qualidade dos escritores pela agudeza com que criavam e pelo engenho que demonstravam ao promover associações inesperadas entre ideias.

> **Tome nota**
>
> A **agudeza** é a capacidade de dizer algo de modo imprevisto e inteligente. Por esse motivo, os poetas do Barroco se esforçaram para criar metáforas, analogias e imagens que pudessem ser vistas como agudezas. O **engenho** é a capacidade de promover correspondências inesperadas entre ideias e conseguir sintetizar um pensamento em "palavras brilhantes".

De olho no *poema*

A retórica barroca da sedução amorosa

Elegia: indo para o leito

Deixa que a mão errante adentre
Atrás, na frente, em cima, em baixo, entre.
Minha América! Minha terra à vista
Reino de paz, se um homem só a conquista,
Minha mina preciosa, meu império,
Feliz de quem penetre o teu mistério!
Liberto-me ficando teu escravo;
Onde cai minha mão, meu selo gravo.

Nudez total! Todo prazer provém
De um corpo (como a alma sem corpo) sem
Vestes. [...]
Como encadernação vistosa, feita
Para iletrados, a mulher se enfeita;
Mas ela é um livro místico e somente
A alguns (a que tal graça se consente)
É dado lê-la. Eu sou um que sabe;
[...]

DONNE, John. *Verso reverso controverso*.
Tradução de Augusto de Campos.
São Paulo: Perspectiva, 1978. p. 145 e 147.

Um dos mais conhecidos poemas de amor de John Donne foi traduzido para o português por Augusto de Campos e musicado por Caetano Veloso.

Discuta com seus colegas: qual é o sentido das metáforas utilizadas pelo poeta inglês? É possível identificar um mesmo campo semântico a partir do qual foram criadas? O poema apresenta características da estética barroca?

• A fábrica de metáforas

O trabalho com a linguagem é o segredo da construção das agudezas. Os poetas definiram um processo que os auxiliava a criar metáforas. O tema era submetido a uma análise baseada em dez categorias diferentes, como qualidade (quais são as características do tema), ação (o que ele pode provocar), etc.

Para cada uma das categorias, o poeta deveria encontrar ideias ou características que pudessem relacionar o tema a diferentes imagens. Quanto menos comum e esperada fosse essa relação, melhor.

No fim do processo, o poeta dispunha de dez espécies de definições para o tema, dez espécies de semelhança entre os termos obtidos e dez tipos de diferenças. Ele começava, então, a produzir combinações que criavam as imagens inesperadas. Veja o poema a seguir.

À Morte de F.

Este Jasmim, que arminhos desacata,
Essa Aurora, que nácares aviva,
Essa Fonte, que aljôfares deriva
Essa Rosa, que púrpuras desata:

Troca em cinza voraz lustrosa prata,
Brota em pranto cruel púrpura viva,
Profana em turvo pez prata nativa,
Muda em luto infeliz tersa escarlata.

Jasmim na alvura foi, na luz Aurora,
Fonte na graça, Rosa no atributo,
Essa heroica Deidade, que em luz repousa.

Porém fora melhor que assim não fora,
Pois a ser cinza, pranto, barro, e luto
Nasceu Jasmim, Aurora, Fonte, Rosa.

VASCONCELOS, Francisco de.
In: PÉCORA, Alcir (Org.). *Poesia seiscentista*:
Fênix renascida & Postilhão de Apolo.
São Paulo: Hedra, 2002. p. 150.

	Metáforas	Atributos
1ª estrofe: Vida	Jasmim	Cor branca
	Aurora	Cor rosada
	Fonte	Gota-d'água perolada
	Rosa	Cor vermelho-escura
2ª estrofe: Morte	Cinza	Voracidade
	Pranto	Crueldade
	Pez	Turvação
	Luto	Infelicidade
3ª estrofe: Vida	Jasmim	Alvura
	Aurora	Luz
	Fonte	Graça
4ª estrofe: Vida e Morte	Repetição das metáforas da morte (cinza, pranto, barro, luto) e da vida (jasmim, aurora, fonte, rosa)	Não há novos atributos. O poeta reúne todas as metáforas que apareceram anteriormente no poema.

Arminhos: mamíferos carnívoros de pelagem branca no inverno. Em sentido figurado: aquilo que é muito alvo, muito branco.
Nácares: madrepérolas. Em sentido figurado: cor rosada, carmim.
Aljôfar: gota d'água com aspecto de pérola. Em sentido figurado: gota de orvalho.
Púrpuras: cores vibrantes, tendentes para o roxo.
Pez: piche.
Tersa: pura, limpa.
Escarlata: de cor vermelha muito viva, escarlate.
Deidade: divindade.

O soneto desenvolve o tema da morte e ilustra como ela chega após um processo de transformação que destrói tudo o que havia de belo na vida. Nesse caso específico, a sra. F., uma mulher caracterizada como divina, é reduzida a cinzas por efeito da morte.

Em termos formais, o soneto foi organizado pelo desdobramento de quatro metáforas (jasmim, aurora, fonte e rosa), que representam as qualidades superiores da sra. F. O movimento entre vida e morte é construído pela alternância entre as metáforas da vida (apresentadas na primeira, terceira e quarta estrofes) e as da morte (presentes na segunda e quarta estrofes).

A *Fênix renascida* e o *Postilhão de Apolo*

A produção das academias poéticas de retórica portuguesas foi reunida em duas célebres antologias, a *Fênix renascida* e o *Postilhão de Apolo*. Entre os autores com poemas reproduzidos nessas obras, destacam-se Francisco de Vasconcelos e Sóror Violante do Céu, uma freira dominicana que se tornou uma das autoras mais renomadas do Barroco português, sendo conhecida, nos meios culturais da época, como "décima musa" e "fênix dos engenhos lusitanos".

> **Tome nota**
>
> A distribuição das metáforas pelo poema também caracteriza um procedimento típico do Barroco denominado **disseminação e recolha**. Nele, as imagens são "espalhadas" ao longo das três primeiras estrofes e "recolhidas" na última ("Pois a ser cinza, pranto, barro, e luto, / Nasceu Jasmim, Aurora, Fonte, Rosa").

• Outros recursos da linguagem barroca

Como todo o trabalho literário do Barroco está centrado no uso elaborado dos recursos da linguagem, os autores do período exploram várias figuras de linguagem e jogos de palavras.

No soneto "À Morte de F.", ocorrem dois jogos de palavras diferentes: o uso de termos com sentidos semelhantes (**sinonímia**), em "jasmim/rosa", "troca/muda", "pez/barro"; e o uso de termos com sentidos opostos (**antonímia**), em "jasmim/cinza", "aurora/pranto", "fonte/pez", "rosa/luto".

Ao lado da metáfora, outras figuras de linguagem muito utilizadas na literatura barroca são **antíteses**, **paradoxos** e **hipérboles**.

> **Tome nota**
>
> A **hipérbole** é uma afirmação ou caracterização exagerada para enfatizar uma ideia ou acontecimento. Quando alguém diz que está "morrendo de fome", cria uma hipérbole para expressar melhor que sente uma fome muito grande.

Antíteses e paradoxos são figuras que tratam de conceitos e de qualidades contraditórias. Elas simbolizam, portanto, uma característica que define a estética barroca: a tensão, o movimento, a tentativa de conciliar aspectos opostos.

A estrutura dos poemas

Uma das manifestações da técnica dos poetas barrocos é a cuidadosa organização que dão aos poemas. Para ressaltar as agudezas, procuram criar partes equivalentes no interior dos versos, que podem ser divididos em duas, três ou quatro partes. No trecho do poema "A um desengano", que você vai ler, vemos um exemplo de versos divididos em duas partes para criar um efeito constante de oposição entre as imagens escolhidas para o desenvolvimento do tema.

A um desengano

Será brando o rigor, firme a mudança,
Humilde a presunção, vária a firmeza,
Fraco o valor, covarde a fortaleza,
Triste o prazer, discreta a confiança.

DO CÉU, Violante. In: PÉCORA, Alcir (Org.).
Poesia seiscentista: Fênix renascida & Postilhão de Apolo.
São Paulo: Hedra, 2002. p. 127. (Fragmento).

Todos os quatro versos dessa estrofe podem ser divididos em duas partes equivalentes (destacadas em rosa e azul). Cada uma delas explora imagens que se opõem, contradizem ou apresentam características pouco compatíveis. Por exemplo: o **rigor** é caracterizado como **brando**. Nesse caso, observamos a presença de uma contradição (paradoxo). O resultado dessa construção sintática é um efeito de simetria entre os pares de características apresentadas em cada verso da estrofe.

Esses jogos de linguagem e de construção, feitos para provocar o espanto do leitor, acabavam por tornar os textos mais complexos. Por esse motivo, os leitores da época sabiam que os poemas barrocos eram escritos para serem lidos várias vezes, até que todas as imagens fossem reconhecidas e decodificadas. Só então podiam julgar a qualidade do autor.

As correntes do Barroco

Duas correntes são identificadas no Barroco literário: o **cultismo** e o **conceptismo**. Ambas buscam, por meios diferentes, um mesmo fim: criar artifícios de linguagem que revelem agudeza e engenho.

• Cultismo ou gongorismo

Predominante na poesia, o cultismo (ou gongorismo) caracteriza-se pela elaboração muito rebuscada da linguagem. Os poetas utilizam três artifícios: jogos de palavras (trocadilho, sinonímia, antonímia, homonímia, perífrase), jogos de imagens (uso das figuras de linguagem) e jogos de construção (estruturação sintática elaborada). A exploração das imagens procura envolver o leitor por meio de estímulos sensoriais, com destaque para o trabalho com os sons e as cores no texto. O soneto "À Morte de F." é um exemplo dessa tendência barroca.

> **Lembre-se**
>
> **Perífrase** é a utilização de muitas palavras para exprimir o que poderia ser dito com poucas ou uma só palavra. Por exemplo: *sumo pontífice* (papa), *país do sol nascente* (Japão).

• Conceptismo ou quevedismo

O conceptismo (ou quevedismo) predomina nos textos em prosa. Em lugar de investir no rebuscamento linguístico, o escritor conceptista procura seduzir o leitor pela construção intelectual, valorizando o conteúdo, a essência da significação.

Para deslumbrar o leitor com o desenvolvimento de um raciocínio, o escritor conceptista recorre a comparações ousadas, exemplificações frequentes, metáforas, imagens, hipérboles, analogias. O resultado dessa elaboração na apresentação do raciocínio muitas vezes dificulta a compreensão do conteúdo. Os sermões do padre Antônio Vieira, apresentados mais adiante, são manifestações do conceptismo barroco.

Os mestres do Barroco

Luís de Góngora y Argote (1561-1627) e **Francisco Quevedo** (1580-1645) definiram, com suas obras, as duas correntes da estética barroca. Góngora se distinguiu pela capacidade de explorar os recursos da linguagem para criar metáforas extraordinárias, combinadas a descrições exuberantes e alusões mitológicas. Quevedo, por sua vez, ganhou fama pela profundidade de suas reflexões e pela complexidade conceitual das imagens.

VELÁZQUEZ, D. *Retrato de Luís de Góngora*. 1622. Detalhe. Óleo sobre tela, 51 × 41 cm.

Retrato de Francisco Quevedo que ilustra a obra *Libro de descripición de verdaderos retratos de ilustres y memorables varones*, Sevilha, 1599.

TEXTO PARA ANÁLISE

Aos afetos, e lágrimas derramadas na ausência da dama a quem queria bem

Gregório de Matos expressa as contradições de seus sentimentos em versos barrocos.

Ardor em firme coração nascido;
Pranto por belos olhos derramado;
Incêndio em mares de água disfarçado;
Rio de neve em fogo convertido:

Tu, que em um peito abrasas escondido;
Tu, que em um rosto corres desatado;
Quando fogo, em cristais aprisionado;
Quando cristal, em chamas derretido.

Se és fogo, como passas brandamente,
Se és neve, como queimas com porfia?
Mas ai, que andou Amor em ti prudente!

Pois para temperar a tirania,
Como quis que aqui fosse a neve ardente,
Permitiu parecesse a chama fria.

MATOS, Gregório de. In: WISNIK, José Miguel (Sel. e org). *Poemas escolhidos*. São Paulo: Companhia das Letras, 2010. p. 232.

Porfia: insistência, perseverança, obstinação.

---

1. Quais são os dois elementos da natureza que se opõem e representam as contradições que o sentimento amoroso desperta no eu lírico?
   a) O que cada um deles simboliza no poema?
   b) Nas duas primeiras estrofes, quais as imagens e metáforas utilizadas pelo eu lírico para fazer referência a esses elementos?

2. Releia.

   "Incêndio em mares de água disfarçado;
   Rio de neve em fogo convertido:"

   a) Qual é a figura de linguagem que indica a tensão entre os opostos? Explique.
   b) Há outros exemplos dessa figura no poema? Quais?
   c) O Barroco apresenta não apenas o confronto dos opostos, mas também sua fusão ou aproximação. Como ela pode ser observada nos versos transcritos?

3. Quem é o interlocutor a que o eu lírico se refere na segunda e na terceira estrofes?
   a) Como ele é caracterizado?
   b) Qual é o questionamento feito pelo eu lírico nesses versos?

4. No soneto, vemos a habilidade de Gregório de Matos em trabalhar a linguagem para conciliar os opostos. Releia os versos a seguir, observando os trechos destacados em negrito e em itálico.

   "Se és **fogo**, como *passas brandamente*,
   Se és **neve**, como *queimas com porfia*?"

   "Como quis que aqui fosse a *neve* **ardente**,
   Permitiu parecesse a *chama* **fria**."

   a) No início do poema, o eu lírico apresenta a oposição entre o calor e o frio, o fogo e a água, a paixão e a contenção (ou refreamento). Explique de que maneira os dois primeiros versos transcritos acima encaminham a fusão que ocorrerá entre esses elementos opostos no fim do poema.
   b) As expressões destacadas nos dois últimos versos são **paradoxos**, construídos a partir da oposição dos mesmos elementos: frio × calor; fogo × neve. Elas encerram o mesmo sentido? Por quê?
   c) Considerando que a neve simboliza a prudência/o controle e o fogo, a paixão, qual é o significado, no contexto do poema, das expressões "neve ardente" e "chama fria"?

5. O eu lírico afirma que o Amor "temperou" sua tirania. De que maneira isso foi feito? Por quê?

6. Releia a linha do tempo. Que acontecimento ilustra como o século XVII era uma época dividida entre a razão e a fé?

   ▶ Explique de que forma esse acontecimento exemplifica o contexto que gera o conflito do ser humano durante o Barroco.

O Barroco brasileiro

São três as condições para a existência de uma literatura nacional: a presença de escritores que produzam continuamente, a possibilidade de **publicação** e **circulação** das obras literárias e um **público** que leia regularmente as obras produzidas. Quando essas três condições são atendidas, começa a funcionar o que o crítico Antonio Candido chamou de **sistema literário**.

Essas condições ainda não estavam presentes no Brasil colonial. Apenas os centros urbanos mais importantes, como Salvador e Recife, apresentavam alguma organização. Por isso, os poucos escritores que surgiram viviam isolados. As obras que escreviam raramente chegavam a ser publicadas, o que dificultava muito sua circulação. Os textos dependiam de uma difusão oral ou manuscrita, mas isso não acontecia com frequência.

Por esse motivo, quando se estudam as obras dos escritores que viveram no período colonial, diz-se que elas caracterizam manifestações literárias. A produção literária brasileira só alcança a condição plena de literatura **nacional** no século XIX, quando é possível identificar uma produção constante de obras literárias publicadas e lidas com regularidade.

Gravura *Urbs Salvador*, de 1625, que ilustra o livro de Arnold Montanus. No século XVII, Salvador era um dos poucos centros urbanos que mostravam alguma organização.

Como tudo começou

Em 1601 surgiu o poema épico *Prosopopeia*, escrito por Bento Teixeira. Esse texto costuma ser considerado o marco inicial da literatura barroca brasileira, embora não apresente grandes qualidades literárias.

Os maiores e melhores escritores barrocos em língua portuguesa no Brasil surgiram na Bahia: padre Antônio Vieira e Gregório de Matos. Como a vida econômica da colônia estava concentrada na região Nordeste, era lá que se encontravam os principais artistas e escritores, com destaque para Salvador, que foi capital do Brasil de 1549 até 1763.

Os textos de Gregório de Matos e de Vieira permanecem importantes e influenciam escritores brasileiros e portugueses. Conheça a seguir um pouco da obra desses dois autores.

Vieira, o engenhoso pregador português

No século XVII, em meio às disputas entre católicos e protestantes, o sermão, discurso religioso sobre alguma verdade da doutrina cristã, tornou-se uma importante arma para divulgar os valores da Igreja Romana.

Os sermões escritos pelo padre Antônio Vieira ficaram famosos pela argumentação engenhosa e pela retórica perfeita. O domínio incomum das palavras garantiu ao jovem jesuíta entrada nas cortes mais importantes da Europa e influência junto ao rei de Portugal. Essa mesma habilidade tornou-o vítima da perseguição pelo Tribunal do Santo Ofício.

Entre os sermões mais conhecidos do padre Vieira, destacam-se dois, em que o pregador trata de aspectos da vida na colônia:

- *Sermão pelo bom sucesso das armas de Portugal contra as de Holanda* (pregado na Bahia, em 1640): Vieira convoca o povo baiano a reagir contra a invasão holandesa, defendendo-se da ameaça protestante.
- *Sermão da primeira dominga da Quaresma* (pregado no Maranhão, em 1653): Vieira tenta convencer os colonos a libertarem os indígenas que escravizavam.

> **Antônio Vieira** (1608- -1697) nasceu em Lisboa, mas ainda menino veio com os pais para a Bahia, onde estudou no colégio dos jesuítas. Ordenado em 1634, começou a carreira de pregador. O sucesso de seus sermões lhe garantiu uma posição influente junto ao rei de Portugal, D. João IV. Como embaixador do rei, fez sermões em Londres, Paris, Haia e Roma.
>
> A defesa dos judeus convertidos ao catolicismo (cristãos-novos) fez com que Vieira fosse julgado e condenado pela Inquisição. Permaneceu preso por dois anos, impedido de pregar. Seu grande prestígio como orador, porém, acabou lhe garantindo o perdão papal. De volta ao Brasil, teve o cuidado de editar todos os seus 207 sermões. Morreu aos 89 anos.

Passos da argumentação

A estrutura consagrada para os sermões no século XVII envolvia quatro passos, em que fica clara a preocupação com as ideias que marcaram a corrente conceptista do Barroco:

- **Exórdio**: o orador começa a expor o plano a que vai submeter-se e as ideias que vai defender.
- **Invocação**: o orador pede auxílio divino para expor suas ideias.
- **Confirmação**: desenvolvimento e exposição do tema, realçado com alegorias, sentenças e exemplos.
- **Peroração**: conclusão; o orador, recapitulando tudo o que foi dito, termina com um desfecho vibrante para impressionar os fiéis e estimulá-los a seguirem os ensinamentos bíblicos apresentados.

Sentenças: frases que contêm um pensamento de ordem geral e de valor moral; provérbios, máximas.
Maravalhas: aparas ou lascas de madeira.
Verças: folhas de couve. Em sentido figurado: palavreado pobre de ideias, oco.
Seminare semen: em latim, semear a semente.

A montagem argumentativa de um sermão

O sermão barroco devia demonstrar uma posição moral por meio de uma imagem que, associada a um fato ou a uma citação da Bíblia, pudesse ser um símbolo da posição a ser defendida.

A agudeza e o engenho só se manifestavam caso o autor da argumentação fosse capaz de ilustrar por meio de imagens e metáforas o tema do sermão. Vieira era um mestre nesse processo.

No *Sermão da sexagésima*, pregado na Capela Real de Lisboa, em 1655, ele pretende responder a uma pergunta básica: por que não faz fruto a palavra de Deus? Com sua argumentação, o jesuíta tenta convencer os fiéis de que a culpa é dos pregadores, que, em lugar de desenvolverem uma argumentação consistente, preocupam-se em enfeitar a linguagem, tornando o texto incompreensível.

No trecho a seguir, Vieira usa a imagem da árvore como símbolo do conceito que procura demonstrar: o sermão precisa desenvolver um único tema (uma só matéria), que deve estar em seu início e ao qual deve retornar o pregador ao concluir sua argumentação.

[...] Não nego nem quero dizer que o sermão não haja de ter variedade de discursos, mas esses hão de nascer todos da mesma matéria e continuar a acabar nela. Quereis ver tudo isto com os olhos? Ora vede: uma árvore tem raízes, tem tronco, tem ramos, tem folhas, tem varas, tem flores, tem frutos. Assim há de ser o sermão: há de ter raízes fortes e sólidas, porque há de ser fundado no Evangelho; há de ter um tronco, porque há de ter um só assunto e tratar uma só matéria; deste tronco hão de nascer diversos ramos, que são diversos discursos, mas nascidos da mesma matéria e continuados nela; estes ramos não hão de ser secos, senão cobertos de folhas, porque os discursos hão de ser vestidos e ornados de palavras. Há de ter esta árvore varas, que são repressão dos vícios; há de ter flores, que são as sentenças; e por remate de tudo, há de ter frutos, que é o fruto e o fim a que se há de ordenar o sermão. De maneira que há de haver frutos, há de haver flores, há de haver varas, há de haver folhas, há de haver ramos, mas tudo nascido e fundado em um só tronco, que é uma só matéria. Se tudo são troncos, não é sermão, é madeira. Se tudo são ramos, não é sermão, são maravalhas. Se tudo são folhas, não é sermão, são verças. Se tudo são varas, não é sermão, é feixe. Se tudo são flores, não é sermão, é ramalhete. Serem tudo frutos, não pode ser; porque não há frutos sem árvore. Assim que nesta árvore, a que podemos chamar *árvore da vida*, há de haver o proveitoso do fruto, o formoso das flores, o rigoroso das varas, o vestido das folhas, o estendido dos ramos, mas tudo isto nascido e formado de um só tronco, e esse não levantado no ar, senão fundado nas raízes do Evangelho: *Seminare semen*. Eis aqui como hão de ser os sermões, eis aqui como não são. E assim não é muito que se não faça fruto com eles.

VIEIRA, Antônio. *Sermões*. 12. ed. Rio de Janeiro: Agir, 1995. p. 132-133. (Fragmento).

ALEIJADINHO. *Anjo com cálice*. Século XVIII. Escultura.

Observe, no esquema a seguir, como funciona a metáfora da árvore para representar o sermão.

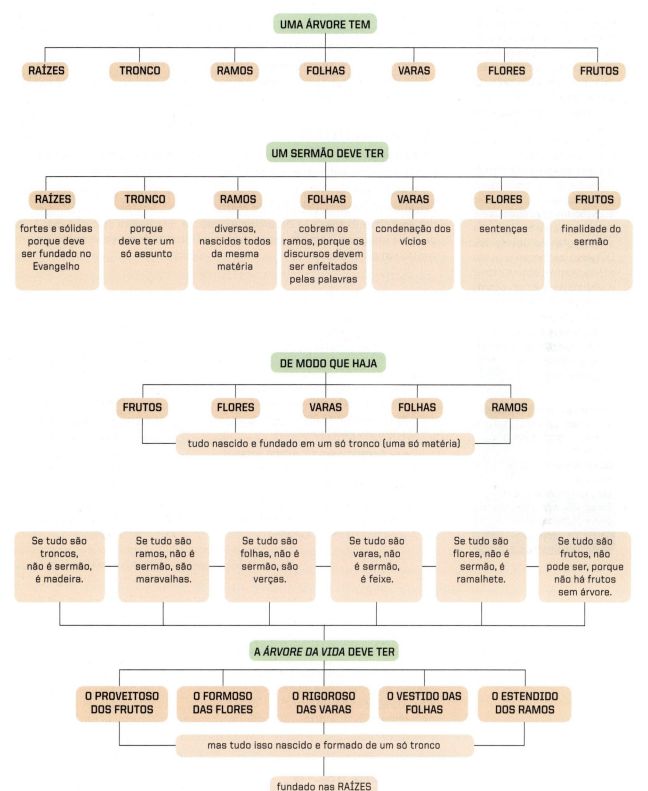

A ESTANTE DE
Gregório de Matos

A condição social privilegiada e os estudos em Portugal deram a Gregório de Matos a possibilidade de ler os principais poetas dos séculos XVI e XVII. Ele conhecia a poesia de Sá de Miranda e Camões, os mestres portugueses do Classicismo.

Leu, também, a obra de Góngora e de Quevedo, autores que definiram as correntes do Barroco. Com Góngora, aprendeu o gosto pela elaboração da linguagem, pelo desdobramento das imagens e metáforas no poema. Em Quevedo, conheceu o gosto pela argumentação racional e elaborada que, em alguns de seus sonetos religiosos, fica bem evidente.

Rua Gregório de Matos, Pelourinho, Salvador, 2005.

Gregório de Matos: o primeiro grande poeta brasileiro

Gregório de Matos teve sólida formação cultural. Estudante de Direito em Coimbra, lá entrou em contato com a perspectiva humanista que incentivava a leitura dos autores clássicos. Ele seguiu os ensinamentos aprendidos com esses mestres literários em sua obra. Tornou-se conhecido por sua poesia lírica, sacra e satírica.

A poesia lírica

A lírica amorosa de Gregório de Matos retoma temas clássicos, como a oposição entre espírito e matéria, para desenvolver sua poesia.

Mesmo com o cuidado na construção de metáforas e na estruturação sintática do poema, Gregório de Matos jamais transforma sua poesia em um exercício exagerado do artificialismo da linguagem cultista. Por trás de suas imagens, sempre é possível identificar o desenvolvimento de um raciocínio exemplar.

Pintura admirável de uma beleza

Vês esse sol de luzes coroado?
Em pérolas a aurora convertida?
Vês a lua de estrelas guarnecida?
Vês o céu de planetas adorado?

O céu deixemos; vês naquele prado
A rosa com razão desvanecida?
A açucena por alva presumida?
O cravo por galã lisonjeado?

Deixa o prado; vem cá, minha adorada:
Vês desse mar a esfera cristalina
Em sucessivo aljôfar desatada?

Parece aos olhos ser de prata fina?
Vês tudo isto bem? Pois tudo é nada
À vista do teu rosto, Catarina.

Açucena: planta procedente da Ásia, muito conhecida pelas flores alvas e perfumadas.
Presumida: vaidosa.
Aljôfar: pérola muito miúda. Em sentido figurado: gotas de água, o orvalho da manhã.

MATOS, Gregório de. In: WISNIK, José Miguel (Sel. e org.). *Poemas escolhidos*. São Paulo: Companhia das Letras, 2010. p. 237.

Seguindo a tradição inaugurada por Shakespeare e Camões de comparar a beleza feminina às maravilhas da natureza, Gregório de Matos retoma esse tema para desenvolvê-lo segundo os princípios da composição barroca.

A beleza de Catarina é afirmada por meio de uma estrutura bastante regular que identifica os aspectos mais louváveis do Sol, da Lua, do Céu, da rosa, da açucena e do mar. Se o ideal clássico de beleza pode ser encontrado na natureza, o que dizer de Catarina, que a tudo supera, como expressa o paradoxo final: "tudo é nada / À vista do teu rosto"?

A poesia sacra

O que sobressai, na poesia sacra de Gregório de Matos, é o senso de pecado, a constatação da fragilidade humana e o temor diante da morte e da condenação eterna. Essa faceta de pecador arrependido aparece nos poemas compostos na fase final de sua vida, já que, na juventude, o poeta fez várias composições que desafiavam o poder divino. O poema a seguir é da fase mais madura do poeta.

Buscando a Cristo

A vós correndo vou, braços sagrados,
Nessa cruz sacrossanta descobertos,
Que, para receber-me, estais abertos,
E, por não castigar-me, estais cravados.

A vós, divinos olhos, eclipsados
De tanto sangue e lágrimas abertos,
Pois, para perdoar-me, estais despertos,
E, por não condenar-me, estais fechados.

A vós, pregados pés, por não deixar-me,
A vós, sangue vertido, para ungir-me,
A vós, cabeça baixa, p'ra chamar-me.

A vós, lado patente, quero unir-me,
A vós, cravos preciosos, quero atar-me,
Para ficar unido, atado e firme.

MATOS, Gregório de. In: WISNIK, José Miguel (Sel. e org.).
Poemas escolhidos. São Paulo: Companhia das Letras, 2010. p. 316.

Esse soneto ilustra uma característica típica do estilo barroco: o uso de situações ambivalentes, que possibilitam dupla interpretação. Assim, os braços de Cristo são apresentados como abertos e cravados (presos); seus olhos estão despertos e fechados. Cada um desses estados permite ao poeta fazer uma interpretação sempre positiva do gesto divino. Os braços estão abertos para acolher o fiel que se dirige a Deus e cravados para não castigá-lo pelos pecados que cometeu.

O soneto desenvolve uma argumentação que busca convencer o leitor de uma verdade religiosa: o perdão de Deus é absoluto. A imagem de Jesus crucificado dá origem às metonímias (utilização da parte para referir-se ao todo) que constituirão os "argumentos" apresentados pelo poeta. Cada uma das partes do corpo de Cristo representa uma atitude acolhedora, magnânima, uma manifestação de bondade e comiseração.

Na última estrofe, podemos identificar o tema do **fusionismo**: o fiel, reconhecendo os sinais de que será acolhido por Deus, manifesta o seu desejo de "ficar unido, atado e firme" ao Cristo crucificado.

A poesia satírica

Foram os poemas satíricos que deram fama ao poeta baiano, chegando mesmo a causar o seu degredo para Angola, em 1694. No poema a seguir, Gregório de Matos expõe de modo exemplar a prática da maledicência.

Reprovações

Se sois homem valoroso,
  Dizem que sois temerário,
  Se valente, espadachim,
  E atrevido, se esforçado.

Se resoluto, — arrogante,
  Se pacífico, sois fraco,
  Se precatado, — medroso,
  E se o não sois, — confiado.
  [...]

Se falais muito, palreiro,
  Se falais pouco, sois tardo,
  Se em pé, não tendes assento,
  Preguiçoso, se assentado.

E assim não pode viver
  Neste Brasil infestado,
  Segundo o que vos refiro
  Quem não seja reprovado.

MATOS, Gregório de. In: WISNIK, José Miguel (Sel. e org.).
Poemas escolhidos. São Paulo: Companhia das Letras, 2010. p. 316.

> ### A primeira edição da obra poética de Gregório
>
> A circulação dos poemas de Gregório de Matos dependia dos manuscritos que passavam de mão em mão. O próprio poeta não se preocupou em garantir, como fez o padre Vieira, uma edição cuidada de seus poemas. Somente no século XX, entre 1923 e 1933, a Academia Brasileira de Letras publicou o que, na época, acreditava-se ser a obra poética integral de Gregório. Mas, ainda hoje, há muita discussão sobre a autoria de alguns poemas.

Frontispício da primeira edição de Obras de Gregório de Mattos, 1930.

Espadachim: em sentido figurado, pessoa que briga muito, valentona.
Precatado: prevenido.
Palreiro: falador, tagarela.

O olhar crítico de Gregório de Matos revela aspectos negativos da vida na Bahia e em Pernambuco em fins do século XVII. Ele denuncia, com irreverência, a corrupção econômica dos políticos e a corrupção moral dos padres e freiras. Como ele mesmo afirmou em um de seus textos: "Eu falo, seja o que for".

De olho no livro

O Boca do Inferno

[...] Gregório de Matos queria, como o poeta espanhol, escrever coisas que não fossem vulgares, alcançar o culteranismo. [...] Gregório de Matos estava ali, no lado escuro do mundo, comendo a parte podre do banquete. Sobre o que poderia falar? [...]

MIRANDA, Ana. *Boca do Inferno*. 2. ed. revista pela autora. São Paulo: Companhia das Letras, 1994. p. 13. (Fragmento).

Ana Miranda recria, em seu romance, a corrupta e violenta sociedade baiana do século XVII. Protagonizado por Gregório de Matos, o Boca do Inferno, e pelo padre Vieira, o livro revela o perfil da sociedade que negará tanto um como outro por suas críticas afiadas ao cenário político e social do período.

O sermão aos peixes

O *Sermão de Santo Antônio (aos peixes)* foi pregado na cidade de São Luís do Maranhão, em 1654. Depois de falar sobre a responsabilidade dos pregadores, Vieira passa a pregar para os "peixes", a exemplo do que fez Santo Antônio, já que não estava sendo ouvido por seus fiéis. Seu objetivo era impressionar os ouvintes, por meio da utilização de metáforas e alegorias, mostrando-lhes a necessidade de não se entregar à corrupção.

▲ *Padre Vieira*, buril e pontilhado, de Lamaitre.

TEXTO PARA ANÁLISE

Sermão de Santo Antônio (aos peixes)

Neste sermão, Vieira utiliza seu poder argumentativo para tratar da tarefa do pregador em uma terra corrompida.

Vós, diz Cristo Senhor nosso, falando com os Pregadores, sois o sal da terra: e chama-lhes sal da terra, porque quer que façam na terra, o que faz o sal. O efeito do sal é impedir a corrupção, mas quando a terra se vê tão corrupta como está a nossa, havendo tantos nela que têm ofício de sal, qual será, ou qual pode ser a causa desta corrupção? Ou é porque o sal não salga, ou porque a terra se não deixa salgar. Ou é porque o sal não salga, e os Pregadores não pregam a verdadeira doutrina; ou porque a terra se não deixa salgar, e os ouvintes, sendo verdadeira a doutrina que lhes dão, a não querem receber. Ou é porque o sal não salga, e os Pregadores dizem uma coisa e fazem outra; ou porque a terra se não deixa salgar, e os ouvintes querem antes imitar o que eles fazem, que fazer o que dizem; ou é porque o sal não salga, e os Pregadores se pregam a si, e não a Cristo; ou porque a terra se não deixa salgar, e os ouvintes em vez de servir a Cristo, servem a seus apetites. [...]

Suposto, pois, que, ou o sal não salgue, ou a terra se não deixe salgar; que se há de fazer a este sal, e que se há de fazer a esta terra? O que se há de fazer ao sal, que não salga, Cristo o disse logo: [...] Se o sal perder a substância e a virtude, e o Pregador faltar à doutrina, e ao exemplo; o que se lhe há de fazer, é lançá-lo fora como inútil, para que seja pisado de todos. Quem se atrevera a dizer tal coisa, se o mesmo Cristo a não pronunciara? Assim como não há quem seja mais digno de reverência, e de ser posto sobre a cabeça, que o Pregador, que ensina e faz o que deve; assim é merecedor de todo o desprezo, e de ser metido debaixo dos pés, o que com a palavra, ou com a vida prega o contrário.

Isto é o que se deve fazer ao sal, que não salga.

VIEIRA, Antônio. In: PÉCORA, Alcir (Org.). *Sermões*. Tomo I. São Paulo: Hedra, 2000. p. 317-318. (Fragmento).

1. Nesse sermão, os pregadores são comparados ao sal da terra. Qual é, segundo o texto, a função daquele que prega?

    a) Vieira inicia o sermão com a fala de Cristo aos pregadores para fazer um questionamento aos seus ouvintes. Qual é ele?

    b) Explique por que esse questionamento é, na verdade, uma estratégia para iniciar o raciocínio que será apresentado ao longo do texto.

2. Releia.

    "Ou é porque o sal não salga, ou porque a terra se não deixa salgar."

    a) A partir desse trecho, Vieira levanta hipóteses sobre os motivos pelos quais a pregação não consegue eliminar a corrupção. Quais são os motivos por ele apontados?

    b) Segundo o texto, que razões têm os fiéis para não acatarem as palavras dos pregadores?

    c) De que recurso estilístico Vieira se vale para construir a sua argumentação? Explique.

    d) Explique de que maneira esse recurso contribui para que a argumentação seja eficaz e convença os leitores.

3. Qual é a conclusão a que Vieira chega sobre o pregador?

4. Você acha que as colocações feitas por Vieira permanecem válidas até hoje? Nos dias atuais, ainda é possível identificar "o sal que não salga" e "a terra que não se deixa salgar"? Explique.

Conteúdo digital Moderna PLUS

http://www.modernaplus.com.br
Tema animado: Barroco.

Jogo de ideias

Neste capítulo, você viu que, embora sua obra lírica e sacra seja extensa, foram os poemas satíricos que deram grande fama a Gregório de Matos, valendo-lhe inclusive o apelido de Boca do Inferno. Em seus textos, por meio de um olhar extremamente crítico, o poeta baiano denunciou a corrupção dos políticos e a devassidão moral que via em alguns representantes do poder em sua época. Embora escritas em fins do século XVII, as críticas em verso do poeta continuam atuais.

Para compreender melhor a atualidade dos poemas satíricos de Gregório de Matos, propomos que você selecione alguns versos que possam servir como legenda para imagens atuais ou como uma espécie de "síntese satírica" de notícias de nossa época. Para cumprir essa tarefa, você deverá seguir os seguintes passos:

- selecionar notícias e imagens atuais que tratem da corrupção política ou que apresentem críticas à corrupção moral de personalidades públicas;
- selecionar, dos poemas satíricos do poeta baiano, alguns versos que possam servir como legenda para as imagens escolhidas ou como uma espécie de "síntese metafórica (e crítica)" da situação apresentada nas notícias selecionadas;
- montar o(a) texto/imagem selecionado(a) com os versos escolhidos para servir como legenda ou como "síntese" do fato noticiado;
- explicar oralmente aos colegas a relação entre o(a) texto/imagem selecionado(a) e os versos de Gregório de Matos.

Material complementar Moderna PLUS

http://www.modernaplus.com.br
Palavra de Mestre:
José Miguel Wisnik.

A tradição da literatura barroca: a sátira política

Antiguidade Clássica: o nascimento da sátira

O gênero satírico nasce na Antiguidade Clássica. Entre os poetas que desenvolveram o gênero, destaca-se Juvenal (?60-?127), que dedicará parte de sua obra à sátira política. O poeta latino criticou duramente a corrupção do Império Romano e a figura do imperador Tito Flávio Domiciano, tirano brutal e autoritário. A ridicularização do governo de Domiciano fez com que Juvenal fosse desterrado para o Egito. Considerado um dos maiores representantes da sátira romana, sua obra influenciou inúmeros escritores de épocas distintas.

Imperador romano Tito Flávio Domiciano (51-96). Imagem de 1596. Autor desconhecido.

Gregório de Matos e o retrato crítico da Bahia

No Brasil, Gregório de Matos encontrará na sátira a arma mais poderosa para criticar o cenário político de sua época. Seguindo os passos de Juvenal, o poeta vai ridicularizar os políticos corruptos que governam a Bahia de forma tão debochada que isso lhe valerá também o desterro de sua terra natal. Observe, no trecho abaixo, como ele critica a falta de princípios dos políticos de sua cidade.

[...]
na política de estado
nunca houve princípios certos,
[...]

Eia! Estamos na Bahia,
onde agrada a adulação,
onde a verdade é baldão,
e a virtude hipocrisia:
sigamos esta harmonia
de tão fátua consonância,
e inda que seja ignorância
seguir erros conhecidos,
sejam-me a mim permitidos,
se em ser besta está a ganância.
[...]

Baldão: vexame, afronta vergonhosa.
Fátua: insensata, tola.
Consonância: acordo, conformidade.

MATOS, Gregório de. In: WISNIK, José Miguel (Sel. e org.). *Poemas escolhidos*. São Paulo: Companhia das Letras, 2010. p. 70-71.

Casa de Tomás Antônio Gonzaga em Ouro Preto, MG, antiga Vila Rica, cenário de importantes acontecimentos políticos que agitaram a segunda metade do século XVIII no Brasil.

O olhar ferino de um inconfidente

Também no Arcadismo, a crítica aos políticos surgiu pela veia satírica. Tomás Antônio Gonzaga, um dos líderes da Inconfidência Mineira, escreveu suas *Cartas chilenas* para ridicularizar o governador de Vila Rica, Luís da Cunha Meneses. No texto, Gonzaga denuncia os desmandos administrativos de Meneses, transformando-o em motivo de riso perante o povo. As *Cartas chilenas*, trocadas entre os amigos Critilo e Doroteu, tratam da corrupção que assolara o péssimo governo de Fanfarrão Minésio, alcunha atribuída ao governador.

2ª Carta

[...] Ah! tu, meu Sancho Pança, tu que foste
da Baratária o chefe, não lavraste
nem uma só sentença tão discreta!
E que queres, amigo, que suceda?
Esperavas, acaso, um bom governo
do nosso Fanfarrão? Tu não o viste
em trajes de casquilho, nessa corte?
E pode, meu amigo, de um peralta
formar-se, de repente, um homem sério?
Carece, Doroteu, qualquer ministro
apertados estudos, mil exames.
E pode ser o chefe onipotente
quem não sabe escrever uma só regra
onde, ao menos, se encontre um nome certo? [...]

Casquilho: pessoa que se veste com refinamento exagerado.

GONZAGA, Tomás Antônio. *Cartas chilenas*. Disponível em: <http://www.bibvirt.futuro.usp.br/textos/autores/tomazagonzaga/chilenas/cartaschilenas.html#CARTA2>. Acesso em: 3 fev. 2005. (Fragmento).

Tomás Antônio Gonzaga pagou caro por sua ousadia. As constantes desavenças com o governo e seu envolvimento com a Inconfidência Mineira acabariam por determinar a sua prisão e o posterior degredo para Moçambique.

Os novos caminhos da sátira política

Ao longo do tempo, a sátira continuou sendo um recurso bastante utilizado para criticar a corrupção política e as figuras do poder público.

Com o estabelecimento da imprensa brasileira, no início do século XIX, a crítica se deslocou dos poemas para as páginas dos folhetins e jornais, "colorida" pelas imagens dos cartuns e das charges.

De Juvenal aos cartunistas da atualidade, a palavra impressa constitui um importante meio de denúncia dos comportamentos inadequados dos políticos, cuja função é zelar pelos interesses do povo que representam.

RICO. *Charges*. Disponível em: <http://ricostudio.blogspot.com>. Acesso em: 27 jun. 2010.

CONEXÕES

Para ouvir

> ***As quatro estações***, **de Vivaldi.**
>
> Obra criada pelo italiano Antonio Vivaldi (1678-1741), composta de quatro concertos para violino e orquestra. O primeiro movimento é bastante conhecido ainda hoje, servindo de trilha sonora para filmes, campanhas publicitárias e até desenhos animados. Atenção para o movimento dos violinos, pois é com Vivaldi que se estabelece o que se chama "esquema tradicional de movimentos rápido-lento-rápido".

> ***Tocata e fuga em ré menor* e *Variações Goldberg***, **de Bach.**
>
> Essas duas obras oferecem bons exemplos do rebuscamento musical promovido pelo compositor alemão Johann Sebastian Bach (1685-1750). A *fuga* e as *variações* são estilos típicos do período estudado neste capítulo.
>
> Na primeira obra, é possível notar os vários planos melódicos executados a um só tempo, criando um volume musical conflituoso e complexo. Já nas *Variações Goldberg*, é possível ouvir a ornamentação, também característica da época. Ambas ilustram bem as tensões da mentalidade barroca.

> ***Concerto para órgãos e orquestra em fá maior, opus 4, nº 4***, **de Haendel.**
>
> Uma das mais conhecidas composições do período. George Friedrich Haendel (1685-1759) escreveu suas partituras de forma espetacularmente barroca. Muitas vezes partia de temas musicais populares para transformá-los em música sacra. Em seguida, oferecia uma versão profana da mesma melodia. Para o leitor brasileiro, não é difícil relacioná-lo ao nosso poeta maior do período barroco, Gregório de Matos.

> ***Transa***, **de Caetano Veloso.**
> Rio de Janeiro: Polygram, 1972.
>
> Nesse disco, Caetano Veloso interpreta a música "Triste Bahia", uma releitura do poema de mesmo nome de Gregório de Matos. Mesclando elementos atuais com os versos de "o Boca do Inferno", o compositor baiano revitaliza o poema, revelando a contemporaneidade da crítica desse poeta maior do Barroco brasileiro.

Conteúdo digital Moderna PLUS http://www.modernaplus.com.br
Música: trecho de *As quatro estações*, de Vivaldi.
Música: trecho de *Tocata e fuga em ré menor*, de Bach.
Música: "Triste Bahia", de Caetano Veloso.

Para ler e pesquisar

> ***Poemas escolhidos***, **seleção e organização de José Miguel Wisnik.**
> São Paulo: Companhia das Letras, 2010.
>
> Seleção cuidadosa com os melhores poemas de Gregório de Matos, autor maior do Barroco brasileiro.

> ***O Aleijadinho e sua oficina***, **de Myriam de Andrade Ribeiro de Oliveira, Olinto Rodrigues dos Santos e Fernando Batista dos Santos.** 2. ed. São Paulo: Capivara, 2008.
>
> Edição cuidadosa da obra do principal artista do Barroco brasileiro. Tanto os estudiosos do trabalho do escultor quanto os admiradores de sua obra encontrarão, nesse livro, valiosas informações sobre Aleijadinho e sua produção artística.

> ***Caravaggio***, **de Gilles Lambert.** Köln: Taschen, 2006. (Coleção Paisagem).
>
> Livro que apresenta importantes informações sobre a vida e a obra desse grande pintor barroco, além de uma excelente seleção de seus quadros mais famosos.

> ***Sermões***, **organização de Alcir Pécora.** São Paulo: Hedra, 2000.
>
> Essa coleção, dividida em dois volumes, apresenta 50 sermões do padre Antônio Vieira, além de notas sobre as citações em latim e tradução das referências escriturais.

> ***Saber ver a arte barroca***, **de Juan-Ramon Triado Tur.** São Paulo: Martins Fontes, 1991.
>
> Livro que traz informações e ilustrações sobre o estilo barroco na pintura, escultura e arquitetura. Permite àqueles que desejam adquirir algum conhecimento sobre essa estética compreender e apreciar suas diferentes manifestações artísticas.

▶▶ Para assistir

▶ *Lutero*, **de Eric Till.**
Alemanha, 2003.

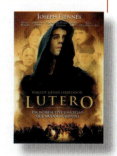

Do momento em que se torna monge até o impacto de suas teses sobre a população alemã, o filme acompanha a trajetória de Lutero e mostra como sua busca pela salvação humana contrariava os interesses dos mais poderosos membros da Igreja. A cuidadosa reconstituição de época e a intensidade do drama vivido pelo homem que alteraria os caminhos da religião no século XVI são dois bons motivos para assistir a esse filme.

▶ *O Aleijadinho*: **paixão, glória e suplício, de Geraldo Santos Pereira.**
Brasil, 2001.

O filme retrata a história do escultor mineiro Antônio Francisco Lisboa, o Aleijadinho. O enredo, ambientado no ano de 1858, reconstrói a vida e a formação cultural e artística do escultor por meio dos relatos de uma nora de Aleijadinho, quarenta e quatro anos depois da morte dele, ao professor e historiador Rodrigo Bretas. Narrado em *flashback*, o filme apresenta os principais acontecimentos da vida de Antônio Francisco Lisboa – como sua amizade com o inconfidente Cláudio Manoel da Costa. Essa apresentação da trajetória pessoal e artística de um dos maiores escultores do Barroco brasileiro oferece uma excelente ilustração para os estudos sobre essa estética.

▶ *Palavra e utopia*, **de Manoel de Oliveira.**
Portugal/França/Espanha/Brasil, 2000.

Manoel de Oliveira é um dos mais importantes e produtivos cineastas portugueses, tendo realizado mais de 12 filmes nos últimos dez anos. Nesse filme, a vida do padre Antônio Vieira é contada em três tempos: na juventude, na fase adulta e na velhice.

Apesar de ser considerado bastante denso, *Palavra e utopia* foi muito bem recebido pela crítica e pelo público europeu. É interessante ver a representação de Vieira em ação, considerado um dos maiores oradores em língua portuguesa.

▶ *Grandes gênios da pintura: Velázquez e Rembrandt*, **Ediciones del Prado.**
Brasil, 1995.

Documentário didático elaborado para apresentar o pensamento e a produção desses dois grandes artistas do Barroco que souberam projetar, em suas pinturas, o claro-escuro, estilo que conseguiu expor os conflitos da época gerados entre o sagrado e o profano.

▶▶ Para navegar

▶ **http://www.dominiopublico.gov.br**

Nesse *site*, que tem como objetivo tornar fácil o acesso a obras que já estejam em domínio público, é possível encontrar diversos textos de Gregório de Matos.

▶ **http://www.musopen.com/music.php?type=period&id=2#**

Site em inglês com grande acervo de músicas organizadas por compositor, intérprete, instrumento, período e formas musicais. No caso do Barroco, merecem destaque as obras de Johann Sebastian Bach e Antonio Vivaldi.

UMA VIAGEM NO TEMPO

Primeiras leituras

O contato com a produção artística nos abre uma janela para o passado e permite conhecer um pouco pessoas que viveram em diferentes momentos. Os textos e as imagens desta seção foram selecionados para que você possa conversar com seus colegas a respeito do que eles revelam sobre o contexto em que foram produzidos. Quem eram seus autores? Como era o mundo em que viviam? Tinham interesses e preocupações semelhantes aos nossos? Essas são somente algumas das questões que podem inspirar a conversa de vocês.

O prazer

Sobre o feno recostado,
Descansado afino a lira,
Que respira com ternura
Na doçura do prazer.

Amo a simples Natureza:
Busquem outros a vaidade
Nos tumultos da cidade,
Na riqueza e no poder.

Desse pélago furioso
Não me assustam os perigos,
Nem dos ventos inimigos
O raivoso combater.

Sobre o feno recostado,
Descansado afino a lira,
Que respira com ternura
Na doçura do prazer.

Pouca terra cultivada
Me agradece com seus frutos;
Mas os olhos tenho enxutos,
Quanto agrada assim viver!

O meu peito só deseja
Doce paz neste retiro;
Por delícias não suspiro,
Onde a inveja faz tremer.

Sobre o feno recostado,
Descansado afino a lira,
Que respira com ternura
Na doçura do prazer.

Pelas sombras venturosas
Dos fecundos arvoredos
Ouve Glaura os meus segredos,
Quando rosas vai colher.

Já o Amor com ferro duro
Não me assalta, nem me ofende:
Já suave o fogo acende,
E mais puro o sinto arder.

Sobre o feno recostado,
Descansado afino a lira,
Que respira com ternura
Na doçura do prazer.

Entre as graças e os Amores
Canto o Sol e a Primavera,
Que risonha vem da Esfera
Tudo em flores converter.

A inocência me acompanha;
Oh que bem! oh que tesoiro!
Vejo alegre os dias de oiro
Na montanha renascer.

Sobre o feno recostado,
Descansado afino a lira,
Que respira com ternura
Na doçura do prazer.

Lira: instrumento de cordas dedilháveis, muito utilizado na Antiguidade.
Pélago: abismo.

ALVARENGA, Manuel Inácio da Silva. *Glaura*: poemas eróticos. Organização de Fábio Lucas. São Paulo: Companhia das Letras, 1996. p. 121-124. (Retratos do Brasil).

BOUCHER, F. *Pastor e pastora repousando*. 1761. Óleo sobre tela, 76,6 × 63,6 cm.

FRAGONARD, J. *Pastora sentada com ovelhas e uma cesta de flores próximo a uma ruína em um bosque*. S.d. Óleo sobre tela.

188

18

Marília bela,
Vou retratar-te,
Se a tanto a arte
Puder chegar.
Trazei-me, Amores,
Quanto vos peço:
Tudo careço
Para a pintar.

Nos longos fios
De seus cabelos
Ternos desvelos
Vão se enredar.
Trazei-me, Amores,
Das minas d'ouro
Rico tesouro
Para os pintar.

No rosto, a idade
Da primavera
Na sua esfera
Se vê brilhar.
Trazei-me, Amores,
As mais viçosas
Flores vistosas
Para o pintar.

[...]

A um doce aceno
Dos brandos olhos,
Setas a molhos
Se veem voar.
Trazei-me, Amores,
Do sol os raios,
Fiéis ensaios,
Para os pintar.

Nas lisas faces
Se vê a aurora,
Quando colora
A terra e o mar.
Trazei-me, Amores,
As mais mimosas
Pudicas rosas
Para as pintar.

Os meigos risos
Com graças novas
Nas lindas covas
Vão-se ajuntar.
Trazei-me, Amores,
Aos pincéis leves
As sombras leves,
Para os pintar.

[...]

Porte de deusa,
Espírito nobre,
E o mais, que encobre
Pejo vestal.
Só vós, Amores,
Que as Graças nuas
Vedes, as suas
Podeis pintar.

PEIXOTO, Alvarenga. Poesias.
In: PROENÇA FILHO, Domício (Org.).
A poesia dos inconfidentes.
Rio de Janeiro: Aguilar, 1996. p. 970-973.
(Fragmento).

Amores: na mitologia greco-romana, divindades que personificam o amor, subordinadas a Vênus e a Cupido.
Molhos: muitas.
Pudicas: recatadas.
Pejo: vergonha.
Vestal: virginal.
Graças: na mitologia greco-romana, são as deusas da fertilidade, do encantamento, da beleza e da amizade. Simbolizam a harmonia idílica do mundo clássico.

▲ BOUCHER, F. *Rosto de uma jovem*. Século XVIII. Carvão e giz branco sobre papel.

Lira XXX

Junto a uma clara fonte
A mãe de Amor se sentou;
Encostou na mão o rosto,
No leve sono pegou.

Cupido, que a viu de longe,
Contente ao lugar correu:
Cuidando que era Marília,
Na face um beijo lhe deu.

Acorda Vênus irada:
Amor a conhece; e então
Da ousadia, que teve,
Assim lhe pede o perdão:

*Foi fácil, ó mãe formosa,
Foi fácil o engano meu;
Que o semblante de Marília
É todo o semblante seu.*

GONZAGA, Tomás Antônio.
Marília de Dirceu. In: PROENÇA
FILHO, Domício (Org.). *A poesia
dos inconfidentes*. Rio de Janeiro:
Aguilar, 1996. p. 619-620.

Cupido: deus do amor, costuma ser representado com asas, às vezes de olhos vendados, e carregando arco e flechas, para acertar os corações.
Vênus: deusa do amor, na mitologia romana.

▲ CANOVA, A. *As três graças*. 1813-1816. Escultura em mármore, 182 cm de altura.

Capítulo 11

Arcadismo

OBJETIVOS

Ao final do estudo deste capítulo, você deverá ser capaz de:

1. Compreender o que foi o **Iluminismo** e de que modo influenciou a estética árcade.
2. Identificar e compreender como se articularam os agentes do discurso no período.
3. Definir **Arcadismo** e reconhecer suas características essenciais.
4. Explicar a relação entre os conceitos de **equilíbrio, ordem, simplicidade, harmonia** e o **projeto literário do Arcadismo**.
5. Identificar os **temas clássicos** resgatados pelos autores do período.
6. Reconhecer as características da produção árcade em Portugal e justificar a importância das Arcádias.
7. Analisar como os sonetos de Bocage expressam a tensão árcade entre uma visão clássica (convencional) e a realidade presente marcada pelas experiências individuais.
8. Caracterizar a produção árcade no Brasil e analisar o modo como Cláudio Manuel da Costa e Tomás Antônio Gonzaga exploram os temas e formas da poesia do período.
9. Reconhecer as primeiras **tendências nativistas** que se manifestam na poesia épica de Basílio da Gama e de Santa Rita Durão.
10. Analisar o diálogo entre temas e formas árcades e textos literários produzidos em diferentes momentos.

PATEL, P. *Vista em perspectiva do Palácio de Versalhes*. 1668. Óleo sobre tela. 115 × 161 cm. A maneira como a vegetação é retratada nesta obra revela a influência da razão e da ciência no olhar europeu.

A luz da razão volta a brilhar forte sobre a Europa no século XVIII. O cientista olha para o céu e se pergunta sobre a configuração das estrelas, o filósofo questiona o direito da nobreza a uma vida privilegiada. Razão e ciência iluminam a trajetória humana, explicando fenômenos e propondo novas formas de organizar a sociedade. Veja, neste capítulo, como a literatura reflete essas transformações.

Leitura da imagem

1. Observe a natureza retratada no quadro. Que característica você destacaria no modo como as árvores estão dispostas?

2. A organização do conjunto criado entre o palácio e os jardins sugere uma preocupação com o equilíbrio, com a harmonia, com a simetria. Explique.

3. O duque de Saint-Simon, cronista do rei Luís XIV, afirmava que o monarca manifestava desejo de subjugar a natureza. De que modo a construção do Palácio de Versalhes ilustra esse desejo?

   ▶ Por que o domínio da natureza pode representar a afirmação do poder real?

Da imagem para o texto

4. Leia o soneto abaixo. Nele, o poeta português Bocage constrói um cenário muito específico com os elementos da natureza.

> **Recreios campestres na companhia de Marília**
>
> Olha Marília, as flautas dos pastores
> Que bem que soam, como estão cadentes!
> Olha o Tejo a sorrir-se! Olha, não sentes
> Os Zéfiros brincar por entre as flores?
>
> Vê como ali beijando-se os Amores
> Incitam nossos ósculos ardentes!
> Ei-las de planta em planta as inocentes,
> As vagas borboletas de mil cores!
>
> Naquele arbusto o rouxinol suspira,
> Ora nas folhas a abelhinha para,
> Ora nos ares sussurrando gira:
>
> Que alegre campo! Que manhã tão clara!
> Mas ah! Tudo o que vês, se eu te não vira,
> Mais tristeza que a morte me causara.
>
> BOCAGE, Manuel M. Barbosa du. *Obras de Bocage*. Porto: Lello & Irmão, 1968. p. 152.

a) A quem se dirige o eu lírico?
b) Que convite ele faz a essa pessoa?

Tejo: rio que corta a cidade de Lisboa, em Portugal.
Zéfiros: na mitologia grega, os ventos que sopram do Ocidente.
Ósculos: beijos.

André Le Nôtre (1613-1700) era arquiteto e paisagista. Foi o encarregado pelo rei Luís XIV de conceber o plano dos jardins do Palácio de Versalhes. O resultado deu origem à expressão "jardim à francesa", em que a natureza é moldada para compor desenhos e padrões geométricos que manifestem ordem, harmonia e equilíbrio.

Jardins de Versalhes, França, 2007.

5. Como a natureza é apresentada no poema?

▶ No último terceto, a caracterização da natureza funciona como argumento para convencer Marília do quanto ela é amada. Explique qual é a relação estabelecida entre a natureza e os sentimentos do eu lírico.

6. Observe os verbos associados aos elementos da natureza e o diminutivo empregado no texto. O que eles demonstram?

▶ Explique de que modo a linguagem foi utilizada para sugerir um espaço agradável e inocente.

7. Há, no cenário natural do soneto, uma evidente artificialidade. Em que ela pode ser percebida?

▶ Essa artificialidade pode ser comparada aos jardins do Palácio de Versalhes? Por quê?

O Século das Luzes

Como vimos, a estética barroca sofreu forte influência da tensão religiosa desencadeada pela Reforma Protestante. Superado o momento da reação católica mais violenta, com o reaparecimento do Tribunal do Santo Ofício (Inquisição) e da perseguição aos hereges, o fim do século XVII testemunha o início de uma importante mudança de mentalidade.

A partir das descobertas do físico Isaac Newton sobre a gravitação universal e sobre o movimento dos corpos, a pesquisa científica como forma de compreender e explicar o funcionamento da natureza ganha forte impulso. O ser humano recupera, aos poucos, seu desejo de encontrar explicações racionais para os fenômenos que observa à sua volta. As ameaças de condenação eterna e a necessidade de subordinação absoluta ao poder divino perdem força.

No início do século XVIII, pensadores e cientistas já haviam determinado novos rumos para o pensamento humano e, com isso, começam a redefinir também os padrões da produção cultural do século XVII.

O reinado da fé foi substituído pela crença na racionalidade. Grandes filósofos, como Descartes, Voltaire, Diderot, Rousseau e Montesquieu, adotam a razão como parâmetro para analisar as crenças tradicionais, as opiniões políticas e a organização social.

Para eles, a razão e a ciência seriam os "faróis" que guiariam o ser humano para longe do obscurantismo e da ignorância que haviam predominado em séculos anteriores. A razão é metaforicamente apresentada nesse momento como a **luz** interior. Essa postura, que valoriza o conhecimento científico e racional, foi definida como **iluminista**.

> **Tome nota**
>
> **Iluminismo** é a denominação dada ao conjunto das tendências ideológicas, filosóficas e científicas desenvolvidas no século XVIII, como consequência da recuperação de um espírito experimental, racional, que buscava o saber enciclopédico.

Enciclopédia: o livro dos livros

A principal expressão do Iluminismo foi a *Enciclopédia*, uma obra em 28 volumes cujo objetivo principal era conter todos os conhecimentos filosóficos e científicos da época. Sua publicação, coordenada pelos filósofos franceses Diderot e D'Alembert, ocorreu entre 1751 e 1780.

VANLOO, L. *Denis Diderot*. 1767. Óleo sobre tela, 81 × 65 cm. O retrato do filósofo e escritor francês Diderot mostra como os pintores da época valorizavam o conhecimento, introduzindo, em suas obras, livros e instrumentos de escrita.

Natureza: medida de equilíbrio e harmonia

▲ FRAGONARD, J. *Banhistas*. C. 1765. Óleo sobre tela, 64 × 80 cm.

As descobertas do físico Isaac Newton permitiram que o cosmos tivesse uma interpretação mecânica precisa. Para ele, o mundo podia ser descrito como uma máquina cujo funcionamento era regido por leis inflexíveis e universais. Na base dos seus estudos, encontravam-se os três elementos que definiram a postura iluminista: razão, natureza e verdade.

A natureza é o único desses conceitos que se manifesta de modo concreto para a observação humana. Por esse motivo, era tomada como exemplo da concretização do belo, alcançado pela harmonia e equilíbrio de seus elementos. Os artistas do século XVIII elegem a natureza como principal modelo a ser imitado.

Deus passa a ser encarado como uma causa primeira, uma razão superior, criadora do universo, mas a quem não deveriam ser atribuídos todos os pequenos acontecimentos da vida.

O ser humano torna-se, mais uma vez, senhor do próprio destino. Cabe a ele estudar e compreender os fenômenos naturais à luz da razão e, por meio da ciência, submetê-los à vontade humana.

De olho no *filme*

Mozart, o gênio incomparável

Narrado pelo olhar invejoso do desconhecido compositor Antonio Salieri, o filme *Amadeus* (1984), de Milos Forman, mostra a vida do grande compositor Mozart e o cotidiano nas cortes europeias do século XVIII. O destaque fica para a trilha sonora, em que as composições de Mozart revelam o mesmo cuidado com a harmonia e o equilíbrio presente em todas as formas de arte do século XVIII.

O Arcadismo: ordem e convencionalismo

Havia, na Grécia Antiga, uma parte central do Peloponeso denominada **Arcádia**. De relevo montanhoso, essa região era habitada por pastores e vista como um lugar especial, quase mítico, em que os habitantes associavam o trabalho à poesia, cantando o paraíso rústico em que viviam.

No século XVIII, o termo **arcádia** passou a identificar as academias ou agremiações de poetas que se reuniam para restaurar o estilo dos poetas clássico-renascentistas, com o objetivo declarado de combater o rebuscamento barroco.

Tome nota

A estética literária desenvolvida nessas academias de poetas passou a ser designada **Arcadismo**. Tinha como característica principal a idealização da vida no campo. O desejo de seguir as regras da poesia clássica fez com que essa estética também fosse conhecida como **Neoclassicismo**.

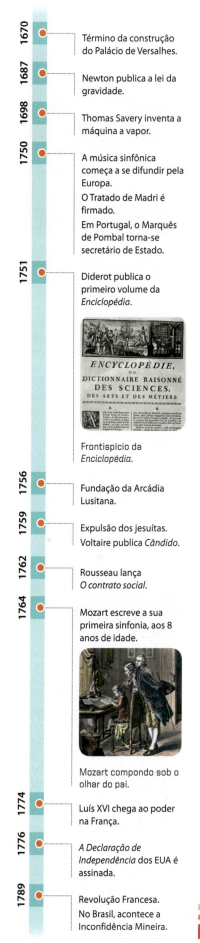

1670 — Término da construção do Palácio de Versalhes.
1687 — Newton publica a lei da gravidade.
1698 — Thomas Savery inventa a máquina a vapor.
1750 — A música sinfônica começa a se difundir pela Europa. O Tratado de Madri é firmado. Em Portugal, o Marquês de Pombal torna-se secretário de Estado.
1751 — Diderot publica o primeiro volume da *Enciclopédia*.
Frontispício da *Enciclopédia*.
1756 — Fundação da Arcádia Lusitana.
1759 — Expulsão dos jesuítas. Voltaire publica *Cândido*.
1762 — Rousseau lança *O contrato social*.
1764 — Mozart escreve a sua primeira sinfonia, aos 8 anos de idade.
Mozart compondo sob o olhar do pai.
1774 — Luís XVI chega ao poder na França.
1776 — A *Declaração de Independência* dos EUA é assinada.
1789 — Revolução Francesa. No Brasil, acontece a Inconfidência Mineira.

Os salões literários

▲ La Tour, M. *Jeanne Poisson, a Marquesa de Pompadour*. 1755. Pastel sobre papel montado em tela, 177,5 × 131 cm.

A vida intelectual da sociedade francesa do Antigo Regime (fundamentado no poder absoluto do rei) acontecia nos salões literários. Organizados em torno de uma grande dama, os salões tornaram-se um espaço de tolerância que acolhia artistas e pensadores. A troca de livros e ideias entre seus frequentadores colaborou para a divulgação dos princípios filosóficos iluministas.

De olho no *livro*

Romanceiro da Inconfidência

Os poemas de *Romanceiro da Inconfidência*, de Cecília Meireles, fazem uma releitura lírica dos eventos da Inconfidência Mineira. Seus versos serviram de inspiração para outros jovens brasileiros, nos difíceis momentos da ditadura militar que se iniciou em 1964. Na peça *Os inconfidentes*, dirigida por Flávio Rangel e encenada em 1968, a denúncia das atrocidades era feita por meio dos versos de Cecília Meireles: "Toda vez que um justo grita, / um carrasco o vem calar. / Quem não presta, fica vivo: / quem é bom, mandam matar".

A busca de recriar, por meio da literatura, o espaço bucólico da Arcádia grega torna a produção literária do período muito convencional. Os cenários apresentados nos poemas mostram sempre o mesmo padrão: campos verdes, árvores frondosas, ovelhas e gado pastando tranquilos, dias ensolarados, regatos de água cristalina, aves que cantam.

Cada uma das arcádias literárias contava com doutrinadores – estudiosos da poética clássica –, responsáveis pela elaboração das normas que definiam os princípios da produção artística realizada por seus membros. A adesão a essas regras assegurava à literatura neoclássica o seu caráter convencional.

As características da estética árcade ganham forma nos poemas produzidos. Por trás de cada uma dessas características, pode-se reconhecer a crença na máxima do poeta francês Boileau: "só o verdadeiro é belo".

O projeto literário do Arcadismo

Voltaire, escritor e filósofo francês, foi uma das figuras centrais do Iluminismo. Ele procurou, com suas sátiras mordazes e seus escritos filosóficos, demonstrar total aversão à intolerância, à tirania e à hipocrisia da Igreja. Em sua postura, é possível identificar os elementos essenciais do projeto literário do Arcadismo: fazer da literatura um instrumento de mudança social.

É importante que se compreenda o verdadeiro sentido da artificialidade própria da poesia árcade. A repetição insistente de um cenário acolhedor e natural foi a forma encontrada pelos autores do período para divulgar os ideais de uma sociedade mais igualitária e justa. Na simplicidade dos pastores que se preocupam somente em cuidar de seu rebanho e desfrutar dos prazeres da natureza está a proposta de uma vida que valorize menos a pompa e a sofisticação características das cortes europeias.

Nesse sentido, cada poema árcade transforma-se em uma espécie de propaganda que pretende, como resultado final, modificar a mentalidade das elites do período. O combate à futilidade é sua principal meta.

Os agentes do discurso

As **condições de produção** dos textos árcades são muito semelhantes às do Barroco. Os poetas se reúnem em academias, agora denominadas arcádias, e definem os princípios segundo os quais os textos literários devem ser escritos. Com base nesses princípios, julgam a produção uns dos outros.

A diferença entre as academias e as arcádias, porém, é significativa. Nas academias barrocas, a criação literária era feita para surpreender, espantar por meio de seu rebuscamento. As arcádias literárias, por sua vez, combatem esse objetivo.

Elas acolhem membros da nobreza e da burguesia, criando um ambiente de igualdade bastante inovador para a sociedade da época. Essa é a primeira instituição "oficial" de produção cultural que abre suas portas para os artistas burgueses, sem que eles estejam a serviço de algum senhor ou mecenas.

No caso específico do Arcadismo brasileiro, porém, é preciso considerar mais um aspecto: as condições da produção literária foram bastante afetadas pelo contexto político. A crise da sociedade colonial leva poetas como Cláudio Manoel da Costa, Alvarenga Peixoto e Tomás Antônio Gonzaga a se envolverem com os acontecimentos políticos, que culminam com a Inconfidência Mineira. A participação desses autores nesse movimento faz com que muitos dos princípios que defendem para o Brasil apareçam direta ou indiretamente nos versos que compõem.

A simplicidade dos textos árcades garante uma **circulação** mais ampla. Durante o Barroco, os poetas escreviam praticamente para si mesmos. No Arcadismo, a intenção é divulgar as ideias em textos acessíveis ao maior número de leitores. Para que isso aconteça, a poesia deixa de ser um divertimento dos salões aristocráticos e começa a circular em espaços mais públicos.

• O Arcadismo e o público

A maior facilidade de compreensão da poesia árcade conquista um grande número de leitores. Um bom exemplo do sucesso alcançado por alguns dos poetas do período é a obra *Marília de Dirceu*, de Tomás Antônio Gonzaga, que se transformou no primeiro *best-seller* da literatura brasileira.

Animados pela história trágica do poeta que, prisioneiro, compunha versos em louvor à sua amada, os leitores da época logo transformaram a primeira edição em um sucesso absoluto.

A importância do sucesso dos versos de Tomás Antônio Gonzaga é muito grande, porque ajuda a identificar o momento em que se inicia **o processo de formação de um público leitor brasileiro**. Gonzaga e outros poetas árcades, com seus versos, abrem caminho para que, no início do século XIX, os escritores românticos já encontrem um público que lê sistematicamente e se interessa por autores brasileiros.

Projeto literário do Arcadismo
- Divulgação dos ideais de uma sociedade mais igualitária e justa
- Tentativa de modificar a mentalidade das elites

O bucolismo

O modelo de vida ideal adotado pelos autores do período envolve a representação idealizada da Natureza como um espaço acolhedor, primaveril, alegre. Os poemas apresentam cenários em que a vida rural é sinônimo de tranquilidade e harmonia. Observe a caracterização do espaço nos versos abaixo.

Lira XXIII

Num sítio **ameno**,
Cheio de rosas,
De **brancos** lírios,
Murtas **viçosas**,

Dos seus amores
Na companhia,
Dirceu passava
Alegre o dia.
[...]

Nos poemas árcades, o uso dos **adjetivos** contribui para caracterizar a natureza como um espaço positivo, agradável, acolhedor. É isso o que acontece nessas estrofes de Tomás Antônio Gonzaga: o local de encontro entre os amantes é ameno, decorado por muitas flores e arbustos.

GONZAGA, Tomás Antônio. Marília de Dirceu. In: PROENÇA FILHO, Domício (Org.). *A poesia dos inconfidentes*. Rio de Janeiro: Aguilar, 1996. p. 610. (Fragmento).

O século dos jornais

Democráticos, os jornais e panfletos editados no século XVIII atingiam tanto os salões aristocráticos quanto a taverna do operário e os cafés dos literatos. De baixo custo, fáceis de serem escondidos e transportados, tornaram-se o veículo ideal para a divulgação da propaganda iluminista de reforma da sociedade. Sua circulação tornou-se tão difundida que Hegel, o filósofo alemão, afirmou que a leitura diária do jornal era "a oração do homem moderno".

> **Tome nota**
>
> O adjetivo **bucólico** faz referência a tudo aquilo que é relativo a pastores e seus rebanhos, à vida e aos costumes do campo. Por esse motivo, a característica árcade de apresentar, nos poemas, cenários de vida campestre foi denominada **bucolismo**.

O resgate de temas clássicos

A imitação dos clássicos gregos e latinos retoma temas que expressam algumas filosofias de vida características do mundo antigo. Os temas mais retomados são:

- *fugere urbem*: **fuga da cidade**, da urbanização; afirmação das qualidades da vida no campo;
- *aurea mediocritas*: literalmente significa **mediocridade áurea** (dourada); simboliza a valorização das coisas cotidianas, simples, focalizadas pela razão e pelo bom senso;
- *locus amoenus*: caracterização de um **lugar ameno**, tranquilo, agradável, onde os amantes se encontram para desfrutar dos prazeres da natureza;

FALCONET, E. *Cupido sentado*. 1758. Mármore, 91,5 × 50 × 62 cm. A escultura também reflete o gosto neoclássico pela simplicidade. A escolha do mármore branco contrasta com a preferência pelo ouro e pelas cores fortes usadas nas obras do Barroco.

- *inutilia truncat*: significa **cortar o inútil**; princípio muito valorizado pelos poetas árcades, que se preocupavam em eliminar os excessos, evitando qualquer uso mais elaborado da linguagem. Por trás desse princípio estava o desejo de separar o bom do defeituoso, a fim de garantir que os textos literários se aproximassem da perfeição da natureza que pretendiam imitar;
- *carpe diem*: **cantar o dia**; o mais conhecido dos temas desenvolvidos por Horácio trata da passagem do tempo como algo que traz a velhice, a fragilidade e a morte, tornando imperativo aproveitar intensamente o presente.

O pastoralismo

Um dos aspectos mais artificiais da estética árcade é o fato de os poetas e de suas musas e amadas serem identificados como pastores e pastoras.

A troca dos nomes dos membros das arcádias era uma forma eficiente de eliminar as marcas de sua origem nobre ou plebeia. Como todos os membros eram chamados por seus pseudônimos, estabelecia-se entre eles uma espécie de nobre simplicidade, que eliminava tudo aquilo que poderia ser associado à artificialidade e à hipocrisia da vida na corte.

Valorizar o saber e a cultura, como defendia a perspectiva iluminista, significava encontrar meios de "neutralizar" diferenças sociais evidentes.

Linguagem: simplicidade acima de tudo

Os textos barrocos se caracterizavam por uma grande sofisticação no uso da linguagem. Poetas e pregadores elaboravam complicadas metáforas, faziam uso recorrente de paradoxos e antíteses, promoviam inversões sintáticas para dar aos textos uma estrutura simétrica. O Arcadismo adota como missão combater a artificialidade verbal do Barroco. Por isso, elege a simplicidade como norma para a criação literária.

BOUCHER, F. *Pastoral de outono*. 1749. Óleo sobre tela, 197 × 259 cm. O tema do pastoralismo alimenta a imaginação árcade: os amantes felizes levam uma vida simples em meio à natureza bucólica.

Lira XIX

Enquanto pasta alegre o manso gado,
Minha bela Marília, nos sentemos
À sombra deste cedro levantado.
    Um pouco meditemos
    Na regular beleza,
Que em tudo quanto vive nos descobre
    A sábia Natureza.
    [...]

GONZAGA, Tomás Antônio. Marília de Dirceu. In: PROENÇA FILHO, Domício (Org.). *A poesia dos inconfidentes*. Rio de Janeiro: Aguilar, 1996. p. 605. (Fragmento).

Os versos de Tomás Antônio Gonzaga ilustram bem o desejo árcade de escrever de modo direto, simples e claro. Não há, no trecho, nenhum rebuscamento linguístico, as inversões sintáticas são mínimas, os termos utilizados são bastante comuns. Ao adotar essa forma simples, o poeta deseja dar destaque às ideias.

No caso desse fragmento, o eu lírico convida Marília (e, por meio dela, também o leitor) a refletir sobre aquilo que nos ensina a "sábia Natureza". Seu propósito é reafirmar a necessidade de tomar a natureza como medida de tudo o que é bom, belo e verdadeiro. É essa, na visão dos árcades, a condição para uma vida feliz e tranquila.

Formas poéticas

Seguindo os modelos clássicos, os poetas árcades dão preferência às formas já consagradas pelos escritores do século XVI: soneto, canção, ode e elegia. Entre elas, o soneto aparece como composição cuja forma expressa de modo exemplar a valorização do equilíbrio e da postura racional.

TEXTO PARA ANÁLISE

Convite à Marília

Algumas das principais características da poesia árcade podem ser identificadas neste soneto de Bocage.

Já se afastou de nós o Inverno agreste
Envolto nos seus úmidos vapores;
A fértil Primavera, a mãe das flores
O prado ameno de boninas veste:

Varrendo os ares o sutil nordeste
Os torna azuis; as aves de mil cores
Adejam entre Zéfiros, e Amores,
E toma o fresco Tejo a cor celeste:

Vem, ó Marília, vem lograr comigo
Destes alegres campos a beleza,
Destas copadas árvores o abrigo:

Deixa louvar da corte a vã grandeza:
Quanto me agrada mais estar contigo
Notando as perfeições da Natureza!

Boninas: tipo de flor.
Nordeste: vento que sopra do nordeste.
Adejam: voam.
Lograr: gozar, desfrutar.

BOCAGE. *Obras*. Porto: Lello & Irmão, 1968. p. 142.

1. Qual é o assunto tratado no poema?

2. Um dos elementos caracterizadores do Arcadismo é o cenário em que se encontra o eu lírico. Que cenário é apresentado no poema? Como é descrito?
   ▶ Explique que tema da poesia árcade é apresentado na descrição desse cenário.

3. Observe a forma e o conteúdo do poema. Que elementos evocam o Classicismo? Explique.

4. Releia.
   "Deixa louvar da corte a vã grandeza:
   Quanto me agrada mais estar contigo
   Notando as perfeições da Natureza!"

   a) Nessa estrofe, o eu lírico opõe dois cenários. Quais são eles e como são caracterizados?
   b) Que outro tema árcade é desenvolvido a partir dessa oposição? Explique.

5. O poema pode ser dividido em duas partes: uma que enfatiza o cenário, e outra em que o eu lírico faz um convite à sua amada. Quais estrofes compõem essas partes e o que é apresentado em cada uma delas?
   ▶ É possível afirmar que a construção do cenário tem como objetivo preparar o desenvolvimento do segundo tema árcade do poema. Explique.

6. Na linha do tempo, quais acontecimentos e ideias geram, nas manifestações artísticas do Arcadismo, a busca pelo racionalismo e o retorno aos modelos clássicos da Antiguidade? Justifique sua resposta.

Portugal: o Marquês de Pombal reeduca o país

Vista de Lisboa – Projeto não executado da Praça do Comércio, menina dos olhos de Pombal. Óleo sobre tela.
Autor desconhecido. s.d.

O Arcadismo português coincidiu, em grande parte, com o momento em que Sebastião José de Carvalho, o Marquês de Pombal, liderava a política e a economia do país. Nomeado primeiro-ministro pelo rei D. José I, em 1750, Pombal procurou elevar Portugal à condição das demais nações europeias.

Com o ouro extraído das Minas Gerais, o Marquês reconstituiu a cidade de Lisboa, aniquilada pelo terrível terremoto de 1755. O plano geral de reconstituição da cidade, caracterizado pela geometrização dos formatos regulares, revela a influência do Iluminismo que defendia a racionalização máxima da vida.

Uma das grandes obras de Pombal foi a laicização do ensino, que até aquele momento era controlado pelos jesuítas. Permitindo a volta para Portugal dos "estrangeirados" (intelectuais portugueses emigrados para fugir da Inquisição), o Marquês abriu as portas para o ideário iluminista que com eles chegava. Entre os estrangeirados destacam-se Jacó de Castro, convidado a promover uma reforma completa no ensino da Medicina, e Luís Antônio de Verney, autor do célebre *Verdadeiro método de estudar* (1746), obra que fundamentou toda a reestruturação da educação portuguesa.

As muitas arcádias

A reação aos exageros barrocos começou, em Portugal, com a fundação da Arcádia Lusitana no ano de 1756. A organização tinha um estatuto de 20 capítulos que estabelecia desde o nome da sala onde ocorreriam as conferências – Monte Ménalo – até detalhes do traje de seus membros: todos deveriam, em dias de reunião, trazer um lírio branco em suas lapelas, para evocar a figura da Virgem Maria, considerada a protetora da Arcádia.

A atividade da Arcádia Lusitana foi essencialmente teórica. Seus membros preocuparam-se em discutir os princípios clássicos de composição e criar regras destinadas a definir parâmetros para a produção poética. Seu encerramento, em 1774, foi seguido pela fundação de outras Arcádias, entre as quais se destaca a Nova Arcádia (1790), da qual participou Bocage, com o pseudônimo de Elmano Sadino.

De modo geral, a produção árcade portuguesa foi marcada por um convencionalismo extremo e pela tentativa de submeter a expressão individual aos preceitos da razão. Luís Antônio de Verney chegou a afirmar que a retórica não era mais do que "a perspectiva da razão" e que a poesia era apenas um ramo da retórica. Nesse contexto, é natural que o poeta de maior destaque tenha sido justamente aquele que foi além dos limites estabelecidos pelo modelo árcade: Manuel Maria Barbosa du Bocage.

Bocage: poeta das manhãs claras e das noites tempestuosas

Com uma vida marcada por conflitos e desilusões, foi a produção poética que garantiu a Bocage lugar na história como um dos três maiores sonetistas portugueses, ao lado de Camões e Antero de Quental. Sua trajetória literária começou em 1793, com a publicação do primeiro volume das *Rimas*, obra que lhe valeu um convite para ingressar na Nova Arcádia.

Autor de epigramas, apólogos e sonetos, Bocage destacou-se entre seus contemporâneos por desafiar os princípios árcades de composição que, no início da carreira, predominaram em sua poesia.

Os versos árcades

Como árcade, Bocage tentou seguir as determinações da Academia a que se filiou, a começar pela adoção de um pseudônimo (Elmano Sadino). Os versos escritos nesse momento apresentam os esperados clichês: cenário acolhedor, pastores amorosos que convidam suas amadas para desfrutar das belezas do dia, como vimos no soneto transcrito na abertura deste capítulo.

Outro procedimento árcade típico adotado pelo autor é a comparação entre a mulher amada e a Natureza, já explorado por mestres da poesia clássica como Shakespeare e Camões. Em alguns poemas, a alegria dos amantes é tão grande que pode despertar a inveja dos próprios deuses.

Página de rosto do livro *Rimas*, de Bocage, em que se vê claramente seu pseudônimo acadêmico, Elmano Sadino. s.d.

Esperança amorosa

Grato silêncio, trémulo arvoredo,
Sombra propícia aos crimes, e aos amores,
Hoje serei feliz! – Longe, temores,
Longe, fantasmas, ilusões do medo.

Sabei, amigos Zéfiros, que cedo,
Entre os braços de Nise, entre estas flores,
Furtivas glórias, tácitos favores,
Hei-de enfim possuir: porém, segredo!

Nas asas frouxos ais, brandos queixumes
Não leveis, não façais isto patente,
Quem nem quero que o saiba o pai dos numes.

Cale-se o caso a Jove omnipotente;
Porque, se ele o souber, terá ciúmes,
Vibrará contra mim seu raio ardente.

Propícia: favorável, favorecedora, adequada, apropriada, oportuna.
Zéfiros: entre os antigos, ventos do Ocidente.
Furtivas: ocultas, escondidas.
Tácitos: silenciosos, calados, subentendidos, implícitos, ocultos, secretos.
Queixumes: queixas; lamentações; gemidos.
Numes: deuses, divindades.
Jove: o mesmo que Júpiter (Zeus, para os gregos), o pai de todos os deuses.

BOCAGE. *Obras*. Porto: Lello & Irmão, 1968. p. 143.

"Magro, de olhos azuis, carão moreno." Assim se definiu em um de seus sonetos o poeta português Manuel Maria Barbosa du **Bocage** (1756-1805). Nascido em Setúbal, Portugal, cresceu em um ambiente literário que o influenciou bastante. Depois que se alistou na Marinha, viajou pelo Oriente e chegou a visitar a cidade do Rio de Janeiro. De volta a Lisboa, em 1790, passou a frequentar cafés onde se discutiam as ideias da Revolução Francesa.

Manuel Maria Barbosa du Bocage, por Raul Lima, século XIX.

O prenúncio das tensões românticas

Uma vez livre dos clichês e regras do Arcadismo, a poesia de Bocage passa a expressar um lirismo carregado de subjetividade e sentimento, antecipando algumas das características definidoras da estética romântica.

Os temas que desenvolve giram em torno da desilusão amorosa, da morte, do destino. A natureza ganha contornos sombrios e passa a espelhar a dor e o sofrimento do eu lírico. Veja o exemplo.

Desenganado do amor e da fortuna

Fiei-me nos sorrisos da ventura,
Em mimos feminis, como fui louco!
Vi raiar o prazer; porém tão pouco
Momentâneo relâmpago não dura:

No meio agora desta selva escura,
Dentro deste penedo úmido e oco,
Pareço, até no tom lúgubre, e rouco
Triste sombra a carpir na sepultura:

Que estância para mim tão própria é esta!
Causais-me um doce, e fúnebre transporte,
Áridos matos, lôbrega floresta!

Ah! não me roubou tudo a negra sorte:
Inda tenho este abrigo, inda me resta
O pranto, a queixa, a solidão e a morte.

BOCAGE. *Obras*. Porto: Lello & Irmão, 1968. p. 153.

> **Fortuna:** destino, fado.
> **Ventura:** sinônimo de fortuna; sorte, destino.
> **Feminis:** femininos.
> **Penedo:** grande rocha, penhasco.
> **Lúgubre:** triste, soturno, fúnebre.
> **Carpir:** chorar.
> **Estância:** lugar.
> **Lôbrega:** sinônimo de lúgubre.

A leitura de sonetos como esse torna clara a associação, estabelecida pelo eu lírico, entre a desilusão amorosa e uma perspectiva negativa. Do mesmo modo que os textos árcades celebravam a beleza de uma natureza primaveril, *locus amoenus* perfeito para os amantes viverem seus momentos de prazer, vemos agora sonetos em que a natureza soturna, aterradora, cria a atmosfera adequada (um *locus horrendus*) para acolher um *eu* sofredor. A enumeração presente no último verso resume a trajetória prevista pelo eu lírico para aqueles que, como ele, sofrem dos males de amor: "o pranto, a queixa, a solidão e a morte".

Apesar de observarmos a mudança na perspectiva a partir da qual Bocage reflete sobre o mundo em que se encontra, esses sonetos ainda trazem algumas marcas da estética árcade, como é o caso da referência à mitologia e o uso de pseudônimos pastoris, por exemplo.

A superação dos clichês árcades na obra de Bocage reflete o momento de transição por que passa sua produção artística: por mais que deseje abraçar a perspectiva racional associada ao Iluminismo, o poeta constata a impossibilidade de domar as paixões próprias dos seres humanos. O que fazer quando a razão não é suficiente? Esse conflito também será transformado em tema de muitos versos inesquecíveis de Bocage.

O Arcadismo brasileiro: a febre do ouro

A descoberta de ouro nas Minas Gerais deslocou para o sudeste o desenvolvimento urbano brasileiro no século XVIII. A produção cultural, que no século anterior acontecia principalmente na Bahia e em Pernambuco, agora se concentra na cidade de Vila Rica (atual Ouro Preto), a mais próspera da região.

Conhecida como "a pérola preciosa do Brasil", Vila Rica apresentava uma organização bem mais complexa do que os núcleos urbanos nordestinos criados em torno do cultivo da cana-de-açúcar. As cidades de Minas Gerais eram habitadas por ourives, comerciantes, mercadores e artistas que para lá iam atraídos pela extração do ouro. Essa diversidade social, que marca o início do povoamento da região, cresceu juntamente com a exploração das riquezas minerais.

> **O caminho do ouro**
>
> A Estrada Real, uma trilha entre Diamantina e Paraty, passando por Ouro Preto e Tiradentes, era o caminho utilizado para levar o ouro extraído das Minas Gerais para o porto de Paraty, no Rio de Janeiro, de onde seguiria para Portugal. Construída pela coroa portuguesa, era o único acesso à região mineradora. Ainda hoje, um trecho de cerca de 12 quilômetros, com calçamento original, muros de arrimo, aguadas, bueiros e outras marcas da engenharia do século XVIII, pode ser percorrido por quem visita Paraty.

Ecos da liberdade chegam à colônia

Nas últimas décadas do século XVIII, importantes acontecimentos internacionais desestabilizaram o controle português sobre a colônia brasileira. Em 1776, as Treze Colônias norte-americanas romperam com o domínio inglês, aprovando a *Declaração de Independência dos Estados Unidos da América*.

A independência norte-americana inspirou os jovens brasileiros que, na Europa, já tinham tomado contato com os textos dos filósofos iluministas. Rousseau propunha o estabelecimento de um contrato social que assegurasse a igualdade de todos perante a lei, à qual seriam subordinados. Nascia, assim, o conceito de **cidadania**.

Era hora de a nobreza abrir mão dos privilégios de que desfrutara durante séculos e começar a dividir o poder político com os burgueses, cada vez mais ricos com o crescimento do comércio e das cidades.

A *Declaração de Independência* surgiu como uma afirmação do direito de todos os seres humanos à igualdade e à liberdade e, consequentemente, à conquista da felicidade.

Inspirados pelos textos que leem, jovens intelectuais decidem mudar o destino do Brasil. De sua cabeça, brotam os ideais revolucionários de conquistar independência política e cultural para a tão explorada colônia. De sua pena, os versos árcades, inteiramente submetidos às regras do Neoclassicismo.

 Conteúdo digital Moderna PLUS http://www.modernaplus.com.br
Filme: trecho de *Barry Lyndon*, de Stanley Kubrick.

RUGENDAS, J. *Extração de ouro*. 1835. Litogravura. A expansão das atividades de mineração, no século XVIII, causou o desenvolvimento da vida urbana e o aumento da circulação de riquezas que, por sua vez, tornou possível o crescimento das atividades artísticas.

Inconfidência Mineira: ilustração e revolta

A opressão administrativa portuguesa, o declínio da produção do ouro, a convivência com as ideias liberais de Rousseau, Montesquieu e John Locke e a revolução na América do Norte foram os principais fatores que contribuíram para o início de um movimento revolucionário em Vila Rica.

Os inconfidentes pretendiam proclamar a República e tornar o Brasil independente de Portugal. Havia ainda a intenção de fundar uma universidade em Vila Rica e de construir fábricas nas regiões mais importantes do país.

Os participantes do movimento foram delatados por Joaquim Silvério dos Reis, um dos financistas do grupo. Em sua denúncia, Joaquim Silvério nomeou Tomás Antônio Gonzaga como "primeira cabeça da inconfidência". Ele e os demais líderes foram presos pela coroa portuguesa.

Cláudio Manuel da Costa: os sonetos amorosos

Cláudio Manuel da Costa é considerado o iniciador do Arcadismo no Brasil quando publica *Obras*, em 1768.

Como poeta, adotou o pseudônimo árcade de Glauceste Satúrnio. Escreveu, além de muitos sonetos, um poema épico, *Vila Rica*, de valor mais histórico do que literário, pelas informações sobre a descoberta das minas, a função da cidade e as primeiras revoltas do lugar. O soneto a seguir mostra o poeta refletindo sobre a natureza de sua pátria, em uma tentativa de imortalizá-la.

Nascido em Mariana, em 1729, **Cláudio Manuel da Costa** estudou em colégio de jesuítas e, mais tarde, seguiu para Portugal, onde se formou em Direito pela Universidade de Coimbra. Foi advogado, poeta, minerador e fazendeiro. Considerado um dos homens mais ricos de Minas, foi denunciado como inconfidente e preso. Enforcou-se, em 1789, na cela da prisão em que aguardava julgamento.

Leia a posteridade, ó pátrio Rio,
Em meus versos teu nome celebrado,
Porque vejas uma hora despertado
O sono vil do esquecimento frio:

Não vês nas tuas margens o sombrio,
Fresco assento de um álamo copado;
Não vês Ninfa cantar, pastar o gado,
Na tarde clara do calmoso estio.

Turvo, banhando as pálidas areias,
Nas porções do riquíssimo tesouro
O vasto campo da ambição recreias.

Que de seus raios o Planeta louro,
Enriquecendo o influxo em tuas veias
Quanto em chamas fecunda, brota em ouro.

Planeta louro: o Sol.
Influxo: equivalente à maré-cheia, no rio.

O eu lírico declara o propósito do poema: celebrar, para a posteridade, o nome do rio pátrio, para que não seja esquecido com o passar do tempo.

Na segunda estrofe, ele cria uma espécie de referência negativa em relação aos ideais árcades de lugar agradável (*locus amoenus*): não há, nas margens do rio, uma árvore que ofereça boa sombra, em suas águas não cantam as Ninfas, o gado não pasta nas tardes de verão.

A causa da celebração do rio é identificada na terceira estrofe. Suas águas escondem a riqueza do ouro, que alimenta as ambições humanas.

Na última estrofe, o eu lírico "explica" a presença do metal precioso como uma consequência dos raios solares que aquecem o rio como uma forma de bênção natural.

COSTA, Cláudio Manuel da. Obras. In: PROENÇA FILHO, Domício (Org.). *A poesia dos inconfidentes*. Rio de Janeiro: Aguilar, 1996. p. 51-52.

De todos os poetas árcades brasileiros, Cláudio Manuel da Costa foi o que mostrou ter sofrido maior influência do mestre do Classicismo português, Luís Vaz de Camões. Em muitos de seus sonetos amorosos, a influência de Camões e Petrarca é bem evidente: a louvação da mulher amada é feita a partir da escolha de um aspecto físico em que sua beleza se iguale à perfeição da natureza.

Tomás Antônio Gonzaga: o pastor apaixonado

Lembrado e celebrado até hoje pela publicação de *Marília de Dirceu*, Tomás Antônio Gonzaga é o mais conhecido entre os árcades brasileiros.

Artificialidade singela

Os versos de *Marília de Dirceu*, escritos no período em que o poeta encontrava-se encarcerado, são a razão de seu enorme sucesso literário. Escritas segundo as normas do Arcadismo, as liras que compõem essa obra recontam a paixão do poeta pela jovem Maria Doroteia de Seixas Brandão.

Dividida em duas partes, *Marília de Dirceu* manifesta a transformação sofrida no olhar poético de Tomás Antônio Gonzaga após sua prisão. Na primeira parte, o tom característico das liras é mais otimista, esperançoso. Dirceu (pseudônimo árcade do poeta) descreve a amada Marília e fala sobre a vida futura que terão quando casados. Na segunda parte, composta na prisão, predominam sentimentos mais melancólicos, como a saudade, antecipando algumas características que ganharão destaque no Romantismo.

As liras de *Marília de Dirceu* constroem o ambiente de artificialidade singela que caracterizou o Neoclassicismo. Nos versos do poema, vemos inúmeras referências ao gado que pasta, aos pastores nos montes, às ovelhinhas que dão leite e lã, à vida tranquila e natural. Por trás dessa aldeia exemplar, porém, esconde-se uma importante inovação promovida por Gonzaga. Ao lado das referências bucólicas e da criação do *locus amoenus*, Dirceu faz o elogio do saber intelectual. Ele não é um "pastor" como outro qualquer.

Tomás Antônio Gonzaga nasceu no Porto (Portugal), em 1744, e veio com sua família para a Bahia ainda pequeno. Assim como Cláudio Manuel da Costa, também se formou em Coimbra e chegou a exercer, em Vila Rica, o cargo de ouvidor. Preso como inconfidente, foi deportado para Moçambique, onde reconstituiu a vida. Lá faleceu em 1810.

Tomás Antônio Gonzaga, s.d.

Lira I

Eu, Marília, não sou algum vaqueiro,
Que viva de guardar alheio gado,
De tosco trato, de expressões grosseiro,
Dos frios gelos e dos sóis queimado.
Tenho próprio casal e nele assisto;
Dá-me vinho, legume, fruta, azeite;
Das brancas ovelhinhas tiro o leite,
E mais as finas lãs, de que me visto.
  Graças, Marília bela,
  Graças à minha Estrela!

Eu vi o meu semblante numa fonte,
Dos anos inda não está cortado;
Os Pastores, que habitam este monte,
Respeitam o poder do meu cajado.
Com tal destreza toco a sanfoninha,
Que inveja até me tem o próprio Alceste:
Ao som dela concerto a voz celeste
Nem canto letra que não seja minha.
  Graças, Marília bela,
  Graças à minha Estrela!

Mas tendo tantos dotes da ventura,
Só apreço lhes dou, gentil Pastora,
Depois que o teu afeto me segura
Que queres do que tenho ser Senhora.
É bom, minha Marília, é bom ser dono
De um rebanho, que cubra monte e prado;
Porém, gentil pastora, o teu agrado
Vale mais que um rebanho, e mais que um trono.
  Graças, Marília bela,
  Graças à minha Estrela!
[...]

> O eu lírico, Dirceu, estabelece claramente a sua condição de superioridade social: não cuido do gado alheio, meu rosto não é grosseiro nem queimado pela exposição ao sol; tenho casa própria, moro nela, tenho bens de que me sustento. Essas características são apresentadas como qualificação aos olhos de Marília. Por ser "melhor" que os outros pastores, ele é digno de cortejá-la.
>
> Observe ainda o desenvolvimento da temática da *aurea mediocritas*: tudo aquilo que é apresentado como ideal está fundado em uma vida simples, sem riqueza, sem luxo.

> Na 2ª estrofe, além de apresentar sua juventude como um bem, Dirceu compara seus dotes artísticos aos dos outros pastores que habitam o mesmo monte (referência aos demais poetas que pertenciam à Academia). O que Gonzaga sugere, nessa passagem, é muito claro: é melhor poeta que seus companheiros. Alceste é uma referência direta a Cláudio Manuel da Costa, porque esse foi um dos seus pseudônimos árcades. O fato de despertar a inveja em Cláudio, a quem admirava, significa, para Gonzaga, o reconhecimento de sua competência poética.

> Depois de deixar clara sua condição privilegiada, o eu lírico enfatiza outro aspecto importante: sem o amor de Marília, de nada valem propriedades, juventude, talento. Se todos esses atributos são importantes, o "agrado" de Marília vale mais que a riqueza (rebanho) ou o poder (trono).

GONZAGA, Tomás Antônio. Marília de Dirceu. In: PROENÇA FILHO, Domício (Org.). *A poesia dos inconfidentes*. Rio de Janeiro: Aguilar, 1996. p. 573-574. (Fragmento).

A poesia satírica

Em *Cartas chilenas*, os desmandos morais e administrativos do governador da Capitania de Minas, chamado de o "Fanfarrão Minésio", são duramente criticados de forma satírica. Durante muito tempo houve dúvidas sobre a sua autoria, mas hoje ela é atribuída a Tomás Antônio Gonzaga. Nesse texto, o Chile corresponde a Minas Gerais, e sua capital, Santiago, a Vila Rica. Gonzaga assume o pseudônimo de Critilo e dialoga com o amigo Doroteu.

Outros árcades

Silva Alvarenga

Manuel Inácio da Silva Alvarenga (1749-1814) destacou-se pelo lirismo de sua obra. Escreveu várias composições dedicadas à sua musa, Glaura. Utilizou-se basicamente de dois tipos de composição: o madrigal (de origem italiana) e o rondó (francês), que o poeta adaptou à sensibilidade e ao ritmo brasileiros.

> **Tome nota**
>
> **Rondó** é uma forma poética francesa que procura produzir um efeito de circularidade (*rondeau*, em francês, origina-se do latim *rotundu[m]*). Silva Alvarenga adotou a forma do rondó português, em que o refrão era formado por uma quadra que se repetia ao fim de uma estrofe de oito versos (oitava) ou de duas estrofes de quatro versos.

Os épicos árcades

Durante o Arcadismo brasileiro, dois poemas épicos foram escritos: *O Uraguai*, de José Basílio da Gama, e *Caramuru*, do frei José de Santa Rita Durão. Nas duas obras, podemos identificar o embrião dos símbolos da nacionalidade que povoarão os textos românticos: a natureza exuberante e os índios valorosos.

• *O Uraguai*

José Basílio da Gama (1741-1795), que adotou o pseudônimo árcade de Termindo Sipílio, era estudante jesuíta e só não foi expulso do Brasil por Pombal porque fez um poema em homenagem ao casamento da filha dele.

O Uraguai é um poema escrito em versos brancos, isto é, sem rimas e sem estrofação, mas cuja divisão segue a de um poema épico (proposição, invocação, dedicatória, narração e epílogo).

A narrativa conta a história da luta travada entre os índios que viviam nas missões dos Sete Povos (Uruguai) e um exército luso-espanhol. O trecho mais conhecido do poema é uma passagem lírica, do Canto IV, em que é narrada a morte da índia Lindoia.

ROCHET, L. *Rio Madeira*. 1856. Escultura em gesso. Representação de índio.

[...]
Este lugar delicioso e triste,
Cansada de viver, tinha escolhido
Para morrer a mísera Lindoia.
Lá reclinada, como que dormia,
Na branda relva e nas mimosas flores,
Tinha a face na mão, e a mão no tronco
De um fúnebre cipreste, que espalhava
Melancólica sombra. Mais de perto
Descobrem que se enrola no seu corpo
Verde serpente, e lhe passeia, e cinge
Pescoço e braços, e lhe lambe o seio.
[...]

GAMA, Basílio da. *O Uraguai*. 2. ed. Rio de Janeiro: Record, 1998. p. 81-82. (Fragmento).

• *Caramuru*

Frei José de Santa Rita Durão, nascido em Mariana (1722) e falecido em Portugal (1784), foi o segundo dos árcades da escola mineira a dedicar-se à poesia épica. Estruturou seu poema *Caramuru* de acordo com o modelo camoniano: divisão em dez cantos, todos compostos em oitava rima.

Caramuru conta a história do descobrimento e da conquista da Bahia por Diogo Álvares Correia, português que naufragou na região. A exaltação da paisagem brasileira, dos recursos naturais, das tradições e dos costumes dos índios dá ao poema os traços nativistas que serão desenvolvidos pelos indianistas românticos.

TEXTO PARA ANÁLISE

> O texto a seguir refere-se às questões de 1 a 4.

Texto 1

Lira XIX

*Preso, o eu lírico encontra conforto no seu amor
por Marília e nas lembranças que guarda da amada.*

Nesta triste masmorra,
De um semivivo corpo sepultura,
   Inda, Marília, adoro
   A tua formosura.
Amor na minha ideia te retrata;
Busca, extremoso, que eu assim resista
À dor imensa, que me cerca e mata.

Quando em meu mal pondero,
Então mais vivamente te diviso:
   Vejo o teu rosto e escuto
   A tua voz e riso.
Movo ligeiro para o vulto os passos:
Eu beijo a tíbia luz em vez de face,
E aperto sobre o peito em vão os braços.

Conheço a ilusão minha;
A violência da mágoa não suporto;
   Foge-me a vista e caio
   Não sei se vivo ou morto.
Enternece-se Amor de estrago tanto;
Reclina-me no peito, e com mão terna
Me limpa os olhos do salgado pranto.

Depois que represento
Por largo espaço a imagem de um defunto,
   Movo os membros, suspiro,
   E onde estou pergunto.
Conheço então que Amor me tem consigo;
Ergo a cabeça, que inda mal sustento,
E com doente voz assim lhe digo:

Se queres ser piedoso,
Procura o sítio em que Marília mora,
   Pinta-lhe o meu estrago,
   E vê, Amor, se chora.
Uma delas me traze sobre as penas,
E para alívio meu só isto basta.

GONZAGA, Tomás Antônio. Marília de Dirceu. In: PROENÇA FILHO, Domício (Org.).
A poesia dos inconfidentes. Rio de Janeiro: Aguilar, 1996. p. 651-652. (Fragmento).

1. Qual é o assunto desenvolvido na lira apresentada?

> As situações poéticas apresentadas em *Marília de Dirceu* guardam estreita relação com episódios da vida de Tomás Antônio Gonzaga. Que semelhança existe entre a situação em que se encontra o pastor Dirceu e a vida do poeta?

2. Quais são os dois interlocutores a quem o eu lírico se dirige no poema?

   a) O que ele diz a cada um deles?

   b) Explique de que maneira o diálogo estabelecido com esses interlocutores indica a retomada de características da poesia de Camões.

3. Releia.

"Busca, extremoso, que eu assim resista
À dor imensa, que me cerca e mata.
[...]
A violência da mágoa não suporto;"

   a) O que esses versos sugerem sobre o estado de espírito do eu lírico?

   b) Os sentimentos expressos condizem com as características normalmente encontradas na poesia árcade? Por quê?

   c) Que outros elementos apresentados no poema rompem com o convencionalismo árcade? Explique.

4. Observe a linguagem utilizada no poema. Que elementos caracterizam a simplicidade formal pretendida pelos poetas árcades?

O texto a seguir refere-se às questões de 5 a 8.

Texto 2

Destes penhascos fez a natureza

Nestes versos, a paisagem de Minas Gerais desempenha papel muito importante no desenvolvimento do soneto.

Destes penhascos fez a natureza
O berço em que nasci: oh! quem cuidara
Que entre penhas tão duras se criara
Uma alma terna, um peito sem dureza.

Amor, que vence os tigres, por empresa
Tomou logo render-me; ele declara
Contra o meu coração guerra tão rara,
Que não me foi bastante a fortaleza.

Por mais que eu mesmo conhecesse o dano,
A que dava ocasião minha brandura,
Nunca pude fugir ao cego engano:

Vós, que ostentais a condição mais dura,
Temei, penhas, temei, que Amor tirano,
Onde há mais resistência, mais se apura.

COSTA, Cláudio Manuel da. In: PROENÇA FILHO, Domício (Org.).
A poesia dos inconfidentes. Rio de Janeiro: Aguilar, 1996. p. 95.

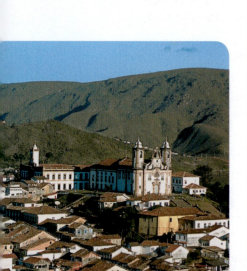

▲ Vista de Ouro Preto, Minas Gerais, 1999.

[**Penhas:** designação de um cenário rochoso, montanhas.

5. Na segunda estrofe, ocorre uma personificação do Amor. Como ele é apresentado?

▶ Qual é a imagem utilizada na terceira estrofe pelo eu lírico para se referir a esse Amor? Explique o uso dessa imagem.

6. Quem é o interlocutor a quem o eu lírico se dirige na última estrofe? O que o eu lírico lhe diz?

7. No soneto transcrito, o poeta evidencia uma forte característica de sua obra: a incorporação de elementos da paisagem local ao cenário árcade. Qual é o elemento local presente no texto?

▶ Que relação o eu lírico estabelece, na primeira estrofe, entre esse cenário e si mesmo? Explique.

8. A apresentação do cenário é importante para o desenvolvimento do tema do soneto. Explique de que maneira o eu lírico relaciona o cenário em que nasceu a esse tema.

▶ A seguir, leia o soneto de Luís de Camões para responder à questão 9.

Texto 3

Busque Amor novas artes, novos engenhos

Neste soneto, o eu lírico apresenta um desafio ao seu interlocutor.

Busque Amor novas artes, novo engenho,
Pera matar-me, e novas esquivanças;
Que não pode tirar-me as esperanças,
Que mal me tirará o que eu não tenho.

Olhai de que esperanças me mantenho!
Vede que perigosas seguranças!
Que não temo contrastes nem mudanças,
Andando em bravo mar, perdido o lenho.

Mas, conquanto não pode haver desgosto
Onde esperança falta, lá me esconde
Amor um mal, que mata e não se vê;

Que dias há que na alma me tem posto
Um não sei quê, que na[s]ce não sei onde.
Vem não sei como, e dói não sei porquê.

CAMÕES, Luís Vaz de. *Obra completa*.
Rio de Janeiro: Nova Aguilar, 1988. p. 273.

9. O eu lírico apresenta um desafio ao Amor: encontrar novas formas para matá-lo. Sente-se seguro porque "não pode tirar-me as esperanças, / Que mal me tirará o que eu não tenho". Considere essas informações e discuta com seus colegas:

a) O eu lírico vence a "guerra" contra o Amor? Explique.

b) O comportamento do eu lírico, no poema de Camões, é semelhante ao do soneto de Cláudio Manuel da Costa? E o do Amor? Por quê?

c) Todo soneto desenvolve um raciocínio lógico. Camões procura demonstrar que o ser humano é incapaz de resistir ao amor. Essa conclusão é semelhante à do poema de Cláudio Manuel da Costa? Justifique.

Conteúdo digital Moderna PLUS http://www.modernaplus.com.br
Tema animado: Arcadismo.

Jogo de ideias

Neste capítulo, você viu que os autores árcades promoveram um resgate de temas clássicos que expressam algumas filosofias de vida características do mundo antigo. Temas como o *fugere urbem*, o *locus amoenus*, o *carpe diem*, etc., retornam, nos textos árcades, com o objetivo de expressar o desejo por uma vida tranquila e harmoniosa. Embora apresentem uma filosofia de vida de tempos passados, os princípios divulgados pelos autores árcades em seus poemas parecem ter "renascido" em nossa época. São comuns anúncios publicitários de condomínios residenciais, por exemplo, que utilizam, muitas vezes, como principal argumento para vender seu produto, as vantagens da vida fora dos grandes centros, em contato direto com a natureza.

Para compreender melhor essa "atualização" dos temas árcades em textos publicitários, propomos que você selecione alguns anúncios em que seja possível identificar argumentos (utilizados para convencer o público-alvo do que é anunciado) que retomem alguns dos princípios de vida divulgados pelos poetas árcades em seus poemas. Para cumprir essa tarefa, você deverá seguir os seguintes passos:

▶ selecionar (em jornais, revistas ou na internet) anúncios de imóveis, condomínios residenciais, clubes, etc. que utilizem, como argumentos para persuadir os prováveis futuros compradores, alguns dos temas árcades estudados no capítulo;

▶ selecionar um poema árcade que apresente o mesmo princípio de vida utilizado como argumento persuasivo na peça publicitária escolhida;

▶ apresentar os dois textos selecionados para os seus colegas, explicando, oralmente, a relação existente entre eles. Destacar, na apresentação, o tratamento dado ao tema árcade nos dois textos pertencentes a gêneros discursivos e épocas diferentes, refletindo sobre os motivos de os ideais resgatados pelos árcades continuarem atuais e se mostrarem tão apelativos em nossa época.

Material complementar Moderna PLUS
http://www.modernaplus.com.br
Palavra de Mestre: Antonio Candido de Mello e Souza e José Aderaldo Castello.
Exercícios adicionais.

A tradição do *Arcadismo*

Moreau, G. Sapho. C. 1884. óleo sobre tela. Sapho viveu na Grécia, na segunda metade do século VII a.C.

A natureza como símbolo dos sentimentos humanos

A temática da natureza como representação dos sentimentos e emoções humanas nasce na Grécia Antiga. Para os gregos, o processo de compreensão da individualidade se dá pelo confronto entre dois mundos: o subjetivo (interior) e o real (exterior). Para que isso possa ocorrer, elementos do mundo interior (os sentimentos, as emoções) são comparados a fenômenos naturais. Observe o poema de Safo:

O amor

O amor agita meu espírito
como se fosse um vendaval
a desabar sobre os carvalhos.

LESBOS, Safo de. In: RAMOS, Péricles Eugênio da Silva (Sel., trad. e notas). *Poesia grega e latina*. São Paulo: Cultrix, 1964. p. 67.

Na imagem das árvores batidas pelo vento, Safo encontra a tradução perfeita para a agitação desencadeada pelo amor. É como se o eu lírico dissesse: eu não consigo definir o que sinto, mas um processo semelhante pode ser observado nos efeitos de um vendaval sobre as árvores. Onde antes havia calma e tranquilidade, agora há agitação e instabilidade.

O sentimento, apresentado dessa maneira, torna-se mais compreensível porque sua análise parte da observação de uma causa natural (o vento forte) e sua consequência (a agitação dos carvalhos).

Retorno à natureza: a beleza clássica

No Renascimento, grandes poetas como Shakespeare e Camões seguirão os passos dos mestres gregos na utilização da natureza como símbolo.

A mudança constante é ilustrada pela passagem das estações do ano, o envelhecimento humano é contraposto ao eterno frescor trazido pela primavera, a beleza feminina é comparada a um dia de sol. Por trás dessas comparações, identificamos a filosofia aristotélica, que vê a natureza como modelo de equilíbrio e harmonia a ser imitado pelos artistas em busca de uma representação do belo.

Arcadismo: a criação do lugar agradável

A volta aos ideais clássicos, promovida no século XVIII, dará à natureza um novo papel literário. Agora ela representa o cenário perfeito no qual os poetas criam uma alegoria da sociedade igualitária em que desejam viver. É o *locus amoenus* que chega para permitir a realização literária dos princípios de uma vida mais livre e justa.

Nessa perspectiva, a natureza ilustra a busca do indivíduo pelo espaço acolhedor, pelo lugar ameno em que a artificialidade da vida urbana não tem valor, em que as diferenças sociais são ignoradas e onde o que importa é somente a alegria decorrente da vida equilibrada e simples.

A transformação da natureza: o lugar de sofrimento romântico

No Romantismo, a natureza mais uma vez se apresenta como espelho para as emoções que agitam os seres humanos. Agora, ela é caracterizada como o lugar de sofrimento, simbolizado por cenários lúgubres, que traduzem os sentimentos arrebatados e passionais que se tornam a marca da literatura do período. Observe:

Noite tempestuosa

Que tempo horrível;
Que noite escura;
Nem uma estrela
No céu fulgura!
[...]

Noite mais negra
Minha alma enluta;
Maior tormenta
Cá dentro luta.

O quadro horrendo
Da Natureza
Mal a fereza
Exprimir pode
Do meu sofrer.
[...]

MAGALHÃES, Gonçalves de.
In: *Poesia brasileira*: romantismo. São Paulo: Ática, 2004. p. 19-20. (Fragmento).

Turner, J. *Vapor numa tempestade de neve*. 1842. Detalhe. Óleo sobre tela, 91,5 × 122 cm.

Fereza: ferocidade, crueldade.

Os versos de Gonçalves de Magalhães traçam semelhanças entre uma noite tempestuosa e a "tempestade interior" que toma conta do eu lírico. Embora o equilíbrio neoclássico tenha sido substituído pelo arrebatamento romântico, a natureza continua sendo o símbolo das emoções humanas.

Um poeta contemporâneo e a natureza

Ainda hoje olhamos para a natureza e buscamos uma correspondência entre um dia mais alegre ou triste e nossos estados de alma.

Vento no litoral

De tarde quero descansar, chegar até a praia
Ver se o vento ainda está forte
E vai ser bom subir nas pedras.
Sei que faço isso para esquecer
Eu deixo a onda me acertar
E o vento vai levando tudo embora.

Agora está tão longe
Vê, a linha do horizonte me distrai;

Dos nossos planos é que tenho mais saudade,
Quando olhávamos juntos na mesma direção.

Aonde está você agora
Além de aqui dentro de mim?
[...]

RUSSO, Renato; VILLA-LOBOS, Dado; BONFÁ, Marcelo. Interpretação de Legião Urbana. In: *V*. Rio de Janeiro: EMI, 1991. Disponível em: <http://vagalume.uol.com.br/legiao-urbana/vento-no-litoral.html>. Acesso em: 19 ago. 2009. (Fragmento).
© Corações Perfeitos Edições Musicais Ltda.

O vento que sopra nos versos de Renato Russo não é muito diferente do vendaval no poema de Safo. O eu lírico, no poema de Safo, procura, na natureza, compreender o que sente. No outro, deseja que o vento leve embora seu sofrimento pela ausência do ser amado. Nos dois casos, vemos o ser humano procurando símbolos que o auxiliem a compreender a força de suas emoções.

CONEXÕES

Para assistir

> **Maria Antonieta**, de Sofia Coppola.
> EUA, 2006.

Versão contemporânea sobre a vida da princesa austríaca Maria Antonieta, que, aos 14 anos, casa-se com o príncipe da França Luís XVI para garantir a harmonia entre as duas nações. Completamente deslocada no novo ambiente em que se encontra, a jovem e ingênua rainha tenta encontrar uma forma de sobreviver: sucumbe à frivolidade. Uma excelente oportunidade para conhecer a figura polêmica de Maria Antonieta, apontada por muitos como símbolo máximo da superficialidade que caracterizou a corte francesa no século XVIII.

> **Moça com brinco de pérola**, de Peter Webber.
> Reino Unido/Luxemburgo, 2003.

Filme que explora de modo ficcional um período da vida do pintor holandês Vermeer. Nele vemos um artista que tenta equilibrar a sua paixão pela pintura com as pressões do seu patrono e a obrigação de sustentar uma família numerosa (teve 11 filhos). É quando entra em cena uma jovem criada que começa a trabalhar na casa. A sua beleza e sensibilidade atraem o pintor, que a retrata naquela que é considerada a sua obra-prima.

O diretor consegue recriar as cores e as luzes das telas de Vermeer. O filme é também uma ótima oportunidade de conhecer como era a vida no século XVII.

> **O patriota**, de Roland Emmerich.
> EUA, 2000.

O filme conta a história de Benjamin Martin, um herói cansado da guerra que deseja apenas viver em paz com sua família, na Carolina do Sul. Porém, quando sua casa é atacada pelo exército britânico durante a guerra pela independência americana, Benjamin se vê obrigado a lutar novamente. Ao lado de seu filho, um jovem idealista, lidera a batalha contra a colonização inglesa para libertar a sua nação. O espectador é colocado diante de um perfeito retrato histórico dessa disputa sangrenta travada em nome da liberdade.

> **A missão**, de Roland Joffé.
> Inglaterra, 1986.

Um violento mercador de escravos mata o próprio irmão e, para expiar sua culpa, torna-se um missionário jesuíta na região dos Sete Povos das Missões. Transformado pela convivência com os indígenas, o mercador passa a defender aqueles que antes escravizava. Ambientado no século XVIII, o filme retrata o conflito que culminou no massacre de índios guaranis e de jesuítas que ousaram lutar ao lado dos nativos.

Para navegar

http://www.biblio.com.br/

Biblioteca virtual de literatura que traz textos integrais de obras em domínio público. Sobre o Arcadismo, destaque para o acesso às produções de Tomás Antônio Gonzaga e Cláudio Manuel da Costa e para a apresentação, na íntegra, do épico de Basílio da Gama, *O Uraguai*.

http://www.musopen.com/music.php?type=period&id=3

Site em inglês com grande acervo de músicas organizadas por compositor, intérprete, instrumento, período e formas musicais. As músicas do período clássico nele apresentadas, com destaque para as obras de Mozart, exemplificam bem a estética do Arcadismo.

http://en.chateauversailles.fr/homepage

O *site* oficial do Palácio de Versalhes, disponível em três idiomas (francês, inglês e chinês), traz informações e imagens que permitem conhecer a história do local que, durante muito tempo, foi o centro do poder do Antigo Regime na França. Destaque para os *slides-shows* que apresentam os ambientes luxuosos do Palácio de Versalhes e seu magnífico jardim.

http://www.tvcultura.com.br/aloescola/literatura/poesias/ claudiomanueldacosta_sonetoXXII.htm

Análise do "Soneto XXII", considerado um dos mais perfeitos de Cláudio Manuel da Costa.

Para ler e pesquisar

> ***Watteau***, **de Iris Lauterbach.**
> São Paulo: Taschen do Brasil, 2010.
>
> Watteau (1684-1721) foi um dos principais artistas do rococó, movimento artístico que surgiu na França, entre o Barroco e o Neoclassicismo. Em suas obras, explorou paisagens campestres bucólicas e cenas galantes.

> ***Estrada Real*: desbravando os caminhos do ouro e do diamante no Brasil, de Reinaldo de Andrade.**
> São Paulo: Empresa das Artes, 2007.
>
> Esta edição bilíngue traz fotografias e informações sobre a Estrada Real. Passando por três estados brasileiros (Minas Gerais, São Paulo e Rio de Janeiro), esse caminho histórico surgiu nas picadas abertas pelos índios e na ação desbravadora dos bandeirantes. Excelente oportunidade de percorrer os caminhos do enorme legado histórico-cultural retratado nas belas imagens do livro.

> ***Cartas chilenas*, de Tomás Antônio da Costa.**
> São Paulo: Companhia das Letras, 2006.
>
> Obra satírica em que o árcade brasileiro critica duramente as infrações administrativas e antiéticas do governador da Capitania de Minas.

> ***Marília de Dirceu*, de Tomás Antônio da Costa.**
> São Paulo: L&PM, 1998.
>
> Livro que reúne os poemas que recontam a paixão do poeta pela jovem Marília. Repletos de lirismo, os versos recriam o ambiente bucólico característico do Arcadismo.

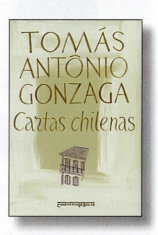

> ***Melhores poemas de Bocage*, seleção e prefácio de Cleonice Berardinelli.**
> São Paulo: Global, 1987.
>
> O livro traz uma seleção cuidadosa dos versos do poeta maior da língua portuguesa no século XVIII, autor de uma poesia de transição entre o Arcadismo e o Romantismo.

> ***Antologia dos poetas brasileiros da fase colonial*, de Sérgio Buarque de Holanda.**
> São Paulo: Perspectiva, 1979.
>
> Seleção expressiva da produção brasileira da fase colonial que apresenta os principais poetas do Arcadismo nacional. Textos de Cláudio Manuel da Costa, Tomás Antônio Gonzaga, Basílio da Gama, Alvarenga Peixoto e também de poetas do Barroco e das origens da literatura em nossas terras compõem essa antologia.

Para ouvir

Mozart por Clara Sverner. Íntegra das sonatas para piano.
Azul Music, 2009.

A pianista brasileira Clara Sverner, nos cinco CDs que compõem essa coleção, realiza uma tarefa que parecia impossível: interpreta as 18 sonatas para piano compostas por Mozart. Uma excelente oportunidade para adentrar no universo desse gênio musical.

Infinito particular, de Marisa Monte.
Rio de Janeiro, Phonomotor Records/EMI, 2005.

Uma pequena vila onde o mundo ganha sentido é a releitura proposta por Marisa Monte, na música "vilarejo", para o tema horaciano do *fugere urbem*: "Há um vilarejo ali / Onde areja um vento bom / Na varanda, quem descansa / Vê o horizonte deitar no chão / Pra acalmar o coração", canta ela.

Participação especial, de Cássia Eller.
Rio de Janeiro: Universal Music, 2002.

O dueto de Cássia Eller e Edson Cordeiro transforma a música "A rainha da noite" em um interessante "diálogo" entre trechos da ópera *A flauta mágica* de Mozart e "I can't get no (*satisfaction*)" dos Rolling Stones. A gravação causa forte impacto pela associação da potência vocal masculina utilizada pela cantora na interpretação do sucesso de Mick Jagger à manifestação intencionalmente feminina do vocal lírico de Edson Cordeiro.

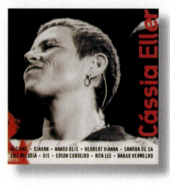

Elis, de Elis Regina.
Rio de Janeiro, Universal Music, 1972.

Lançado em 1972, este álbum de Elis Regina, uma das maiores intérpretes da música popular brasileira, trazia entre suas faixas a música "Casa no campo", de Zé Rodrix e Tavito. A letra ficou famosa por difundir o ideal de vida simples e em contato harmônico com a natureza, como nas propostas dos poetas árcades.

Conteúdo digital Moderna PLUS
http://www.modernaplus.com.br
Música: trecho de *A flauta mágica*, de Mozart.
Música: "Casa no campo", de Zé Rodrix e Tavito.

INTERAÇÕES

Manifestações literárias coloniais

Eram poucos os habitantes, escassos os autores e raríssimos os leitores no Brasil colonial. A impressão aqui era proibida e só textos aprovados pela Coroa portuguesa e pela Igreja podiam circular. Ainda assim, mesmo esporadicamente, a literatura manifestava-se nessas terras.

- Nova Orleans 1764
- Flórida 1783
- Vera Cruz 1794
- Havana 1707
- Cidade do México 1530
- Guatemala 1660
- Bogotá 1739
- Lima 1583
- Santiago 1748
- Córdoba 1758
- Paraguai 1700
- Montevidéu 1807
- Buenos Aires 1780
- Recife
- Salvador
- Vila Rica
- Rio de Janeiro

O BRASIL SURGE NA LITERATURA DOS OUTROS

Os primeiros autores, como Pero Vaz de Caminha, eram europeus escrevendo para seus conterrâneos, o olhar europeu sobre o Brasil. Uma literatura brasileira só se desenvolveu depois que a criação e circulação de textos virou atividade regular.

Imprensa na América colonial

Quando começou a conquista do Novo Mundo, a Europa tinha aproximadamente cem tipografias. A monarquia e a Igreja já viam a circulação de ideias impressas como um perigo, censurando livros e controlando a posse de impressoras nas colônias.

Veja o mapa
Os pontos escuros (•) indicam onde e quando foram instaladas gráficas na América espanhola.

SÉCULO XVI: PRIMEIROS ESCRITOS COLONIAIS

Os jesuítas foram os primeiros a escrever regularmente para um público local. Os textos em português, espanhol, latim e tupi destinavam-se ao ensino e à conversão religiosa dos índios. Além disso, escreviam relatórios para seus companheiros e superiores.

José de Anchieta (1534-1597)
Protótipo do jesuíta-autor do século XVI: textos religiosos e ficcionais para catequizar.

Sem pressa no Brasil

O Brasil foi um dos últimos países americanos a ter imprensa, que só chegou aqui com a realeza lusa em 1808. No século XVII, os holandeses tentaram trazer a imprensa para Recife, mas acabaram expulsos. Ao menos dois impressores montaram oficinas aqui no século XVIII, mas suas máquinas foram apreendidas e enviadas para Portugal.

Por que os espanhóis imprimiam

Diferentemente dos portugueses, os espanhóis conquistaram impérios com cidades, escrita própria e metais preciosos. Para explorar e dominar tanta gente e riquezas, eles criaram uma administração complexa e instituições de ensino que precisavam de imprensa.

População 1550-1800

A Cidade do México, ex-capital asteca convertida em capital espanhola, era 8 vezes maior que Lisboa.

Com um povo quase todo analfabeto, gráficas proibidas e a vida intelectual vigiada por Portugal, não admira que a literatura só se manifestasse ocasionalmente no Brasil. Um mercado de livros, então, demoraria muito para surgir.

> "Passariam longos anos antes que as populações europeias e europeizadas das novas colônias houvessem aumentado o suficiente para criar mercados urbanos que pudessem sustentar a edição local como proposta de negócio."
> Laurence Hallewell, *O livro no Brasil: sua história*

SÉCULO XVII: O NORDESTE CANAVIEIRO

O ciclo açucareiro deu a Salvador, então centro do poder na colônia, alguma vida social e gente letrada, sobretudo clérigos, funcionários portugueses e membros da elite canavieira. Entre esse punhado de literatos se destacaram os principais autores barrocos brasileiros.

SÉCULO XVIII: O PODER E AS ARTES VÃO PARA O SUL

A descoberta de ouro e diamantes desloca a vida econômica e política do Nordeste para o Mato Grosso, Goiás e Minas Gerais. Ao lado da arquitetura, escultura e outras artes, florescem manifestações literárias como as políticas *Cartas chilenas* e nosso primeiro *best-seller*, *Marília de Dirceu*.

Tomás Antonio Gonzaga
(1744-1810)
Seu livro de versos apaixonados à musa Marília teve 34 edições no Brasil e em Portugal até meados do século XIX.

Padre Antônio Vieira
(1608-1697)
Considerado o maior orador português, escreveu no Brasil sermões que encantavam índios, colonos e estadistas, aqui e na Europa, onde organizou e publicou sua obra.

Gregório de Matos
(1636-1695)
Polêmico baiano, estudou Direito em Portugal. Parte de suas poesias sobreviveu em manuscritos, próprios e de terceiros, e só foi publicada no século XIX.

PRECURSORES DA ACADEMIA DE LETRAS

Mesmo poucos, os intelectuais da colônia acompanhavam a lenta disseminação da atividade literária pelo país e tentavam criar laços com letrados de outras regiões. Prova disso é que, em meados do século XVIII, a Academia Literária dos Renascidos enviou anúncio para o Sul em busca de sócios.

Na América portuguesa, os núcleos urbanos cresciam ao ritmo dos ciclos econômicos. O Ciclo do Ouro, por exemplo, propiciou o crescimento do Rio de Janeiro, porto de entrada para a região das minas, que se tornaria capital colonial em 1763.

- 180.000 Lisboa
- 135.000 Cidade do México
- 60.515 Nova York
- 50.000 Rio de Janeiro
- 45.600 Salvador

1650 — 1700 — 1750 — 1800